中公文庫

大本営発表の真相史

元報道部員の証言

冨 永 謙 吾

中央公論新社

まえがき

本書は昭和十六年十二月八日から、同二十年八月二十六日までの三年十カ月にわたる大本営、同陸軍部、同海軍部の公式発表を解説したものである。

この発表は、ある時は勇壮に快速部隊の進撃を報じ、またある時はきわめて沈痛に守備隊の玉砕を伝えた。

大見出しの新聞活字、スピーカーから流れ出る前奏の軍艦行進曲のイメージと共に、戦時中の国民生活の一部でもあった。

大本営発表は時によっては虚報の代名詞のように言われ、非難と嘲笑をうけた。果してそうであったのか。この疑問に応えるため、あらゆる関係資料を検討し、その報道の実際を戦局と密接に関連させて展開した。

その虚構と真実の姿を、戦争を考える人々の座右に送る。

発表本文は、使用漢字、句読訓点等当時のまま復元することを建前とした。

例えば、PHILIPPINEについて、ヒリッピン、フィリピン、比島、菲島等各種の表現が使用され、文体、括弧の用法等も、必ずしも統一されていないが、忠実に発表当時のものを使用した。

考証の原本は朝日新聞の当該縮刷版を基礎とした。

戦後二十幾余年、このほど資料が遂次入手し難くなる現況から、本書が一般の便宜となれば幸甚である。

昭和四十五年五月十五日

元大本営報道部元海軍中佐　冨　永　謙　吾

目次

まえがき　3

Ⅰ部　開戦編　11

第一章　大本営発表とは　14

発表の機構組織とその変遷　14

報道政策と発表方針　17

米国の発表報道　22

第二章　開　戦

ハワイ方面　30
マレー方面　37
比島（フィリピン）方面　44
香港方面　47
グアム島、ウェーキ島方面　49

第三章　進攻作戦

香港占領　53
マニラの攻略　56
ラバウル等の占領　60
シンガポールへの道　63
ビルマ作戦　69
蘭印の攻略　74

バターン半島戦　93
セイロン島沖海戦　98

Ⅱ部　激戦編　105

第四章　米軍の反攻開始　106
珊瑚海海戦　106
米機本土空襲　115
ミッドウェー海戦　117
ガダルカナル島をめぐる作戦　122

第五章　太平洋の激闘　156
激戦への前奏曲　156
アッツの玉砕　164
米軍の第二次両軸攻勢　171
前衛線の崩壊　188
ニューギニア北岸の死闘　240
マリアナ、パラオの失陥　252
第六章　大陸方面の諸作戦　267
ビルマ方面　267
中国大陸方面　280

Ⅲ部　敗戦編　289
第七章　比島決戦　290
決戦の背景　290
レイテ決戦の決定　296
海上決戦　299
レイテ陸上決戦　314
ルソン島作戦　317
第八章　本土決戦　323
硫黄島の作戦　323
沖縄作戦　330
本土防空作戦　337

第九章　終　戦　348
原子爆弾　348
ソ連軍侵入　351
最後の大本営発表　355
解説　辻田真佐憲　359

Ⅰ部　開戦編

陸軍省記者クラブで、開戦の発表文を読み上げる大本営陸軍報道部長の大平秀雄大佐（27ページ参照／毎日新聞社提供）

米国及英国に対する宣戦の詔書

天佑を保有し万世一系の皇祚《こうそ》を践《ふ》める大日本帝国天皇は昭《あきらか》に忠誠勇武なる汝有衆《なんじゆうしゅう》に示す。

朕茲《ちんここ》に米国及英国に対して戦を宣す。朕が陸海将兵は全力を奮《ふるっ》て交戦に従事し、朕が百僚有司は励精《れいせい》職務を奉行し、朕が衆庶《しゅうしょ》は各々《おのおの》其《そ》の本分を尽し、億兆一心国家の総力を挙げて征戦の目的を達成するに遺算なからんことを期せよ。

抑々《そもそも》東亜の安定を確保し、以て世界の平和に寄与するは丕顕《ひけん》なる皇祖考丕承なる皇考の作術せる遠猷《えんゆう》にして朕が拳々《けんけん》措《お》かざる所、而《しか》して列国との交誼《こうぎ》を篤くし万邦共栄の楽を偕《とも》にするは之亦《これまた》帝国が常に国交の要義と為す所なり。今や不幸にして米英両国と釁端《きんたん》を開くに至る、洵《まこと》に已《や》むを得ざるものあり、豈《あに》朕が志《こころざし》ならむや。中華民国政府曩《さき》に帝国の真意を解せず濫《みだり》に事を構えて東亜の平和を攪乱《こうらん》し、遂《つい》に帝国をして干戈《かんか》を執るに至らしめ、茲《ここ》に四年有余を経たり。幸に国民政府更新するあり、帝国は之と善隣の誼《よしみ》を結び、相提携するに至れるも、重慶に残存する政権は米英の庇蔭《ひいん》を恃《たの》みて兄弟尚未《なおいま》だ牆《かき》に相鬩《あいせめ》ぐを悛めず。米英両国は残存政権を支援して東亜の禍乱を助長し平和の美名に匿《かく》れて東洋制覇の非望を逞《たくまし》うせんとす。剰《あまつさ》え与国を誘い帝国の周辺に於て武備を増強して我に挑戦し、更に帝国の平和的通商に有《あ》らゆる妨害を与え、遂に経済断交を敢《あえ》てし、帝国の生存に重大なる脅威を加う。朕は政府をして事態を平和の裡《うち》に回復せしめんとし、隠忍久しきに弥《わた》りたるも彼は毫《ごう》も交譲の精神なく、徒《いたずら》に時局の解決を遷延せしめて此の間却《かえ》って益々経済上軍事上の脅威を増大し、以て我を屈従せしめんとす。斯《かく》の如くにして推移せんか、東亜安定に関する帝国積年の努力は悉《ことごと》く水泡に帰し、帝国の存立亦正《またまさ》に危殆に瀕せり。事既《すで》に此に至る、帝国は今や自存自衛の為蹶然《けつぜん》起《た》って一切の障礙《しょうがい》を破砕するの外《ほか》なきなり。

皇祖皇宗の神霊上に在り。朕は汝有衆の忠誠勇武に信倚《しんい》し祖宗の遺業を恢弘《かいこう》し、速《すみやか》に禍根を芟除《さんじょ》して東亜永遠の平和を確立し、以て帝国の光栄を保全せんことを期す。

（昭和十六年十二月八日午前六時の大本営陸海軍部発表第一号の直後に発布）

第一章　大本営発表とは

発表の機構組織とその変遷

ラジオの演奏が急に止まると、緊張したアナウンサーの声が流れる。「臨時ニュースを申し上げます」、「臨時ニュースを申し上げます」、二回繰り返したあと、軍艦マーチのリズムがしばらくつづく。「大本営発表、帝国陸海軍部隊は……」と壮重に雄叫《おたけび》調で始まるのが、われわれの一番親しい「大本営発表」という言葉である。

ある時は胸のふくらむ思いで聞き、またある時は不吉な黒い予感を持って耳をすませた、あの「大本営発表」とは、何であったのか、その概貌を述べてみよう。

大本営とは、戦時又は事変に際して天皇を軍事統帥面で補佐するためにできるもので、法的には明治二十六（一八九三）年五月十九日の勅令第五十二号戦時大本営条例に根拠を持つ。

その後、何度か改定されたが、日露戦争（一九〇四～〇五年）当時は、陸海軍大作戦の統合というその機能を十分に発揮した。

しかし、支那事変（一九三七年～）、太平洋戦争（一九四一～四五年）の時代になると、内容的には平時の陸軍参謀本部、海軍軍令部の折衝、運営と大差がなくなり、端的に言えば作戦面では有名無実に近い存在になった。

ただ一つ例外があった。

昭和十二（一九三七）年の改定で、大本営陸海軍部にそれぞれ設けられた「報道部」である。報道部の任務は、「戦争遂行に必要なる対内、対外並に対敵国宣伝報道に関する計画及び実施」であった。

編成は陸海軍によって多少の差異はあるが、少将又は大佐の部長一名、佐官又は尉官の部員が四～七名、高等文官又は佐尉官の部付が一～二名、それに附属の下士官又は判任官が数名というものである。

当時の資料により、報道部内の分担について、陸軍の例をとると、企画課、宣伝課、庶務課と分れ、宣伝課の中に「内国新聞発表」という係があった。

この新聞発表係が、国民に対する窓として、戦況特にわが軍の行動に関する公表を担当、この公式発表がすなわち「大本営発表」なのである。

発表は通常、陸（海）軍省記者倶楽部で行なわれた。

「発表の内容及発表の時期方法等は慎重に顧慮、常時幕僚と緊密に連絡し以て軍機の秘密を保持すると共に我軍民の士気を鼓舞し敵の戦意を失墜せしむるものとす」

「発表は関係各部課と連絡の上其重要の度に応じ〔参謀〕次長の決裁を受けあるいは報道部長之れを専行するものにして急を要する場合には前述の手続に依らず報道部長適宜決行することを得」

これらの報道部の業務規程を見ると、大本営発表の性格がほぼ推察し得るものと思う。

最後に、大本営陸海軍報道部と、内閣情報部、陸軍省新聞班との関係について触れておく必要があろう。

内閣情報部は、一、国策遂行の基礎となる一般宣伝の計画、実施、二、宣伝報道に関し各庁の事務の連絡調整を主任務として、昭和十二年九月、従来の情報委員会を改編拡充したものである。

新聞班は、一、陸（海）軍軍政関係対内外宣伝の実施　二、対内外報道検閲取締　三、軍部内報道宣伝（新聞の編集及び発行）が主任務である。

報道部と新聞班は人員が共通であり、内閣情報部には報道部から兼勤者を派遣していたので、三者相互の業務はおおむね円滑に実施されていた。

昭和十五年に内閣情報部が、情報局に昇格した。そして、陸海軍省をはじめ、内務省、外務省の情報、言論統制検閲関係をすべて統合した。陸海軍とも、ほとんど主力は情報局に送り出し、報道部は「作戦報道」だけを取り扱うことになった。

それから約一年間、情報局は言論界の主導権を握っていたが、当然のことながら開戦と同時に、発表の中心は陸海軍の報道部に移っていった。

報道部の発表は、最初の一カ月は陸軍部、海軍部と別個に名前を出して発表していた。

昭和十七年一月十五日の発表から、「大本営発表」とだけして、陸海軍部の区別をしないことにした。

発表だけでなく、陸海軍報道部を合同する問題については、幾度か話題になった。昭和二十年になると、陸海軍自体の合同問題がとり上げられる時期になっていたので、その手始めに、まず報道部を統合してみたら、という空気になった。

二十年五月二十二日に両部の一本化が発表され、六月はじめからその勤務が開始された。初代の「大本営報道部長」は陸軍側から、「副部長」は海軍側から任命された。どちらも階級は少将である。

報道政策と発表方針

「わが海軍の戦況報道に当り特に正確を期するため、あるいは作戦上の要求などのため、発表時期が若干遅れることもあると思うが、決して心配することなく、安心して正確なるわが報道を信頼していただきたい」

その声明は開戦の翌日、前田海軍報道部長談として発表されたものである。

発表が作戦上の要求（作戦機密、前線士気の問題）や対内政策上の顧慮（国民戦意、対謀略）から、種々制約を受けることは当然である。そこで、前に述べた報道部の業務規程のような考え方で処理された。

「新聞通信社に於ては、先を争いて戦況を予測して未然に通報し、大本営発表が事実に立脚しあると趣を異にす、而して新聞の如きその予測を誤るときは都市占領のニュースに数日間の相違を来すものあるに至る」として、正確性を重視しやや遅れることは覚悟していたのである。

大本営発表の数

戦争開始を告げた大本営発表第一号から、四十五カ月間に、八四六回の発表があった。基地特電まで勘定に入れると、平均一日二回程度になる。当時関係者の間では発表のことを朝刊、夕刊と呼んでいた。

「今日は夕刊が出ますか」

「出してもいいが、締切りに間に合いそうにもないからやめよう。その代り明日の朝刊は三本だよ」

といった具合である。

こうなると、発表とこれに関連のある記事を握っている報道部は、事実上、各新聞社の編集局の仕事も持っているようなもので、ある記者が新聞主務部員に〝大編集長〟というニックネームをつけた位である。発表に力瘤を入れすぎて、見出しの活字の大きさや、何段抜きの注文まで出して、あやうく〝整理部長〟の肩書をつけられそうになった部員もいた。

陸海両報道部はお互いに自分の方の発表や記事を効果的に扱わせるため、相手の大きな発表のない日を狙って、ストックを小出しにするのが恒例になった。発表回数の多い一つの理由であろう。

「不発表」事項

交通破壊戦による船舶の被害状況と、潜水艦行動の内容は、原則として発表しない方針であった。

この問題は日本だけの秘密主義の現われではなく、イギリスでも、アメリカでも同じ方針である。第一次世界大戦の時、アメリカの参戦が決定したあと、シムス大将がイギリスに派遣された。そして今まで知らされていなかった商船の被害数を見て、アメリカが参戦を決めたことを後悔したと伝えられる話は、有名である。

しかし、発表しないことが決して自慢ではない。この場合は造船力が損失をカバーして発表された部分と釣合えるかどうかが問題である。沈められる一方では、戦局と遊離するばかりで頼りにならない安心感を与えるだけに過ぎない。

今度の戦争における日本の場合が、正にその適例であった。政策が発表報道の裏付けをすることができないで、楽観的報道と船腹増産施策が競合し、自分の首を締めたのである。

戦局と発表の正確度

最初の六カ月間は戦果、被害共に極めて正確に近いものであった（商船の損害は、ありのまま発表しないという前述の方針なので例外とする）。

次の九カ月――珊瑚海海戦からイサベル島沖海戦まで――の期間は、戦果が誇張されはじめた時期である。このうちミッドウェー海戦が損害を発表しなかった（第Ⅱ部第四章参照）。ガ島争奪をめぐって発表そのものに現われない莫大な損害が、累積して行ったことも見逃すことはできない。

ガ島撤退後の九カ月間は発表そのものも少なく、一見変化は認められないが、実情は戦略的後退中であった。さらに次の八カ月間は損害の頬被りが目立ち、架空の勝利が誇示された。マリアナ沖海戦以後は、誇大の戦果に損害のひた隠しが加わって、見せかけの勝報が相ついだ。フィリピン沖海戦でその頂点に達した。そして、日本海軍はすでに潰滅していたにもかかわらず、軍艦マーチだけが空虚な勝利を奏でていた。この状態は、最後の戦闘である沖縄の終結――二十年六月末まで続いたのであった。

素晴らしい大戦果として、当時全国民を狂喜させ、連合艦隊の次の作戦まで狂わせてしまった台湾沖航空戦の発表は、恐らく「デマ戦果」の横綱格であろう。これは報道史上のあまり香しくない方の記録として残るだろう。

更に一つの傑作は、比島沖海戦における駆逐艦部隊の驚嘆すべき戦果であった。即ち、その報告はただ途方もない遠方から発射した魚雷数に釣合うように、エンタープライズ型空母一隻撃沈、一隻大破（沈没確認）、駆逐艦三隻撃沈であった。この種の希望的戦果が合計されて比島沖海戦発表には美事にして架空の勝利を収められた。誇大な戦果の番付を示せば、大体次のとおりである。

沖縄島戦、ルソン島戦、台湾沖航空戦、比島沖海戦、マリアナ沖海戦、九州沖海戦、ギルバート航空戦、第三次ソロモン海戦、ブーゲンビル島沖海戦、レンネル島沖海戦、珊瑚海海戦

損害の秘匿

損害をありのまま発表することは、決して当を得たものではない。作戦上の要求、機密保持、国民に与える影響や精神的打撃などを考慮して一部発表にしたり、ある時期まで延期したり、あるいは未発表に終わることも起こり得る。

これは何も日本だけに限ったことでなく、アメリカでも同様である。実例を引けば、ハワイ海戦の被害の正式発表はちょうど一年後であり、神風特攻隊による損害の説明は、沖縄海戦の見通しがついてから行なわれている。損害の小出し発表も、度々行なわれているし、損

害を受けた軍艦もあるが、その隻数及び艦名は軍機のため発表できないと、はっきり断わったものもある位である。

問題はどの程度、またいつごろ損害の真相を発表して国民の奮起と敵がい心を促すかにある。損害が大き過ぎれば厭戦気分、敗戦思想を起こすこと必定である。頬かぶりが過ぎれば、楽観思想に支配されるか、信頼を失って行くかのどちらかであろう。

戦況不利の場合、首脳部はこの損害の発表に対して極めて敏感であった。国民の士気に名をかりて、一時のがれにいい子になろうとした傾向が、最高首脳部にはたしかに見受けられた。上奏文の内容が、わが方に有利なことばかりが強調されて、不利な面が〝宸襟を悩し奉るのは恐懼に堪えない〟という思想で、ほとんど触れられていないのと同じである。

米国の発表報道

発表報道政策

いかに輿論を重んずる民主国家であっても、戦況発表まで開放的ではない。国家機密の保持や作戦上の必要による、発表の制限は極度に厳重なこと驚くばかりである。しかし、これは驚く方が間違いであって、当然すぎるほど当然なことなのである。

潜水艦戦――通商破壊戦の発表が非公開であったことは、前に述べた。

一般の作戦は国民の士気をなくさないように、戦況が思わしくない時には、特別注意深く間接的な表現で発表されるのが常であった。しかし、その発表は、いつでも、それによって日本側が何の利益も受けない時期というのが前提であった。
「情報の発表が日本軍に価値がなくなった時に、はじめて発表されるであろう」（アッツ沖海戦）
「日本側を迷わせて置くために、正しい戦況の発表を遅くしたこともあった」（珊瑚海海戦―一カ月後）
「将兵の士気や銃後の戦意を考慮に入れて、もう大丈夫という時まで伏せておいたこともあった」（神風特攻―半年後）
アメリカの発表振りは、戦況の速報は別として、決定的なものは、少なくとも一週間以上のあと、艦名、日付等が発表される慎重振りであった。中でも、前述のようにハワイ海戦の最後の発表はちょうど一年後のことであった。
開戦以来の死傷者数を統計的に度々発表したことは、人命を重視する傾向を示すものと思われる。一般の発表の場合にも、搭乗員の救出や沈没艦船乗員の救出には、必ず最大限の努力が払われたことが付記されている。ここに民主国アメリカの姿を見ることができる。
日本側に与えた損害については、公式発表の中では、最初第二義的に取り扱われていたと思われる。正確な数字が得られないことが、その大きな理由であったと同時に彼我の損害の比率が大きすぎたのも、多分控え目にさせた原因であろう。
発表内容は公式の戦況公表の外に、大統領自ら戦略戦局を論じ、太平洋艦隊長官もほとんどその都度戦況に対する声明を発し、時には次の作戦の予告を与え、戦時情報局や戦時生産局も、戦備、生産力について、絶えず全国民に呼びかけることを怠らなかった。

有能な軍事評論家は側面的に、その知識を傾けて士気を鼓舞啓発し、著名なジャーナリストの数名は幕僚に起用されて作戦と報道の一体化に間然する所がなかった。この点、まことに用意周到を極めていたといえよう。

戦況発表の推移

作戦と報道は表裏一体のものであるから、一言でいえば、発表は戦況次第である。

著名なアメリカの従軍記者シャーロッドが、この間の経過を次のように述べている。

「太平洋戦争の全期間を通じて、日・米両軍ともに彼等が撃滅したよりも、はるかに多数の艦船や飛行機に対して、戦果を収めたと報告するものが常であった。しかし戦局の進展に伴い、アメリカ側の発表が、この戦果の点について、次第に現実的に正確を期するようになって来たのに反し、日本側の戦果発表はますますデタラメになって行ったのである」

アメリカ側が発表した架空の戦果の例をあげると、次のようなものがある（カッコ内は実際の戦果）。

一　バリックパパン沖夜戦

一二隻の輸送船と四隻の護衛艦をほとんど全滅させた。（輸送船四、哨戒艇一沈没）

二　ツラギの攻撃

巡洋艦一坐礁、駆逐艦二、砲艦四、輸送船一撃沈、空母一、駆逐艦一、輸送船一を大中破（駆逐艦一損傷、小艇二沈没）

三　クェゼリン空襲

小型空母一、巡洋艦一、潜水艦六、補助艦艇六隻（被害なし）

四　珊瑚海海戦

軍艦一七〜二二隻を撃沈又は大破（空母一、駆逐艦一、哨戒艇三沈没、空母一大破）

以上はミッドウェー海戦前までの例であるが、更に十九年二月までの総合戦果について、巡洋艦と駆逐艦の撃沈は、次のような開きを示している（不確実を含む）。

巡洋艦　五九隻（総数四八、実際の喪失一二隻）

駆逐艦一四八隻（総数一七九、実際の沈没六三隻）

自国の損害の発表は大体正確に近い数字であったが、一部をすこしずつ小出しにしたこともあり、大分時日が経ってからはじめて公表したり、不発表のものも皆無ではなかった。ただ、日本側のようにひどいことはなかった。それも敵に与えた損害が大きくなり始めてからは、ほとんど事実に近いものに落着いた。

戦争末期における戦果の正確なことは、敬服の外はない。最後の年の七月二十四日、呉大空襲のごときは、ちょうどハワイ攻撃の逆を行なったもので、艦名といい損傷の程度と言い、よくこれまで分ったものだと感嘆に値する（第Ⅲ部第八章参照）。

日米発表の比較

日本側が戦況に限定された画一的な、勝った勝ったの大本営発表一本槍に対して、アメリカ側が柔軟性のある発表法を、現実に即して活用、併用して、親切に国民を指導し、激励し、戦局を理解させるために、あらゆる努力を払ったことは、一番大きな相違であろう。

第二章　開　戦

大本営発表第一号

○大本営陸海軍部発表（昭和十六年十二月八日午前六時）
帝国陸海軍は今八日未明西太平洋において米英軍と戦闘状態に入れり

昭和十六年十二月八日午前四時、内閣情報局から、「いまから気象管制にはいる」という指示が、報道機関に出された。気象管制とは、天気予報その他これに類似した一切の放送をとりやめることである。

「何かあるな」という報道陣の予感を裏書するように五時過ぎ、陸軍省記者クラブに、「関係者集合」の指令が伝わった。

午前六時ちょうど、つめかけた記者たちの前に、陸軍報道部長大平秀雄大佐と、海軍報道部員田代格中佐が現われた。

緊迫した空気が流れる。

「発表を、おこないます」

大平報道部長が静かにいったあと、手にした原稿を大声で読み上げた。

発表はわずか三分で終った。ほんの瞬間、記者たちは静まりかえったが、たちまち歓声が上った。

当時の新聞は、この時の情景を、つぎのように報じている。

「ああこの一瞬、戦わんかな時至る。永久に忘れ得ぬこの名句、その長さは僅か三十字の短文であるが、正に敵性国家群の心臓部にドカンと叩きつけた切札である。砕けるばかりに握った記者たちの鉛筆の走る音、カメラ陣のフラッシュの斉射、この間僅に三分間、かくて開戦を告げる世紀の大発表第一声は終った」

この発表文第一号は、極秘裡に陸海軍の作戦当局、および陸軍報道部で準備されたものである。

開戦日が極めて少数の人々（十五人程度）にしか知らされなかったと同様に、発表文案自体も、報道部内で二〜三人が関知しただけであった。したがって、他の報道部員はラジオのニュースで、初めて知り、慌てて報道部に飛んでくる始末だったという。

奇襲攻撃の矢

戦争開始を告げるラジオの臨時ニュースに、耳をかたむける人々の胸に、感動と不安が入りまじった。

「西太平洋」とは、どこなのか。「戦闘状態」とは、何なのか。

この疑問を吹き飛ばすように、午前十時四十分香港、同五十分マレー、午後一時ハワイと、つぎつぎに攻撃あるいは奇襲上陸の事実が公表され、八日計一〇回、九日八回、十日一〇回と、連続発表があった。

開戦初頭、日本軍の攻撃の矢は、大別すると次の五つの地域に向かっていた。

一　ハワイ（真珠湾）
二　マライ（シンガポール）
三　フィリピン（マニラ、ダバオ）
四　香　港
五　グアム、ウェーキ

まず最初の三日間で、この五つの地域で作戦が行なわれていることが、全国民の前に公表された。

そして軍事機密の幕に固く閉されていた、開戦当初の諸作戦の全貌は逐次発表されていった。

ハワイ方面

攻撃の第一報

○大本営海軍部発表（昭和十六年十二月八日午後一時）
帝国海軍は本八日未明布哇《ハワイ》方面米国艦隊並に航空兵力に対する決死的大空襲を敢行せり

というのが、ハワイ作戦の第一報である。これを皮切りに、ハワイ作戦の戦況発表は、四回十日間にわたった。

逐次増加する戦果に、国民は目を見張った。特に十二月十九日には、戦艦九隻を撃沈破砕、巡艦八隻、敵機五百潰滅、特殊潜航艇真珠湾に決死突入、海戦史に空前の大戦果、米太平洋艦隊全滅等の大活字が、新聞の一面を埋め尽した。

当然作戦部や連合艦隊ばかりでなく、日本中が熱狂し手の舞い足の踏む所を知らない状態だった。

奇襲成功の可能性は通常五分、しかもその成功の場合でも、勝味は七分で、わが方の損害は三分と見込んでいたものが、太平洋艦隊主力艦群をほとんど無力にしてしまった上、わが方の損害は飛行機二九機と、特殊潜航艇五隻というのであるから、無理もないことであった。

前田海軍報道部長は、十二月九日「帝国海軍の決意」と題して〝アメリカ主力艦の大半を一日で片づけてしまった〟と放送した。

新聞は次のような記事を書き立てた。

「一億国民が血を沸かして待ちに待ったハワイ海戦の詳報いたる―真珠湾内にひそみ巨艦をすぐって太平洋の万波を越え東亜の平静を乱さんと機を狙っていた敵の太平洋艦隊は見事覆滅全滅、敵戦艦の撃沈せらるるもの五隻、大中破せらるるもの四隻、九隻の主力艦は一隻もあまさず撃滅せられたのである。

米国が柱石と恃んだ主力艦十八隻（標的艦ユタを含む）のうちその半ばは、わが海鷲および捨身報国の権化特殊潜航艇の猛勇の前に悉く潰え去った。さらに敵機の撃墜破せられたるもの五百、この戦果の前には戦史に残るすべての海戦も色を失うであろう。ここに太平洋の新しき一頁を飾る大金字塔は打ちたてられたのである」

そして、その記事の左方には全滅した米太平洋艦隊の八隻の戦艦の写真がずらりとならんでいる。

更に社説の一つは〝ハワイ奇襲の意義〟と題して、次のように論断した。

「この太平洋艦隊の致命的覆滅は、ハワイの軍事的価値の失落と共に、米国の太平洋における攻撃作戦能力を完全に喪失せしめるものである」

報道関係ばかりではない。
嶋田海軍大臣は、開戦と同時に召集された第七十八臨時議会開院式の戦況報告で、「この戦闘により米国太平洋艦隊主力の大部分はその戦闘力を喪失した」と結んで、両院の万雷の拍手を受けたのであった。

アメリカの反応

一方、アメリカ側は十二月九日、次のような簡単な発表をした。

アメリカ軍は現在なおハワイ諸島周辺において日本軍と交戦中であるが、七日の日本軍によるオアフ島の攻撃のため、アメリカ軍の被った損害は最初の予想よりはるかに甚大に上る見込である。

一　真珠湾ではアメリカ戦艦二隻顚覆《てんぷく》し、他の数隻が大破した。なおアメリカ駆逐艦一隻も爆破され、小型艦艇数隻が大破された。

一　ハワイ諸島のアメリカ空軍基地は爆撃された。格納庫数棟が破壊され、飛行機多数が撃破された。

一　ホノルル市中にも爆弾が投下されたが市民の死傷者は少なかった。

つづいて十二月十五日、ノックス海軍長官名で発表された損害は、次のとおりである。

一　戦艦アリゾナは直撃弾により沈没、戦艦オクラホマは転覆した。旧戦艦ユタも沈没した。

一　駆逐艦カッシン、ダウンズ、ショー、機雷敷設艦オグノラほか一隻も沈没した。

一　その他の艦艇にもそれぞれ異なった程度の損傷をうけたものがあり、若干の艦艇は修理に数カ月を要する見込みである。

一　航空母艦、重巡、軽巡は全部ならびにその他の駆逐艦、潜水艦は損害なく、目下敵艦隊を捜索中。

一　海軍負傷者数、戦死、士官九一名、下士および兵二、六三九名、小計二、七二九名。戦傷、士官二一名、下士及び兵六三六名、小計六五七名、計三、三八六名

一　海軍機の損失は極めて大きく、特に地上にあった飛行機の損害は甚大であった。

一　陸軍機の損害も莫大で若干の格納庫も損傷をうけた。

一　真珠湾の港湾施設に損害なく石油タンクその他にも被害はなかった。

一　日本軍はオアフ島の軍事施設に対して、完全な情報を持っていたと思われる。

一　日本空軍の攻撃当時、アメリカ海軍は巡視哨戒を怠らずにいたが、日本飛行機ないし航空母艦を事前に発見し得なかった。

真実の数字

さて、戦後の調査による真珠湾攻撃前後の太平洋艦隊戦闘艦艇の状況は、表1（次ページ）

表1

艦種		空母	戦艦	重巡	軽巡	駆逐艦	潜水艦	計
太平洋艦隊	開戦後	4	4	11	10	62	22	113
	開戦当日	3	9	11	16	59	22	120
真珠湾の被害	沈没	0	4	0	0	0	0	4
	大破	0	3	0	4	1	0	8
	中破	0	1	0	2	0	0	3
真珠湾当日	生存Ⓐ	0	0	2	4	29	5	40
	海上Ⓑ	3	1	9	6	29	17	65
Ⓐ+Ⓑ		3	1	11	10	58	22	105
残存保有		3／3	1／9	11／13	10／12	58／61	22／22	105／120
残存比率		100	11	84.6	83.5	95	100	87.5

注　Ⓐ攻撃当日真珠湾に在泊していたが、被害をうけなかったもの
Ⓑ当日演習等のため、真珠湾から出て、他の海上にあったもの

の通りである。日本国内で報道された「太平洋艦隊全滅」の字句から受ける印象と、大分かけ離れた現実である。「艦隊全滅」の表現は明らかに誇大である。しかしながら、大本営発表の数字そのものは、前に触れたように戦果確認の極めてむつかしい状況から、発表としては良心的な正確に近い数字といえるであろう（表2）。

表2

区分	艦種	発表	実際	艦名	備考
沈没	戦艦	5	4	ウエストバージニア(W)、アリゾナ(A)、オクラホマ(O)、カリフォルニア(C)	A、O完全喪失
	巡洋艦	2			
	機雷敷設艦		1	オグノラ	引揚成功
	油槽艦	1			
	標的艦		1	ユタ	
	駆逐艦		2	カッシン、ダウンズ	引揚成功
大破	戦艦	3	3	テネシー(T)、ネバダ(N)、ペンシルバニア(P)	修理成功
	巡洋艦	2	2	ローレイ、ヘレナ	〃
	駆逐艦	2	1	ショー	
中破	戦艦	1	1	メリーランド(M)	一九四二・二就役
	巡洋艦	4			
撃墜		14	166	海軍101、陸軍65	
撃破		450			

最後に真珠湾攻撃からちょうど一年後の、昭和十七年十二月七日、米海軍省が発表したものを掲げる。

この損害発表はほとんど実際に近いものである。これが立場を変えて、日本側の損害だったらどんな発表になったか興味ある問題である。

またアメリカ側の発表は一年後だったという事実と、この発表でも完全に喪失したのはアリゾナ一隻となっているが、実際はアリゾナ、オクラホマ（以上戦艦）、ユタ（旧戦艦で標的艦）の三隻が放棄されている点に注目したい。

一　一九四一年十二月七日日本軍飛行機は、ハワイ区域にあった米戦艦全部ならびに飛行機の大部分の戦闘力を喪失せしめた。戦闘用艦艇および補助艦艇を含む他の海軍艦艇、ならびに陸上施設なかんずくヒッカム、ホイラー両陸軍飛行場、フォード島ならびにカネオヘ湾にある海軍飛行基地もまた損害を蒙った。

一　真珠湾には当時合計約一六隻の太平洋艦隊所属艦艇が碇泊していた。その内訳は戦艦八隻、巡洋艦七隻、駆逐艦二八隻、潜水艦五隻であった。航空母艦は存在しなかった。

一　日本軍攻撃の結果、戦艦五隻すなわちアリゾナ、オクラホマ、カリフォルニア、ネヴァダ、ウエストバージニア、駆逐艦三隻すなわちショー、カッシン、ダウンズ、機雷敷設艦オグノ、標的艦ユタおよび大型浮乾ドックが、あるいは撃沈され、あるいは大破し、当分軍事的使用に堪えなくなった。

一　さらに戦艦三隻すなわちペンシルヴァニア、メリーランド、テネシー、巡洋艦三隻すなわちヘレナ、ホノルル、ローレイ、水上機母艦カーチス、修理船ヴェスタルも損害を受けた。

一　以上撃沈ないし撃破された一九隻の内、永久的かつ完全に喪失されたのは戦艦アリゾナ一隻である。

顚覆したオクラホマに対しては、原位置で修復する準備が進められているが、現在この修復工事を開始することの当否については、まだ最後の決定が下されていない。駆逐艦カッシンおよびダウンズは、その価値の約五〇パーセントが失われた。他の一五隻はあるいは既に引揚げ修理され、あるいは将来引揚げ修理を実施されることになるであろう。

アメリカの発表は、こう結んであった。

マレー方面

マレー奇襲上陸

マレー開戦の第一回の発表は、陸海軍部共同で実施されている。

○大本営陸海軍部発表（昭和十六年十二月八日午前十一時五十分）
わが軍は陸海緊密なる協同の下に本八日早朝マレー半島方面の奇襲上陸作戦を敢行し着々戦果を拡張中なり

第二回は、

○大本営陸軍部発表（昭和十六年十二月九日午後十時）
馬来《マレー》方面に作戦中の帝国陸軍部隊は本九日英軍が頑強に死守せんとしたる北部英領馬来戦略上の大要衝○○を完全に攻略せり

この二つが、マレー奇襲上陸に関する公式発表である。が、実際の戦況は、このように簡単なものではなかった。

まず、奇襲上陸は次の三地点（部隊）で行なわれた。

シンゴラ（第五師団主力）

パタニー（安藤支隊）

コタバル（佗美支隊）

最後のコタバルが最も激戦だった。

その模様を朝日新聞特派員は、次のように伝えている。

「輸送船○○などが、うねりの大きいマレー東岸の間を静かに蹴って、コタバル飛行場に近い○○キロの海辺サバックの沖合に入って来たのは、八日の午前○時、薄雲はところどころに高さ一千六百メートル、十八夜の月が白く海を照らしていた。コタバル飛行場海辺は一帯の椰子林で、上陸地にはただこのサバックの○キロの海辺であるばかり、静かにわが上陸用舟艇が降ろされた。

各母艦からいっせいに白波を蹴って陸地を目指して発進する数十の舟、その上に決死の上陸勇士、いまこそ待ちに待った上陸が始まったのだ。海上○キロの波を蹴って波打際にどっと乗りつけたわが勇士、岸近く狂う一丈五尺ぐらいの巻波ものともせず、とび込んで行く。その刹那、海岸から信号弾が真青に上がった。気づいた敵兵はいっせいに射撃を開始したのである。

敵前上陸を恐れた敵軍が必死で築いていた海岸のトーチカから速射砲の掩蓋が猛烈な集中砲火をわが舟艇に向けて射撃してくる。バリンバリンと舷側にあたるなかを水に飛び込んだわが勇士は波間を、全身に波をかぶりながら突進していく。二、三分せぬうちに頭上に敵飛行機が現われた。つづいてつぎつぎに椰子林を越えて眼と鼻との飛行場から飛び出してくる敵空軍のブレーンハイム、ローキッド・ハドソン爆撃機、両翼に青と赤の灯をつけて月に浮かぶわが輸送船めがけて必死に襲いかかるのだ。

射ち出すわが高射砲、機関銃、みるみる数を増していどむ敵に夜空を真赤にさせて凄絶な戦である。一方第一回のわが上陸勇士は水際に突進した。わずか一〇メートルのところに張りめぐらされた三条の鉄条網、それに地雷をつけて正面に大きなトーチカ、右手にもトーチカ、十字砲火が、雨、霰と降って面も上げられぬ風である。しかもこのなかをわが勇士はよく一人が鉄条網にとびついて、地雷もろともに散れば、その屍を越えて後がつぎの鉄条網にとびついて第二の地雷とともに、壮烈に吹き飛ぶ」

文中の○○は当時秘密保持のため使われた伏せ字である。前掲大本営発表にある○○は、コタバルであり、報道文の輸送船は淡路山丸、綾戸山丸、佐倉丸のいずれかである。

この文章後半にある戦闘振りは、必ずしも誇張ではなく、コタバル正面総上陸人員約二、九〇〇名中、この日一日の死傷約七〇〇名という激戦である。上陸当時の混戦時には、水没、遅延等のため、一時一、二〇〇名以上の指揮下にない兵員があったと伝えられている。

なお三隻の輸送船のうち、淡路山丸は九日沈没し、大東亜戦争における最初の喪失船舶となったが、もちろん発表には触れられていない。

対立した航空戦略

十二月九日午前十時三十分と、同四十分に、陸軍部、海軍部別々に、航空部隊のマレー英空軍基地爆撃に関する大本営発表が行なわれている。

この発表の内幕は、元来「奇襲」を主とするマレー作戦の航空第一撃に対する考え方の対立にあった。

海軍側は、夜間シンガポール爆撃を終わり、帰途シンガポールから予測される敵機の追跡攻撃の危険空域から、天明までに離脱することを前提として、攻撃開始時間を決めるべきだと主張し、陸軍側は、夜間爆撃の成果は必ずしも期待できない、掩体中にある飛行機まで確実に爆撃して、戦果を最大限にあげるためには、天明後の爆撃から始めるべきだと反対した。

討議の結論は、「攻撃第一日午前六時以降、それぞれ適当と思われる時刻に実施」というものであった。発表文には時間について述べていないが、実際の第一回爆撃実施時間は両者の意見の差違を明瞭にして、海軍側は八日午前五時三十分、陸軍側は同日の午前八時三十分である。実に三時間の時差があった。

マレー沖海戦

○大本営海軍部発表（昭和十六年十二月十日午後四時五分）
　帝国海軍は開戦劈頭《へきとう》より英国東洋艦隊、特にその主力艦二隻の動静を注視しありたるところ、昨九日午後帝国海軍潜水艦は敵主力艦の出動を発見、爾後《じご》帝国海軍航空部隊と緊密なる協力の下に捜索中、本十日午前十一時半マレー東岸クワンタン沖に於て再び我が潜水艦これを確認せるをもって、帝国海軍航空部隊は機を逸せずこれに対し勇猛果敢な攻撃を加え午後二時二十九分戦艦レパルスは瞬時にして轟沈《ごうちん》し、同時に最新式戦艦プリンス・オブ・ウェールズは忽ち左に大傾斜、暫時遁走せるも、間もなく午後二時五十分大爆発を起し遂に沈没せり、ここに開戦第三日にして早くも英国東洋艦隊主力は全滅するに至れり

十二月十日、海軍側に全く予期しなかった大戦果があった。マレー沖海戦である。発表文は前記のとおり。不沈戦艦といわれたプリンス・オブ・ウェールズおよびレパルス号撃沈の快報に、作戦部も報道部も〝やった、やった〟と躍り上がった。発表上の問題は、ただ一刻

も早く出すことだった。

ハワイ作戦の決定的戦果が未発表だったので、一足先にこの大戦果が紙面の大部分を埋めた。

英東洋艦隊主力全滅の大見出しが、浮き立った国民を更に沸き立たせた。最新鋭艦撃沈、戦艦レパルス瞬間に轟沈、マレー東岸で海鷲の大戦果、必殺無敵海軍の面目……このような最上級の言葉が、次から次へとならんでいた。

その乗艦と運命を共にすることを決意した英東洋艦隊司令長官フィリップス中将が、退艦の勧めに、〝ノー・サンキュー〟と告げた最後の言葉と、二隻の巨艦がその下に沈んだ青い波頭に向かって、大きな花束を落としたという記事が、敗者と勝者の運命を物語っていた。

軍令部総長と海軍大臣から連合艦隊司令長官や航空部隊指揮官に祝電が送られた同じころ、悲報に包まれた英国海軍省から、次のコミュニケが発表されていた。


英国海軍省は、左の如く発表せざるを得ないのを遺憾とする。

すなわち、シンガポールからの来電によれば戦艦プリンス・オブ・ウェールズ号（艦長J・C・リー大佐、トーマス・フィリップス東洋艦隊司令長官坐乗）ならびに戦艦レパルス号（艦長J・G・テナント大佐）は撃沈された。詳細については〝両艦とも空中よりの攻撃によって撃沈された〟との日本側公表以外未だ何等の報告がない。

この海戦の意味するもの

この反響は大きくかつ決定的だった。航空機の攻撃で戦艦が沈むという、海戦の革命を現実に示したものだった。世界はこの驚異の事実に注目した。

アメリカ側の反響（モリソン）から述べて見よう。

「真珠湾攻撃は、いわば〝すえもの切り〟であるが、自由に行動する戦艦が航空兵力で撃沈されたことは、かってなかったのである。

戦艦主義は没落して、航空力鼓吹者は歓喜した。かくして主力艦は陸上基地航空力に対抗することができないという半面の真理は、昂揚されて、戦術原則の権威となり、誰も敢てこれを否認しようとするものがなくなった」

日本側の所論（高木惣吉、小柳冨次）は次の通りである。

「マレー沖海戦は真珠湾とちがって、いわば互いに正面から四つに組んだ海空戦であった。そして、この海戦で航空機の占める海戦上の地位は、理論的推定から現実に確乎たる地歩に飛躍したのである。かくてハワイにつづくマレー沖海戦の教訓は、近代海戦型式の終焉を宣告した。兵力の重心が海上から空中に、艦隊の王座が戦艦から空母に移った。いまや戦艦群を枢軸にした砲撃による決戦の時代は、いつの間にか昔語りになっていたのである」

「特にマレー沖海戦における、航空機戦力の超絶的なるには、たしかに米英も一驚を喫したであろう。以後米英海軍はいずれも航空第一主義に転換して、逐次反攻態勢を強化し、遂にその航空兵力の優越を以て日本を屈服にいたらしめたのである」
戦後の調査による、発表と実際は次表のとおりである。

	艦種	戦力		発表	実際	艦名
日	飛行機		85	3	3	外に不時着1
日	死傷					
英	戦艦	2	6	2	2	プリンス・オブ・ウェールズ、レパルス
英	駆逐艦	4		1	1	

比島（フィリピン）方面

航空撃滅戦

○大本営陸軍部発表（昭和十六年十二月八日午後五時）
我が陸軍飛行隊は本八日早朝来、比島方面要衝に対し大挙空襲し甚大なる損害を与え

たり
○大本営陸海軍部発表（昭和十六年十二月八日午後九時）
　帝国陸海軍航空部隊は本八日緊密なる協力のもとに比島敵航空兵力ならびに主要飛行場を急襲し、イバにおいて四十機、クラーク・フィールドにおいて五十乃至六十機を撃墜せり、わが方の損害二機

比島の戦況は、この二つの航空攻撃に関する大本営発表で始まっている。マレー方面が前に述べたように「奇襲上陸成功、戦果拡張中」の第一報から公表されている点と、まことに対照的である。

それは、奇襲と突進を狙いとし、航空攻撃と上陸とを同時に開始するマレー作戦に対して、まず航空撃滅戦を行ない制空権を獲得したのち、上陸作戦を開始するという「正攻法」をとった、比島作戦の特色からくるものである。

さて、前掲の航空戦果を、翌九日午前十時四十分の海軍部発表で、「詳報左の如し」として、「撃墜二十五機（内大型一機）、銃、爆撃による地上撃破七十一機（内大型中型三十三機）なお我方の損害五機」と訂正している。

戦後の米国側の資料では、この時の損害は九九〜一〇四機としている。日本側の合計九十六機という戦果発表は、まことに良心的で正確といえよう。ただし、わが方の損害は部隊側からの報告七機に対し、当初二機、ついで五機と訂正している。

先遣部隊の上陸

開戦初頭、日本軍が計画した比島作戦は、主としてルソン島にある首都マニラの攻略と、ミンダナオ島のダバオの占領であった。

マニラは米国の極東における根拠地であり、比島の政治、軍事、経済の中枢であり、ダバオは南部比島の要衝である。

上陸作戦は二段階に分れ、まず、つぎの四つの陸海軍の先遣隊が十二月十日を第一陣に、周辺の要点に上陸して、飛行場を確保する。

田中支隊　アパリ（北部比島）
菅野支隊　ピガン（西北部比島）
木村支隊　レガスピー（東南部比島）
三浦支隊　ダバオ（ミンダナオ島）

ついで、上陸軍主力が、リンガエン湾とラモン湾に十二月二十日ころ上陸する、という計画であった。

○大本営陸海軍部発表（昭和十六年十二月十日午前十時十分）
帝国陸海軍は十日未明緊密なる共同のもとに比島に対し上陸作戦を敢行し目下着々戦果拡張中なり

○大本営陸海軍部発表（昭和十六年十二月十二日午前六時）
帝国陸海軍新鋭部隊は本十二日未明緊密なる協同の下にルソン島南部に上陸せり
○大本営陸海軍部発表（昭和十六年十二月二十日午後五時三十分）
帝国陸海軍部隊は緊密なる協同のもとに本二十日未明敵の抵抗を排除し新たにミンダナオ島に上陸し戦況有利に進展中なり

以上三つの発表は、いずれも先遣隊の上陸を知らせるものである。

香港方面

うれしい誤算

香港作戦の特色は、他の方面の諸作戦が海洋を越えて攻撃するものであるのに対して、まず陸続きの国境線を突破して、英軍の国境陣地を突破し、ついで海峡を渡って、全島針ねずみのように武装された香港島要塞を攻略することにあった。したがって攻撃準備は慎重で、攻略所要見込みは約四週間と見積られていた。

攻略部隊最高指揮官は十二月八日午前四時、進攻開始を命じている。これに基づく、九龍半島の啓徳飛行場に対する航空第一撃は、午前八時、陸上第一線兵団（第三十八師団）の国境線突破は、航空第一撃の前後である。

次の発表は、この作戦の初動を伝えたものである。

○大本営陸軍部発表（昭和十六年十二月八日午前十時四十分）
我軍は本八日未明戦闘状態に入るや機を失せず香港の攻撃を開始せり

そして同日午後五時、航空部隊の香港北方飛行場急襲を発表したまま、十三日の発表まで、香港に関する公表はストップした。

この地上戦闘に関する約三日間の沈黙は、次のような思いがけない事情によるものである。国境線を突破した歩兵連隊の尖兵中隊長が、いよいよ約一週間の攻撃準備すべき主陣地に接触して、その中の要点である高地を偵察中、その高地の敵の兵力配備に欠陥があり、警戒が手薄な点を発見、九日の夕刻、独断この敵陣地に突入して占領してしまうということが起きたのだ。

連隊主力は、この好機をのがさず、その戦果を拡大し、師団も予定の攻撃準備を行なうことなく、翌十日から攻撃を開始し、攻略軍全体が大した抵抗を受けることなく、十二日の中に敵の本防御線を突破してしまった。

これは全く日本側でも予期しなかったことで、前掲の大本営発表の裏には、このような嬉しい誤算があったのである。

グアム島、ウェーキ島方面

グアム島作戦

○大本営陸海軍部発表（昭和十六年十二月十日午後二時二十分）
帝国陸海軍は本十日未明緊密なる協同のもとに敵の抵抗を排除してグァム島の上陸に成功せり

開戦当時、小笠原諸島母島に待機していた一支隊が、中部太平洋の米海軍根拠地であるマリアナ諸島南端のグアム島に対して作戦を開始した。開戦第三日の十二月十日のがそれである。

当時陸海軍部隊の主力は、既述のように、ハワイ、マレー、フィリピンに指向されていたので、グアム島の作戦兵力は、陸軍が歩兵一コ連隊基幹、海軍が軽巡三隻を基幹とする一艦隊に過ぎなかった。

グアム島の作戦は順調であった。発表も翌十一日、陸軍部、海軍部それぞれ一回ずつ中間戦況を発表し、十六日陸海軍協同でその完全占領を公表するという正常なものであった。

ウェーキ島作戦

順調なグアム島攻略戦に対して、ウェーキ島の作戦は少し様相が違っていた。攻略部隊が海軍部隊だけであったことも一つの特徴である。

開戦と同時に南洋部隊（第四艦隊基幹）はウェーキ島を空襲、地上にあった敵戦闘機八機を炎上させ、その後も連日空襲して軍事施設を破壊するとともに、潜水部隊が島を監視した。十二月十日未明、海軍陸戦隊が奇襲上陸をしようと、ウェーキ島に近接したが、暗夜に風波が強く、上陸用舟艇への移乗に時間がかかり、夜が明けてしまった。

明るくなると、果然残存していた航空機と海岸砲台から猛烈な反撃を受けた。特に二〜三機の米軍戦闘機から反復して銃爆撃をうけ、駆逐艦疾風、如月が相次いで轟沈するという事態になった。

そこで止むなく、その日は攻撃を中止して退避した。この攻撃の失敗は、他の方面の輝かしい勝利の陰にかくれ問題にならなかった。

十二月二十二日必勝を期して第二次攻撃が行なわれた。陸戦隊を増強し、支援部隊を強化し、ハワイ攻撃の帰途にあった機動部隊の一部までが、これに加わった。ところが、相変らず風波が強く、上陸用舟艇が輸送船から下せないような状況だった。

攻略部隊指揮官は、陸戦隊をのせた二隻の哨戒艇を海岸に突進、擱坐《かくざ》させ上陸する決心をした。敵の準備した砲台の直前に強行上陸した陸戦隊は、奮戦ののち、遂に全島を占領した。

以上第一次、第二次攻撃を合計した損害は、駆逐艦二隻、哨戒艇二隻、戦死四五一名、戦傷一五九名、行方不明二名である。

これに対して、大本営発表は第二次攻撃終了後、つぎのように一回だけ行なわれた。

○大本営海軍部発表（昭和十六年十二月二十四日午前十一時）
一　帝国海軍は激浪烈風を冒して二十二日夜半ウエーキ島を攻撃しわが陸戦隊は頑強なる抵抗を排除しつつ敵前上陸を敢行し二十三日午前十時半同島を完全に占領せり
二　同方面の作戦においてわが方駆逐艦二隻を失えり

占領の事実と陸戦隊の勇戦ぶりを伝えるだけで、開戦時日本軍の上陸が阻止された唯一の例である。第一次作戦の完敗については、一語も触れていない。

さて、開戦のタイム・スケジュールをながめてみよう。複雑微妙な開戦の時に、はなたれた日本軍攻勢のタイム・スケジュールと、大本営発表の関係を整理すると、次のとおりである。時間はいずれも日本標準時に修正してある。どの一つが狂っても、相互に影響しあうこれらの組み合せに着目されたい。

十二月八日の発表の分析

		発表日時
午前二時二十五分	佗美支隊コタバル第一次上陸（マレー）	八日午前十一時五十分
〃三時二十分	真珠湾第一撃（ハワイ）	八日午後一時
〃三時三十五分	佗美支隊長〝上陸成功〟打電	×
〃三時四十分	大本営、右電報傍受、関係方面へ〝マレー作戦開始〟通電	×
〃四時	香港攻略軍、右通電により〝作戦開始〟発令（香港）	×
〃　〃	吉田支隊、バンコック南方海岸上陸（タイ）	×
〃四時十二分	第五師団主力、シンゴラ第一次上陸（マレー）	×
〃四時二十分	日本大使最後通牒手交のため国務長官と会見	×
〃　〃	宇野支隊、チュンポン第一次上陸（タイ）	×
〃四時三十分	安藤支隊、パタニー第一次上陸（マレー）	×
〃七時	近衛師団の先頭部隊、タイ国境突破（タイ）	八日午後九時
〃八時	香港攻略軍、啓徳飛行場に航空第一撃（香湾）	八日午後五時
〃　〃	〃　深圳東側地区から国境突破（香港）	八日午前十時四十分
〃八時三十分	第四艦隊、グアム島砲撃	×
〃　〃	第五飛行集団、比島重要施設爆撃	八日午後五時
〃十時	今野支隊の一部、バンドン、ナコン上陸（タイ）	×
〃十時　十分	第四艦隊、ウェーキ島砲撃	×
午後一時三十二分	第十一航空艦隊、比島南部重要施設爆撃	八日午後八時
〃十時	佗美支隊、コタバル飛行場占領（マレー）	九日午後十時

第三章　進攻作戦

香港占領

九龍市街の攻略

○大本営陸軍部発表（昭和十六年十二月十三日午前八時三十分）
十二月八日以来香港要塞を攻撃中なりし帝国陸軍は近代的装備を施せる半永久的築城陣地たるその本防禦線を突破して、昨十二日九龍市街一帯の地区を完全に攻略し引続き香港島に対し攻撃準備中なり

実のところ日本軍は、発表文にある本防禦線を突破すれば、香港要塞は自然に降伏すると判断していた。ところが、実際に突破してみると、敵は香港島内に立てこもった。

九龍側と香港島との間には、海峡がある。一番狭い所でもその距離は約一、〇〇〇メートルあった。簡単に陸軍部隊が渡れるものではない。

降伏勧告をすれば、小さな島で抵抗することの無意味を悟って、降伏するかも知れぬという楽観的観察があった。東京の大本営も、どちらかと言えば、多数の非戦闘員を戦闘に巻き込むのを嫌って、降伏勧告案だった。

二回、軍使による降伏勧告が行なわれた。当時の資料は次のごとく述べている。

〔九龍十四日発同盟〕
九龍を占領し香港島を包囲、睥睨《へいげい》中なる我攻城軍司令官は十三日一応爆撃を中止すると共に香港総督に軍使を派遣し左の要旨の親書を手交せり
今や我攻城砲兵の善戦と勇敢無比なる我が空車は香港島を指呼の間に望み之が覆滅《ふくめつ》の準備完了せり、即ち香港市の命脈はすでに極まり勝敗の決は自ら明かなり、ここに貴軍の運命は在香港無辜《むこ》の民百万の上に思いを致すとき我攻城軍は事態を推移するままに任す能わず、開戦以来貴軍より戦うといえどもこの上の抵抗は百万の老若男女と無辜の民の生命を絶つに至るべし、これ貴国の騎士道より見るも将亦《はたまた》我武士道より見るも共に堪えざるところなり総督深くここに思を致し直に開城会議の開催を受諾せられよ、もしこの勧告にして容れざらんか余は涙を呑んで実力の下に貴軍を屈服せしむ方途に出ずべし。

これに対しヤング香港総督は我が大義の勧告を全面的に拒否、香港島は止むなく砲火の巷と化するに至れり。

十二月十七日、再度降伏勧告をしたが、これも拒否されたので、いよいよ香港島に奇襲上陸した。

○大本営陸海軍部発表（昭和十六年十二月十九日午前六時五十五分）
一　帝国陸軍部隊は海軍部隊の緊密なる協同の下に敵の頑強なる抵抗を粉砕し、昨夜半敵の猛射を冒して香港島要塞の上陸作戦に成功し、目下着々戦果拡張中なり、将兵の士気極めて旺盛、意気天を衝《つ》く
二　帝国現地陸海軍最高指揮官は肇国の武士道精神に基き香港総督に対し、曩《さき》に二回に及びてその降伏を慫慂《しょうよう》したるも頑冥之を拒絶したるを以て、止むを得ず断乎鉄鎚《てっつい》的打撃を加うるに決したるものなり

十九、二十、二十一日と要塞攻撃の激戦がつづいた。二十一日、香港島周辺の全海面を制圧中という中間発表をしただけで、発表はしばらく途絶えた。

部隊は苦戦をしていたのである。しかし、二つのことが日本軍の攻撃を有利に導いた。一つは山中に全香港市街の給水源を発見したことと、一つは敵の戦死者から敵陣地の配備要図

を手に入れたことである。この二つは堅固な要塞陣地による英軍の喉に、短刀をつきつけるようなものであった。

○大本営陸海軍部発表（昭和十六年十二月二十五日午後九時四十五分）
香港島の一角に余喘を保ちつつありし敵は我が昼夜を分たざる猛攻撃により本二十五日十七時五十分（午後五時五十分）遂に降伏を申出でたるを以て軍は十九時三十分（午後七時三十分）停戦を命じたり

○大本営陸海軍部発表（昭和十六年十二月二十八日午後零時三十分）
香港攻略に任ぜし帝国陸海軍部隊は敵の降服により、その武装を解除し二十六日午後六時香港全島の占領を完了せり

マニラの攻略

軍主力の上陸

○大本営陸海軍部発表（昭和十六年十二月二十二日午後三時十分）

帝国陸軍大部隊は、本二十二日未明以来強力なる我海軍掩護のもとにさきにルソン島南北に上陸進撃中の部隊に策応し、ルソン島新方面に続々上陸中なり

○大本営陸海軍部発表（昭和十六年十二月二十五日午前十一時三十五分）

二十二日以来ルソン島西部リンガエン湾沿岸に上陸中の帝国陸軍大部隊は、所在の敵を撃破しつつ南方に進撃中のところ、更に昨二十四日払暁有力なる我が後続陸軍部隊は、強力なるわが海軍護衛部隊掩護のもとにルソン島東部海岸に上陸を開始し戦況極めて有利に進展中なり

前章で述べた先遣部隊の上陸に引きつづいて、軍主力部隊の上陸を公表したものである。二十二日上陸の部隊は、第四十八師団を基幹とする比島攻略第十四軍主力であり、発表にいう「新方面」とは、ルソン島西岸リンガエン湾である。二十四日の分は、第十六師団主力であり、その上陸地点は、ルソン島東部のラモン湾である。

第四十八師団の軍主力正面では、上陸時風浪が強く悩まされたが、第十六師団正面は、その後順調に戦況が進展した。

そこで二十五日午前中の発表に引きつづき、午後発表の各方面の戦況概要に、比島方面、ルソン島の一部そして、大体の地名だけを公表した。

マニラか、バターンか

マニラを目指して快進撃をつづける第一線部隊に対して、比島攻略軍の司令部では十二月の末になると作戦指導上の大問題が起きていた。

それは、空中偵察の諸情報を総合すると、有力な敵部隊がバターン半島に逃げ込んだ形勢が、はっきりしてきたからである。マニラとバターン半島では、追撃の方向が全然違う。マニラ市街を占領しようと思えば、敵主力は攻撃できないし、敵部隊を攻撃しようとすれば、マニラの占領はあとまわしになる。

この問題は、しかし突発的に生まれたものではなく、開戦直前の作戦会議で、攻略軍側の参謀長がこの点を心配して、大本営の真意をたずねたことがある。

当時、大本営は敵がバターン半島に立てこもって最後の抵抗をするものとは考えていなかった。そこで、軍参謀長に対して、マニラを攻略することが、敵野戦軍を撃破することになると答え、この問題を深く掘り下げなかった。

十二月二十八、二十九日の戦況は、敵部隊が続々バターン半島に移動中であった。もみにもんだ作戦会議の結果、本間軍司令官は計画どおり、まずマニラを攻略することに決めた。この結果、バターン半島の陣地が固まり、攻略に翌十七年五月上旬までかかるのである（細部後述）。大本営はそんなことになるとは夢にも考えていない。

攻略軍はマニラ市を完全に保護するため、軍隊の進入を制限していた。ところが、一月一

日夕刻、第四十八師団長から、

「軍のマニラ市を完全に保護せんとする切なる希望は、火災に依り既に失われ兵団は要すれば此の火災よりマニラを救出するの必要を認め主力を以てマニラ市に進入しパシック河南側地区に兵力集結の企図を有す。右御指示乞う」

という電報が入った。軍司令官はそこでマニラ進入を許可した。発表は次のとおりである。

○大本営陸軍部発表（昭和十七年一月三日午前九時）
　帝国陸軍部隊は昨二日午後以来続々マニラ市内に進入しつつあり
○大本営陸軍部発表（昭和十七年一月三日午後四時四十五分）
　帝国陸軍比島攻略部隊は二日午後首都マニラを完全に占領し、更にコレヒドール島要塞及バタアン半島の要塞に拠る敵に対し攻撃を続行中なり

当時マニラ及び付近の重要施設は、撤退する米比軍のため、あるいは火災になり、あるいは破壊され、土民の掠奪が横行していた。

後者は完全占領の発表である。

コレヒドール島はバターン半島の南端に位置する島で、堅固な要塞であった。発表本文後半にある「攻撃を続行中」は虚飾で、当時攻撃らしい攻撃は、既述のような事情から、実行していないのが真相である。

ラバウル等の占領

ラバウル攻略

開戦初頭、グアム島を攻略した南海支隊が、昭和十七年一月下旬、ラバウルを占領した。日本本土から南へ赤道を越えて五、〇〇〇キロ、南海の要衝ラバウルの占領は、ここに前進根拠地を作って、日本海軍の太平洋における最大根拠地トラックを掩護しようとするものだった。

○大本営発表（昭和十七年一月二十四日午後五時十五分）
一　帝国陸海軍部隊は緊密なる協同のもとに一月二十三日未明、敵の抵抗を排除してニューギニヤ島東方ニューブリティン島ラバウル附近の上陸に成功し、着々戦果拡大中なり
二　帝国海軍特別陸戦隊は同日未明ニューアイルランド島カビエングの敵前上陸に成功せり

発表文第二項のカビエングは、南洋諸島からラバウルに航行する場合必ず通過する位置にある、いわばラバウルの門口のような港であった。

ラバウルは、この方面唯一の文化都市で、電灯も電話もあった。戦略的には、二つの飛行場と良好な船舶泊地があり、ビスマーク諸島、ソロモン諸島、東部ニューギニアを通じて、最良の作戦基地と判断されていた。

攻略は、ごく一部の抵抗があっただけで、その日のうちに占領を終えた。

更に、カビエングについては、二十六日午後四時の大本営発表の第二項で、次のように触れている。

> 二　二十三日カビエングに上陸せる帝国海軍特別陸戦隊は二十四日同地を完全に占領せり

ラエ、サラモアの上陸

一月下旬、ラバウルは占領した翌日から、連日散発的な空襲をうけた。連合軍側は豪州本土を防衛するための、前進陣地としてラバウルを考えていたので、ほっておくわけにはいかなかったのである。

ラバウルへの空襲基地は、東部ニューギニア南岸のポート・モレスビーである。

勝ち誇っていた日本軍は、その目の上のコブであるポート・モレスビーを攻略してしまおうと考えた。そのまず第一段階として、東部ニューギニアに足掛りをつくるため、東北岸の部落ラエ、サラモアを攻略することになった。

もちろん、ラエもサラモアも開戦時の作戦計画の攻略範囲には入っていない。

○大本営発表（昭和十七年三月十二日午後三時十分）
　帝国陸海軍部隊は緊密なる協同のもとに、三月八日未明、ニューギニヤ島東岸の要衝サラモア並にラエの敵前上陸に成功、十日敵約六十機の反撃ありしも四機を撃墜してこれを撃退、目下戦果を拡大中なり
　本戦闘において我方の損害左の如し
一　沈没擱坐　徴用船二隻　輸送船一隻
二　損傷　巡洋艦一隻（小破）、駆逐艦二隻（中、小破）、徴用船三隻（小破）
〔註〕輸送船は上陸完了後にして、戦死一名のほか、人員の損傷なし

上陸そのものは、大本営発表のとおり極めて順調に終了した。しかし、本文後半の連合軍の反撃に問題がある。

戦後の調査によれば、フレッチャー米海軍少将の指揮する空母レキシントン及びヨークタウンの攻撃機隊一〇四機が、パプア海からオーエン・スタンレー山脈を越えて、ラエ、サラモアの日本艦船群を空襲したのだった。

被害も、沈没、輸送船四隻、中破、駆逐艦一隻、輸送船二隻、小破、軽巡二隻、駆逐艦一隻、輸送船二隻であり、戦死は一名ではなく、陸軍六名、海軍一二六名もあった。

これは開戦以来の全戦局からみて、連合軍の反撃による最初にして最大の船舶被害であった。しかし、この重大問題も当時は、三月九日の蘭印無条件降伏（細部後述）で、南方作戦は予期以上の成功裡に終了しようとする時機であり、その輝かしい戦果のかげに、この重大問題は見失なわれていた。

シンガポールへの道

第二章で述べたマレー半島の上陸地点シンゴラから、半島西岸を縦断してシンガポールまでの距離は概略一、一〇〇キロである。

開戦前の参謀本部作戦課の計画では、この一、一〇〇キロを約百日で突破して、昭和十七年の三月十日（陸軍記念日）までに、シンガポールを攻略する予定だった。

ところが、シンゴラに上陸した第五師団は十二月十二日夕刻、ジットララインを突破した。ジットララインは英軍が少くも三カ月は日本軍を阻止し得ると誇称した、数線の堅固な陣地だった。

この勢いを見た現地軍司令官山下奉文《ともゆき》中将は、新しい進撃作戦の日程表を決めた。予定を約一カ月繰り上げて、二月十一日（紀元節）までに、シンガポールを攻略するというものである。

○大本営陸軍部発表（昭和十六年十二月二十日午後十一時五十分）
マレー西海岸方面の我軍は昨十九日夕ペナン島を攻略、南方に向い引続き進撃中なり

○大本営陸軍部発表（昭和十六年十二月二十九日午後五時三十五分）
マレー西海岸方面の帝国陸軍部隊は昨二十八日正午頃ペラー州の要衝イポーを攻略し敗敵を撃滅しつつ南方に進撃中なり

○大本営陸軍部発表（昭和十七年一月一日午後三時）
マレー東海岸方面を進撃中の帝国陸軍部隊は昨三十一日午前十時二十分東部マレーの要衝クワンタンを占領せり

○大本営発表（昭和十七年一月九日午後四時三十分）
一、マレー西海岸方面の帝国陸軍部隊は一昨七日「トロラク」（クァラ・ルムプール北方九十キロ）北方地区に堅固に陣地を占領せる有力なる敵機械化部隊を両翼より包囲攻撃しこれに殲滅《せんめつ》的打撃を与えたる後、引続き南方に向い果敢なる追撃を続行中にして、その先鋒は八日夕「タンジョン・マリム」を通過せり、前記「トロラク」附近における戦果左の如し

1、鹵獲《ろかく》品　重砲（十二糎榴弾砲）十三門、対戦車砲二十門、迫撃砲十五門、自動砲二十門、軽装甲車五十輛、自動二輪車卅輛、自動車五百輛

2、俘虜　約二百　遺棄死体　約卅百

3、我軍の損害　戦死十七名、戦傷六十名

二、ビルマ方面に作戦中の帝国陸軍航空部隊は昨八日午後ビルマ領「モールメン」港を急襲し大型汽船一隻、中型汽船四隻に多数の命中弾を与うると共に停車場および埠頭設備を爆砕せり

○大本営発表（昭和十七年一月十一日午後六時二十分）

マレー西海岸方面の帝国陸軍部隊はクアラ・ルムプール附近を混乱状態をもって退却中なる敵に対し、依然空地相呼応して果敢なる追撃を続行中にして、有力なる先鋒部隊は十日夕にはモリブ、クランおよびラワン附近に進出し、また航空部隊は潰走中の敵集団に殲滅的攻撃を加えつつありて、十日午前クアラ・ルムプール北方において敵の自動貨車二十三、戦車、装甲車七を、カジヤン（クアラ・ルムプール東南約十一キロ）附近において敵兵を満載せる二列車をそれぞれ粉砕し、かつ連日シンガポールに対する夜間奇襲を敢行し、敵軍事諸施設並びに飛行場を爆砕しつつあり

○大本営発表（昭和十七年一月十二日午後一時十五分）

マレー西海岸方面を進撃中の帝国陸軍先鋒部隊は昨十一日午前十一時三十分クアラ・ルムプールに突入せり

○大本営発表（昭和十七年一月十七日午前十一時三十五分）
マレー方面の帝国陸軍部隊は一昨十五日正午頃マレー西岸の要衝マラッカを攻略し引続き敗敵を急追中なり

○大本営発表（昭和十七年二月一日午後六時）
マレー半島を進撃中なる帝国陸軍部隊は昨一月三十一日夕その先鋒を以てシンガポール島対岸に進出せり
上陸以来五十五日、踏破行程千百キロ、舟艇機動約六百五十キロ、橋梁修理約二百五一、この間主力交戦実に九十二回に及べり。その戦果の主なるもの左の如し
鹵獲品（破壊せるものを含む）
火砲約三百三十門、機関銃約五百五十挺、戦車（装甲車を含む）約二百五十輌、自動車約三千六百輌、糧秣、燃料軍自活に十分なる量
俘虜約八千、遺棄死体約五千、概ね二個師団を壊滅せり

○大本営発表（昭和十七年二月九日午後五時五分）

マレー方面帝国陸軍部隊は昨八日以来敵の抵抗を排除してジョホール水道の渡河に成功し、堅塁シンガポール島要塞に対し攻撃を開始せり

○大本営発表（昭和十七年二月十日正午）

シンガポール島要塞を猛攻中の帝国陸軍部隊は執拗なる敵の抵抗を撃砕して昨九日午後七時テンガー飛行場を完全に占領せり

○大本営発表（昭和十七年二月十一日午後零時二十分）

シンガポール島要塞猛攻中なる帝国陸軍部隊は本十一日紀元の佳節を迎え士気いよいよ昂揚、激戦ののち今早朝シンガポール島の最高地点ブキ・テマの要衝を奪取し敗退に混乱せるシンガポール市街を指呼の間に俯瞰《ふかん》睥睨《へいげい》しつつ鋭意攻撃を続行中なり

○大本営発表（昭和十七年二月十一日午後八時三十分）

本十一日早朝来執拗なる敵の抵抗を撃砕しつつ進撃を続行中なる帝国陸軍部隊は午前八時シンガポール市街に突入、敗残英軍を随所に捕捉蹂躙《じゅうりん》しつつあり

○大本営発表（昭和十七年二月十二日午後零時二十分）

シンガポール要塞を攻陥中なる帝国陸軍部隊は昨十一日ブキ・テマ方面より敵陣深く

シンガポール市街に楔入《せつにゅう》して要塞の死命を制すると共に更に強力なる部隊を以て北方正面より敵陣地を席巻し各方面空陸相呼応して本十二日払暁来貯水池周辺の敵軍主力に対し大殲滅戦を展開中なり

○大本営発表（昭和十七年二月十五日午後十時十分）

馬来方面帝国陸軍部隊は本十五日午後七時五十分シンガポール島要塞の敵軍をして無条件降服せしめたり

以上が、十二月八日の上陸以来シンガポール陥落までの間、五七回に及ぶマレー方面戦況の中の重要な作戦上の結節を掲記したものである。

発表文にある日時、攻撃場所等は戦後の調査とおおむね一致していて、虚偽はない。しかしながら、多少解説めいた発表の場合は、獲得した戦果を過大視し、また日本側の損害が大きい時は、あえて触れない共通の傾向が見られる。

例えば、十二月十四日の発表において文中「英軍機械化一個師団を撃滅し」とあるが、戦後の調査では、英第三軍団の第十一師団の前進陣地占領部隊（戦車二〇両、人員約三〇〇名）が、日本軍の強圧をうけて主陣地に撤退しただけの戦闘行為で、一個師団撃滅は誇大である。

また、一月二十七日の発表で、インド独立第四十五旅団長ダシカン准将の戦死及び同旅団の潰滅は事実であるが、そのため敵の退路遮断に任じ、大隊長以下全員の六〇パーセントが戦死傷する大奮戦をしたバリットスロン占領の挺進大隊の損害（戦死二三六名、戦傷一〇六名）が、少なく発表されている。

とはいえ、前述の如く紀元節にはシンガポールを占領する、という改訂作戦計画どおりに実施できたマレー進攻作戦は、当時、大本営発表の一つの華でもあった。

ビルマ作戦

> ○大本営発表（昭和十七年一月二十一日午後六時）
> 帝国陸軍部隊は一月十七日カウメイダン（タヴォイ東北方二十八キロ）附近に陣地を占領せる約六百の敵を夜襲之を壊滅し、更に同十九日未明タヴォイ附近の敵陣地を攻撃して、午後七時三十分タヴォイを完全に占領せり、タヴォイ附近攻略の戦果左の如し
> 鹵獲品　山砲二門、機関銃十一挺、銃器三百十八挺、各種銃弾約十万発、自動車十輌、その他鹵獲品多数
> 俘虜百五十一、遺棄死体五百七十

ビルマ進攻作戦開始の第一報である。この点、同日正午ビルマ作戦軍が公表した左の発表文の方が明確である。

「軍はタイ、ビルマ国境を突破せり。南部に於ては既に一月十五日タヴォイを攻略、北部に於てはモールメン東北地区に進出、引続き進撃中なり」

元来、大本営としては南方作戦終結後の態勢を考える時、ビルマは南方要域の北翼拠点として、ぜひ確保しておきたい地域であり、中国に対する援蔣ルートの遮断と、印度に対する対英離反工作という見地からも、やがてはビルマ全域の作戦を実施する企図であった。

しかしながら、開戦当初は全般兵力が不足することと、タイ・ビルマ国境付近の地形が、険峻であり密林のため、作戦路の準備に時間がかかるため、「南方攻略作戦は機を見て」実施すること、と考えられていた。

ところが、マレー作戦の進展にともない、ビルマ方面からの連合軍機の反撃が日増しに激化してきた。また、英軍、重慶軍が次第に増加される徴候も見え出した。そこで、軍は準備不十分ながら、すみやかに南部ビルマだけでも攻略する必要に迫られるようになった。

そこで第五十五師団の一部（沖支隊）が、一月四日まずタボイ方面に作戦して敵を牽制、師団主力はその効果を利用して、一月二十日タイ・ビルマ国境を突破した。

○大本営発表（昭和十七年二月二日午後四時十五分）

ビルマ方面帝国陸軍部隊は豪雨を冒して敵の抵抗を撃破し、一月三十一日夕モールメンを完全占領せり

○大本営発表（昭和十七年二月十二日午後六時）
ビルマ方面帝国陸軍部隊は敵の抵抗を排除し、二月十日午後一時サルウイン河右岸の要衝マルタバンを完全に占領せり
○大本営発表（昭和十七年三月九日午前十一時十五分）
ビルマ方面帝国陸軍部隊はペグー及び蘭貢《ラングーン》附近に於て敵軍主力を撃滅し七日午後ペグーを、八日午前十時蘭貢を完全に占領せり

ラングーンの占領は、同港を基地としての海路補給が可能となった。また、付近の南ビルマの航空基地は、日本軍航空部隊の作戦を非常に有利なものにした。

ラングーン占領の前日である。南方軍総司令官寺内大将は、現地のビルマ攻略軍第十五軍司令官飯田中将に、進んで戦機を捕捉して、マンダレー方面の敵、特に支那軍に決戦を求め、努めて短期間にこれを撃滅すべきことを命じた。

かくして、マレー半島の電撃戦と同程度の大規模の、中、北部ビルマ進攻作戦が開始されたのである。

○大本営発表（昭和十七年五月二日午後四時十五分）
ビルマ方面帝国陸軍部隊は三月下旬以降、英重慶連合軍を随所に撃滅しつつありし

が、五月一日ビルマの要衝マンダレーを攻略し、その軍事拠点を完全に崩壊せしめたり

○大本営発表（昭和十七年五月六日午前十時十分）

ビルマ方面帝国陸軍部隊は五月四日緬印国境附近のアキャブ飛行場を占領せり

○大本営発表（昭和十七年五月八日午後二時五十分）

ビルマ方面帝国陸軍部隊は敵軍を急追して四月二十九日ラシオを、五月三日バーモを攻略、更にその先鋒は雲南省境を突破して五月五日龍陵を占領せり

○大本営発表（昭和十七年五月十一日午後五時二十分）

ビルマ方面帝国陸軍部隊は、敗敵を随所に撃破しつつ、五月六日雲南省怒江東岸に進出し、八日ミイトキーナを完全に占領せり

○大本営発表（昭和十七年五月十六日午後五時三十分）

雲南省境を突破しビルマ公路に沿い進撃せる帝国陸軍部隊は五月十日騰越《とうえつ》を占領せり、同方面の作戦においては敵の残置せる兵器、弾薬のほか莫大なる資材を随所に鹵獲しつつあり

五月十二日付の朝日新聞には、第五十六師団の戦果として、次のようにのっている。

（於ワンチン）ガソリン一五七〇缶、モビール一〇〇〇缶、米五〇〇俵、塩二八〇貫。（於芒市）自動車タイヤ九〇〇個、榴弾砲弾九〇〇発、速射砲弾六〇〇発。（於龍陵）ガソリン五五〇缶、軽油一〇〇〇缶、米七〇〇俵、セメント一〇〇〇〇袋、等

○大本営発表（昭和十七年五月十七日午後三時三十分）
印緬国境方面に作戦中なる帝国陸軍部隊は五月十三日カレワ附近にて約二万の英軍主力を撃滅し更に残敵掃蕩中なり
戦果左の如し
遺棄死体　一千二百
鹵獲品　㈠自動車　二千輛
　　　　㈡戦　車　百十三輛
　　　　㈢火　砲　四百二十一門
　　　　㈣銃　器　七百二十二挺
〔註〕カレワはマンダレーの西北二百五十キロ、チンドウィン河西岸にありて印度に通ずる山径の要点なり

かくして、ビルマは作戦開始以来約半歳、全要域はことごとく日本軍の占領するところと

なった。この間、英、印、ビルマ軍に決定的な打撃を与え、南方軍の戦略態勢強化に大きく寄与するところがあった。

なお、印度洋上のアンダマン、ニコバル諸島は、ビルマ及びマレー防衛のためばかりでなく、ビルマ方面に対する海上補給路の側面を援護する位置にあるので、陸海軍協同で攻略した。

○大本営発表（昭和十七年三月二十六日午前十一時）
　帝国陸海軍部隊は、三月二十三日未明、南アンダマン島ポート・プレアに奇襲上陸を敢行し、同島英軍をして無条件降伏せしめたり

以上ビルマ方面進攻作戦の大本営発表は、戦況が第一線部隊の敢闘により極めて順調に進展していたので、おおむね真実を述べているといえる。

蘭印の攻略

蘭印の占領は開戦計画の最終目的だった。マレーとフィリピンの両翼をたたいて、蘭印への突進の門を開くのが第一段、目的の資源地帯蘭印への上陸占領が第二段である。

この作戦構想をとると、必然的に二つの問題がある。その一つは第一段にマレーとフィリ

ピンを攻撃している間に、うまく第二段の南部上陸の準備ができるかどうか。二番目はその間に、目標の資源、具体的には重要油田地帯を連合国側が破壊してしまわないか、という問題である。

第一の問題は、結局ジャワ本土に十分に威力を発揮し得る陸上航空基地を、本攻撃に先立って獲得できるかどうか、ということである。第二の問題は、日本軍最初の「空挺作戦」の決行に、必成をかけることになった。

前哨戦

以下、第一の問題、ジャワ攻略の前哨戦から、大本営の発表を追ってみよう。

蘭印攻略の作戦構想に基づく、最初の布石は、坂口支隊のミンダナオ島ダバオ占領と、川口支隊の英領ボルネオの占領である。

○大本営陸海軍部発表（昭和十六年十二月二十三日午後五時五十分）
二十日未明ミンダナオ島に上陸せる帝国陸軍部隊はわが海軍と緊密なる協同のもとに執強なる敵の抵抗を粉砕し同日午後五時首邑ダバオを完全に占領せり、二十一日までに敵に与えたる損害は、俘虜約六百、敵の遺棄死体約二百なり

○大本営陸海軍部発表（昭和十六年十二月二十九日午後五時三十五分）

帝国陸海軍は二十四日以後英領ボルネオ西南地区方面に作戦中なりしが二十八日までの戦果左の通り
一　陸海軍新鋭部隊は二十四日払暁同方面に対する上陸に成功し所在の敵を撃砕、二十五日午後四時四十分要衝クチンを完全に占領せり
二　爾後同方面の敵を掃蕩し敵の主要航空基地を占領せり
三　同方面の作戦において帝国海軍は敵潜水艦二隻を撃沈、敵大型機十機を撃破せり、尚我方は本作戦において駆逐艦及び掃海艇各一隻を失えり（筆者注／沈没駆逐艦は「狭霧」で、オランダ潜水艦の雷撃によるものである）
○大本営陸軍部発表（昭和十七年一月五日午後六時十分）
英領ボルネオ上陸の帝国陸軍部隊は旧臘《きゅうろう》三十一日ブルネイを、また一日ブルネイ湾を扼《やく》するラブアン島を占領せり

前哨戦の第二段階は、蘭領ボルネオ、セレベス島の基地の占領である。

○大本営発表（昭和十七年一月十二日午後六時）
帝国陸海軍部隊は緊密なる協同の下に一月十一日未明蘭領ボルネオ、タラカンに、又帝国海軍特別陸戦隊はセレベス島メナドにそれぞれ敵前上陸に成功し、十二日タラカン

の敵は我に降伏しメナドは我軍に占領せられたり
右は我比島方面及び英領ボルネオ方面の戡定《かんてい》作戦を妨害する敵航空基地並に海軍基地を奪取せんとするものなり
○大本営発表（昭和十七年一月十七日午前十一時）
一、帝国海軍特別陸戦隊は、十二日陸軍部隊と協力し、タラカン飛行場を占領せり
二、我が占領下のタラカン泊地哨戒中の帝国海軍航空部隊は十三日敵双発爆撃機四機を撃墜せり
三、タラカン方面作戦において我方掃海艇二隻を失えり
○大本営発表（昭和十七年一月二十六日午前十一時四十五分）
帝国陸海軍部隊は緊密なる協同のもとに一月二十四日未明敵の抵抗を排除してボルネオ島バリックパパンの上陸に成功し戦果拡大中
○大本営発表（昭和十七年一月二十六日午後四時）
一、帝国海軍特別陸戦隊は一月二十四日未明セレベス島ケンダリーの敵前上陸に成功し、目下所在の敵を掃蕩中なり
二、（筆者略／カビエング占領の件前出）

○大本営発表（昭和十七年一月二十八日午前十一時三十分）
帝国陸軍部隊は一月二十五日午前一時蘭領ボルネオ島バリックパパンを完全に占領し、ひきつづき残敵を掃蕩中にして、敵は逐次我軍に投降しつつあり
○大本営発表（昭和十七年一月二十九日午後六時）
一　帝国海軍航空部隊は二十六日、二十七日マカッサル海、セラム海、モルッカ海、フロレス海、バンダ海の広水面を制圧しボルネオ島、セレベス島、セラム島、ブル島等の敵重要航空基地に対し反覆攻撃を敢行し、敵機四十五機を撃墜破（内不確実四）せり
本攻撃において我方未だ還らざるもの四機なり
二　ケンダリーに上陸せる帝国海軍特別陸戦隊は附近一帯の敵を掃蕩し二十六日同地を完全に占領せり
○大本営発表（昭和十七年一月三十一日正午）
（一）有力なる帝国陸軍部隊は、海上機動により一月二十七日払暁西部蘭領ボルネオ北端パマンカット附近の上陸に成功したる後、長駆要衝サンバスを衝き、同日午後三時完全にこれを占領せり
（二）英領ボルネオ、クチン方面よりシルアスを経て南下中なりし帝国陸軍部隊は、右

部隊に策応しサンガウ附近の敵を撃破して同日午前十時レド飛行場（サンガウ西部二十二キロ）を占領せり

○大本営発表（昭和十七年二月一日午後三時三十分）

西部蘭領ボルネオ方面に作戦中の帝国陸軍部隊は一月二十九日要衝ポンチアナックを完全に占領せり

○大本営発表（昭和十七年二月二日正午）

帝国陸海軍部隊は緊密なる協同の下に一月三十一日未明バンダ海の要衝アンボン附近の敵前上陸に成功し着々戦果拡大中なり

このアンボン上陸は、今までのボルネオ、セレベス島より更に東方の島へ、第三十八師団の伊東少将の指揮する東方支隊が上陸したものである。ジャワ島の東、チモール島上陸の布石である。

○大本営発表（昭和十七年二月四日午後零時半）

帝国陸軍部隊は一月二十四日北部英領ボルネオの要衝タワオを完全に占領し邦人五百八十七名を救出せり

○大本営発表（昭和十七年二月十二日午後六時）
蘭領ボルネオ方面帝国陸軍部隊はタナーグロゴト上陸後陸路四百キロの悪路を踏破し二月十日正午ボルネオ島南岸の要衝バンジェルマシンを完全に占領せり

既述の諸作戦は大部分、陸海軍協同で行なわれたが、このバンジェルマシンは陸軍部隊だけで攻略した。

海軍部隊だけの作戦は、前述のメナドと、ケンダリー及び次のマカッサルの占領である。

○大本営発表（昭和十七年二月十二日午後七時四十五分）
帝国海軍特別陸戦隊は二月九日セレベス島南端の要衝マカッサルならびにニューブリテン島南側の要衝ガスマタを完全に占領せり

この発表後半部のニューブリテン島ガスマタは、東部ニューギニアに対する飛行機の中継基地として占領されたもので、直接蘭印の攻略とは関係ない。

さて、いよいよ最後の段階が近くなり、連合国側に油田設備を破壊させないため、空挺部隊が目的地パレンバンに降下した。約一月前に海軍側が、メナドに空挺部隊を使用したが、企図秘匿上、陸軍側と同日発表となった。

公式時間は陸軍側が十分間ズラしているが、実際は早目に発表してしまって、海軍側を不快にさせた。

○大本営発表（昭和十七年二月十五日午後五時）
帝国海軍落下傘部隊は去る一月十一日セレベス島メナド攻略戦に参加し、赫々《かっかく》たる戦果を収めたり

○大本営発表（昭和十七年二月十五日午後五時十分）
強力なる帝国陸軍落下傘部隊は二月十四日午前十一時二十六分蘭印最大の油田地たるスマトラ島パレンバンに対する奇襲降下に成功し敵を撃破して飛行場その他の要地を占領確保するとともに更に戦果を拡張中なり、
陸軍航空部隊は本作戦に密接に協力するとともにすでにその一部は本十五日午前同地飛行場に躍進せり

○大本営発表（昭和十七年二月二十日午後一時）
帝国陸海軍部隊は緊密なる協同のもとに二月二十日未明チモール島クーパン及びデリー方面に敵前上陸を敢行せり

前に触れた第三十八師団の一部（東方支隊）の作戦行動である。同師団主力はスマトラ島のパレンバンに、空挺部隊の降下と邀撃《ようげき》していた。次はその発表である。

○大本営発表（昭和十七年二月二十二日午後三時十分）
強力なる帝国陸軍新鋭部隊は二月十五日早朝ムシ河を遡江《そこう》して、さきにパレンバン飛行場を占領せる陸軍落下傘部隊と協同し同十七日南部スマトラ島の要衝パレンバンを完全に占領せり

○大本営発表（昭和十七年二月二十二日午後三時）
帝国陸軍部隊はわが海軍部隊と緊密なる協同の下に二月十五日未明、バンカ島ムントク附近の敵前上陸に成功し同日夕、同島東岸の要衝パンカルピナンを占領し更に戦果拡大中なり

バンカ島はスマトラ島南東部にあって、パレンバン進入のための要点、部隊は第三十八師団の一部（田中先遣隊）である。

○大本営発表（昭和十七年二月二十三日午後四時十分）
帝国陸海軍部隊は緊密なる協同のもとに、二月十九日バリ島南部の要地デンパサルを

完全に占領せり

バリ島はジャワ本島の東に隣接する島で、第四十八師団の一部（金村支隊）が先遣されたものである。これで、ジャワ島周辺の主要航空基地の占領を完了し、スマトラの油田を無きずで獲得した。ジャワ本土攻略の基本態勢が確立したのである。

ジャワ攻略作戦

ジャワ本島上陸の攻撃軸は、大別すると本島東部と西部の二つあった。

○大本営発表（昭和十七年三月二日午後零時二十分）
　新鋭帝国陸軍大部隊は我海軍部隊護衛の下に昨一日未明空陸海よりする敵の猛反撃を冒しつつジャバ島東部、中部、西部各方面の強行上陸に成功し引続き戦果拡大中なり、
　本上陸作戦における我船団の損害判明せるもの沈没一隻、擱坐《かくざ》三隻なるも揚陸過半終了せるものにしてこれが人員の損害殆ど皆無なり

この発表中の「沈没一隻」が、今村中将以下第十六軍司令部の乗船「竜城丸」だった。軍司令官以下が真夜中の海にほうり出されて泳いだ。

しかも、この沈没は実は友軍の「三隈」の発射した魚雷によるものだという。目標の米重

巡ヒューストンの艦底をくぐりぬけた魚雷が、そのまま直進して「竜城丸」に命中したのである。もちろん、こんなことは大本営発表には触れられていない。

○大本営発表（昭和十七年三月六日午前十一時三十分）
ジャバ方面帝国陸軍部隊は随所に敵の抵抗を撃破しつつ進撃を続行し昨五日午後九時三十分敵首都バタビヤを完全に攻略せり

○大本営発表（昭和十七年三月九日午後十時二十分）
蘭印方面帝国陸軍部隊はジャバ島の敵軍主力をスラバヤ及びバンドン附近に両断包囲してこれに猛攻を加え上陸後僅かに九日にして蘭印軍約九万三千、米英濠軍約五千をして全面的無条件降伏せしめたり、時に三月九日午後三時なり

バリックパパン沖夜戦

○大本営発表（昭和十七年一月二十七日午後五時三十分）
一、帝国海軍航空部隊は一月二十二日以降数次にわたりバリックパパン、サマリンダ、バンジェルマシン、アンボン、ナムレア（蘭印方面）、ラバウル（ニューギニア方面）

などの大爆撃を敢行し敵機四十五機（うち飛行艇二）を撃墜破し、各地砲台、高角砲陣地、兵舎など諸軍事施設に大損害を与えたり、本攻撃において我方二機を失えり
二、帝国軍艦搭載機（水上偵察機）一機は十七日比島サランガニー上空に於て敵数機と壮烈なる空中戦を交え敵双発爆撃機一機を撃墜せり
三、二十四日バリックパパン攻略において我輸送船団護衛艦艇は敵駆逐艦、潜水艦及び航空兵力と激烈なる交戦の結果敵潜水艦一隻を撃沈せるも我方また輸送船四隻を失えり

第三項のバリックパパン沖の夜戦は、できれば発表したくない、どちらかと言えば日本側にとっては甚だ不名誉な戦闘だった。そこで、何気なく一つの発表の最後にくっつけることになったものである。もちろん海戦名も与えられず、なるべくそれに触れて貰いたくない最初の戦闘であった。

日本側の沈黙に引きかえ、それまで勝利の報道を待ち望んでいたアメリカ国民はこれを〝マカッサルの大勝利〟として大事びだったが、実際は大した戦果ではなかった。むしろ、その報道が誇大過ぎ、時間がたって状況がわかると、失望の方が大きかった。しかし、それは「太平洋戦争における、アメリカとしての最初の海上戦闘であった」ことには間違いなく、日本側の敗北であったことも事実である。

アメリカ側の記録（モリソン）による戦況は、次のとおりである。

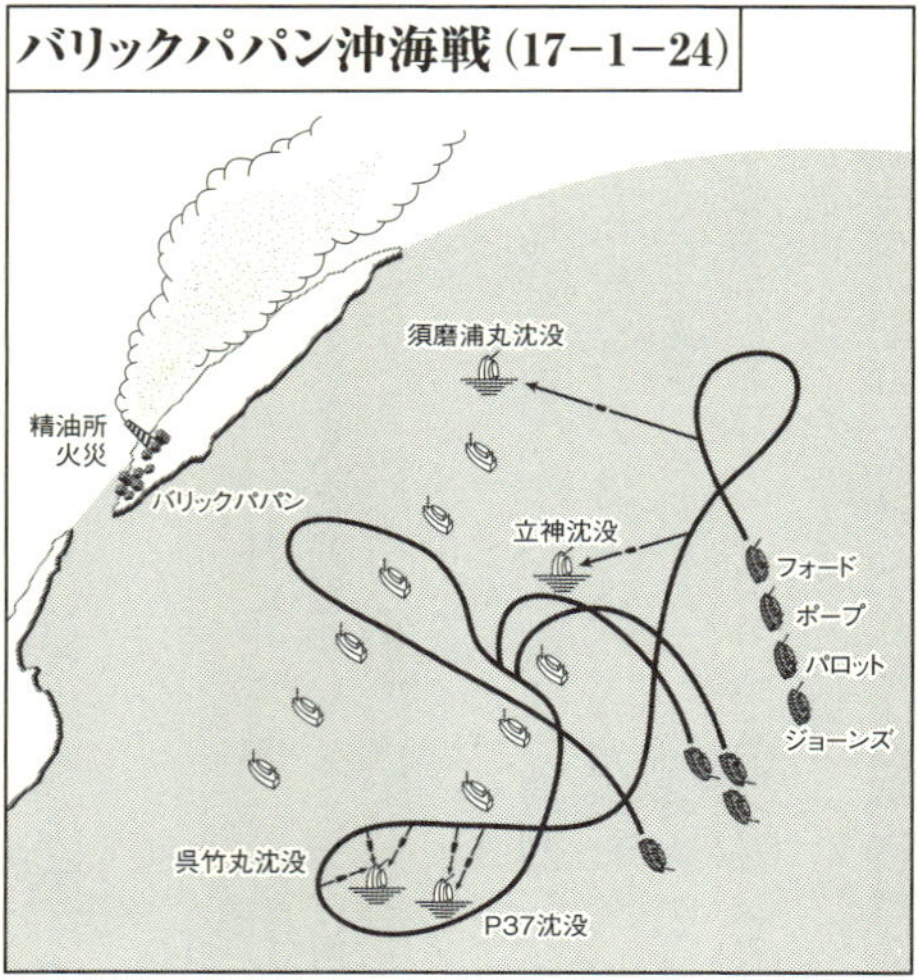

バリックパパン沖海戦（17−1−24）

「ポール・タルボット海軍中佐の率いる四隻の旧式駆逐艦――ブリキ艦の別名あり――は、ハート大将の〝突撃せよ〟の命令に従って、一月二十四日の夜半、投錨中の輸送船団の間を縦横無尽に暴れ廻り、十二隻の輸送船全部と哨戒艇四隻を十分に撃沈するだけの魚雷と弾丸を使った。しかし、この戦果は大変楽観に過ぎた。獲物は案外少なく、四隻の輸送船と一隻の哨戒艇を撃沈しただけであった」

二月四日から三月一日にかけて、ジャワ沖海戦、バリ島沖海戦、スラバヤ沖海戦、バタビヤ沖海戦が、蘭印攻略作戦に関連して、相次いで起こった。

これらの海戦は、いずれもハート大将指揮下の国際チームに日本側が快勝を博したもので、連合軍は旭日の前の雪のように急速に消滅して行った。

発表については、もちろん何の問題も起こらなかったが、過大に見積ったことは避けられなかった。オランダの二隻の軽巡を、六隻と三倍に勘定したほどである。

個々の海戦については、特に述べるほどのことはない。

ただ、一、二特殊のことを取り出して見よう。

スラバヤ沖海戦は、海戦史にも前例のない七時間の長きにわたって、牛のよだれのようにつづいた海戦である。その結果としては、ドールマン少将の連合艦隊はその半数（軽巡二、駆二）を失い、提督自身もその乗艦と共に海底に沈んだ。日本側は一隻も喪失せずに済んだ。

バタビヤ沖海戦では、パースおよびヒューストン両艦によって陸軍輸送船が攻撃を受けた。大破した一隻から、海中に投げ出されて、前に触れたように、この方面の陸軍最高指揮官今村均中将も重油の中を流木につかまって泳いだのがこの海戦である。

次にこれらの海戦の発表と、アメリカ側の公表を掲げる。

○大本営発表（昭和十七年一月九日午後六時）
一、帝国海軍潜水艦は、一月八日ジョンストン西南方洋上において米国軍艦ラングレーを撃沈せり
二、一月七日早朝伊豆半島沖において第一雲海丸は敵潜水艦の魚雷攻撃を受け船体に損傷を蒙りたるも同船乗員は全部無事なり
○大本営発表（昭和十七年二月六日午後四時）

帝国海軍航空部隊は前日の蘭印空軍撃滅戦に引続き敵艦隊を索敵中二月四日駆逐艦数隻を伴う敵艦隊主力をジャバ海カンゲアン島南方三十浬の海上に発見、機を失せずこれに猛攻を加え、戦闘数刻にして敵蘭巡ジャバ型一隻を撃沈、蘭巡デ・ロイテルを大破間もなく沈没、蘭巡ジャバ型一隻、並びに米巡マーブルヘッド型一隻を中破し五千トン級敵船一隻を撃沈せり、本海戦により開戦以来西南太平洋に策動しつつありし敵艦隊就中蘭印艦隊主力はここに事実上殆ど壊滅するに至れり、本海戦において我方一機を失えり

〔註〕本海戦をジャバ沖海戦と呼称す

○大本営発表（昭和十七年二月七日午後五時五十分）

その後の詳報に依ればジャバ沖海戦々果発表中の米巡マーブルヘッド型一隻中破は米甲巡一隻大破、蘭巡ジャバ型一隻中破は蘭巡ジャバ型一隻大破なるほか、さらに蘭軽巡トロンプ型一隻を大破せること判明せり

○大本営発表（昭和十七年二月二十一日午後三時十五分）

バリ島方面海陸協同作戦実施中、帝国海軍水雷戦隊所属○○駆逐隊駆逐艦二隻は、二月二十日午前零時同島東方ロンボク水道において、巡洋艦二隻、駆逐艦三隻より成る敵米英連合艦隊に遭遇するや直ちに攻勢に転じ、午前零時四十分砲火を開き、戦闘十分にして敵駆逐艦二隻を撃沈し、他の一隻を大破せしめ、更に逃走を企てたる敵巡洋艦二隻

を急追、午前三時十五分にいたり再度これと交戦せり、又分離行動中の同隊駆逐艦二隻も急遽南下し来り、この敵を攻撃せしが、敵は我砲雷撃により損害を受け倉皇《そうこう》として夜陰にまぎれ我視界外に遁走せり、

　本戦闘において我方駆逐艦一隻損害をうけたるも戦闘航海に支障なし

○大本営発表（昭和十七年二月二十七日午前十一時五十分）

（一）その後の詳報に依ればバリ沖海戦の戦果左の通りなること判明せり

駆逐艦四隻（米二隻、蘭二隻）撃沈、巡洋艦二隻、駆逐艦一隻大破

（二）帝国海軍航空部隊は二月二十二日チモール島附近において蘭敷設艦ヤンファンプラーケル型一隻、三千トン級敵船一隻を爆破炎上せしめ、二万トン級敵船一隻を爆沈せり

○キング元帥報告書

　ドールマン提督はその連合兵力を以て、二月十九、二十日の夜バリ島南方のバダン海峡の敵艦を攻撃した。その戦闘に於てオランダ駆逐艦ピート・ハインは沈没し、オランダ巡洋艦ジャヴァ・トロンプ及びわが駆逐艦スチュワートは損害を受けた。本戦闘で敵に与えた損害は不明であるが、相当なものだったと考えられる。バダン海峡の戦闘はわ

れわれの士気を鼓舞するに足るものがあったが、日本の侵攻を阻止するにはほとんど効果がなかった。

○大本営発表（昭和十七年二月二十八日午後零時十分）
我蘭印方面所在艦隊主力は二十七日午後六時ジャバ海において敵西南太平洋連合艦隊主力を捕捉し激戦を展開敵巡洋艦一隻、駆逐艦三隻を撃沈し、目下残敵追撃中

○大本営発表（昭和十七年三月一日午後四時）
一、ジャバ方面海戦において三月一日早朝までに判明せる戦果左の通り
㈠ スラバヤ方面海軍作戦部隊は二月二十七日薄暮より二十八日未明までに敵米英蘭連合艦隊に属する巡洋艦三隻、駆逐艦六隻を撃沈、巡洋艦四隻を大破せり
〔註〕本海戦をスラバヤ沖海戦と呼称す
㈡ バタビヤ方面海軍作戦部隊は三月一日早朝米大巡一隻、濠巡一隻を撃沈せり
〔註〕本海戦をバタビヤ沖海戦と呼称す
二、この両海戦において我蘭印方面所在艦隊は西南太平洋方面敵艦隊主力を概ね殲滅し、なお残敵掃蕩中なり
三、わが方の損害は駆逐艦一隻小破せるも戦闘航海に差支えなし

○大本営発表（昭和十七年三月二日午後五時四十分）
残敵掃蕩中のスラバヤ方面海軍作戦部隊は更に三月一日午前十一時クラガン北方海面逃走中の英甲巡一隻並に駆逐艦二隻を撃沈せり

○キング元帥報告書
二月二十七日、二隻の重巡、三隻の軽巡及び九隻の駆逐艦から成るドールマン提督の連合艦隊は、スラバヤに近いジャヴァ海で敵艦隊を攻撃した。

わが艦隊は占位運動をして戦闘に参加後、色々の理由で多くの損害を受けた。すなわち英国駆逐艦エレクトラ及び和蘭駆逐艦コルネールは沈没、英国巡洋艦エクセターは損害を受けた。其の夜晩く和蘭巡洋艦デロイテル及びジャヴァは敵の魚雷と砲火に依り轟沈された。

アメリカ駆逐艦は魚雷を消耗し尽し、燃料搭載のため港に退避したので、ヒューストンとパースのみが残されるに至った。そこで、この二艦はタンジョン・プリオクに退却した。日本はある程度の損害を受けたがわが攻撃部隊がその船団を攻撃するのを妨げることに成功した。
○米海軍省公表（二月二十八日）

米、英、蘭、濠の連合艦隊は二十七日夜ジャバ水域において輸送船団を護送中の日本軍艦と交戦した。
○蘭印軍当局発表（二月二十八日）
輸送船団を護送中の強力なる日本艦隊に対し、連合国艦隊は二月二十七日攻撃を加えた。戦闘は夜間に及んだが其の間味方に相当損害を蒙った。
○キング元帥報告書
二月二十八日、エクセター、ホープおよびエンカウンターはスンダ海峡に向かったが、それ以来その消息を絶った。三月一日ヒューストンおよびパースは和蘭駆逐艦エバステンを同行して、同じ方向に向かったが、スンダ海峡の戦闘について極めて僅かの報告をしただけで、その時以来連絡が途絶えてしまった。

○大本営発表（昭和十七年三月三日午後五時三十分）
蘭印方面所在帝国海軍作戦部隊は二月二十七日より三月一日に至るスラバヤ沖、バタビヤ沖両海戦において同方面敵艦隊を撃滅せり、その戦果左の通り
一　撃沈せる敵艦隊主力＝ヒューストン米甲巡、エクゼター英甲巡、パース濠乙巡、ホバート濠乙巡（轟沈）デ・ロイテル型蘭乙巡、ジャバ蘭乙巡
二　その他撃沈せるもの＝潜水艦七隻、駆逐艦八隻（内二隻大損傷擱坐）砲艦一隻、掃

海艇一隻。本海戦においてわが方掃海艇一隻沈没、駆逐艦一隻小破せり
〔註〕一、ジャバ沖海戦において撃沈と伝えられたるヒューストン型一隻はオーガスタ撃沈なりしこと判明せり
二、ジャバ沖海戦において大破間もなく沈没と発表せるデ・ロイテルはトロンプなりしがごとし
三、さきにスラバヤ沖海戦において巡洋艦四隻大破と発表せしところ内二隻はその後バタビヤ沖海戦において撃沈せられたるもの、他の二隻は夜暗激戦中駆逐艦又は砲艦などを巡洋艦と誤認せるものなること判明せり

以上が対抗した両軍の公式発表である。戦後公表された資料により、その実際数とを比較すると、次ページの表のとおりである。

バターン半島戦

第一次攻撃

マニラの攻略の項で述べたとおり、当時、大本営も現地第十四軍も、バターン半島の敵陣地の強度に関する判断を誤り、地形に関する認識は全くなく、敗退する敵に追尾して突破できるものと考えていた。

	艦種		兵力	発表損害	実際	艦名
日	駆逐艦		13	(1)	1	夏潮
日	飛行機		36			
日	輸送船				1 (3)	
日	掃海艇			1	1	二号掃海艇
蘭・英・米	空母		1		1	ラングレー（水上機母艦）
蘭・英・米	重巡	米	1	1 ｛1｝	1	ヒューストン
蘭・英・米	重巡	英	1	2	1	エクセター
蘭・英・米	軽巡	米	2		0	
蘭・英・米	軽巡	英	2	2 〔2〕	1	パース
蘭・英・米	軽巡	蘭	3	4 〔2〕	2	ジャヴァ、デロイテル
蘭・英・米	駆艦	米	12	5	5	エドソール、スチュワート、ポープ、ピアリー、ピルスベリイ
蘭・英・米	駆艦	英	3	2	2	エレクトラ、ジュピター
蘭・英・米	駆艦	蘭	7	7 〔1〕	7	ファン・ネス、エヴェルツエン、コルチノール、ファン・ケント、ウィッテ・デ・ウィツ、ピットハイン、バンカート
蘭・英・米	潜艦	米	25		0	
蘭・英・米	潜艦	蘭	16	7	5	
蘭・英・米	砲艦		1	1	1	アッシュヴィル
蘭・英・米	給油艦		2			
蘭・英・米	その他		4	2	1	ペコス

（注）（　）小破、｛　｝中破、〔　〕大破（以下各表とも同じ）

そこで、十七年一月二日マニラ攻略に当った第四十八師団を、蘭印作戦のため集結する南方軍命令が出された。軍は新来の第六十五旅団と、第四十八師団と戦線を交代するよう部署した。

第六十五旅団は、フィリピン占領後の治安部隊として編成された。そのため装備も貧弱だった。上陸早々、二〇〇キロの炎天下を行軍して、一月八日第四十八師団と交代した。

十日攻撃を開始した。敵情も地形もよくわからず、敵砲兵の猛射をうけ攻撃中止、十三日攻撃再開、一部の陣地を奪取したが、敵の集中火と猛烈な逆襲のため、死傷続出、戦況の進展は望めなかった。

○大本営発表（昭和十七年一月十二日午後零時三十分）
バタアン半島を猛攻中の帝国陸軍部隊は一昨十日午前十時スピック湾東岸の要衝オロンガポを占領せり

オロンガポは直接バターン半島の陣地線とは関係のない町である。バターン戦に関して、何か発表しなければというので、仕方なく取り上げたような発表である。

軍は十三日第十六師団の一部をバターンに増派した。その増援部隊は二手に分れ、一つは半島西岸を南下、他の一つ（恒広大隊）は舟艇で西海岸の敵陣地の後方に、奇襲上陸しようとした。ところが上陸点を誤認して、かえって敵の重囲に陥った。

第六十五旅団は二十二日更に攻撃を再興したが、これも失敗した。一進一退、半島の山中での激戦がつづいた。軍は第十六師団主力を更に増加した。しかし戦況は進展しない。さきに包囲された恒広大隊は二月上旬、遂に潰滅するような戦況になった。

本間軍司令官は、一旦攻撃を中止し、現態勢を整理する決心をした。バターン半島第一次攻撃は明らかに失敗であった。各部隊の損耗も甚だしく、短時日で攻撃を再興し得る見込みもなかった。

大本営発表は、二月二十八日「掃滅戦を続行中にして戦況予期の如く進捗しつつあり」と月間総合戦果の部で述べ、具体的な問題については、一切の沈黙を守った。

第二次攻撃

バターン半島の第一次攻撃の失敗は、堅固な野戦陣地に対する攻撃戦闘、特に砲兵火力に膚接する突撃戦闘、密林地帯内の近接戦闘の準備訓練が不足であると考えられた。そこで、二月下旬から四月上旬にかけて、続々到着する部隊はこの訓練を十分にした。

主要な増加部隊は、第四師団、第五師団の一個連隊、第十八師団の一個連隊、第二十一師団の一個連隊、主砲一個連隊、山砲一個連隊、重爆二個戦隊で、攻撃部隊の総兵力は歩兵三万人、砲二〇〇門、飛行機一〇〇機、戦車五〇台になった。

○大本営発表（昭和十七年四月十日正午）

比島方面帝国陸軍部隊は四月三日神武天皇祭を期しバタアン半島要塞によれる米比軍に対し、一斉に総攻撃を開始し、戦況有利に進展中なり

○大本営発表（昭和十七年四月十三日午後四時二十分）
比島方面帝国陸軍部隊は堅固なる要塞に拠れる米比軍主力を撃滅し、四月十一日バタアン半島を完全に攻略せり、総攻撃開始以来八日なり

バターン半島での捕虜は、米兵一万二千、フィリピン兵六万四千、更に難民二万六千という多数だった。この予想外の多数の捕虜が「バターンの死の行進」といわれる原因となった。

さて、バターンが陥落すると、その南端にあるコレヒドール要塞の運命も明らかだった。日本軍は、四月十四日から猛烈な砲爆撃を同島に集中した。

○大本営発表（昭和十七年五月七日午後五時五十分）
比島方面帝国陸海軍部隊は五月五日午後十一時十五分コレヒドール島要塞に対する強行上陸に成功、五月七日午前八時同島及びその他マニラ湾口諸島の全要塞を完全に攻略せり

陸軍の威信をかけて行なった第二次攻撃は、強引に押し切った感が深いが、その発表は真

実である。

セイロン島沖海戦

○大本営発表（昭和十七年四月十三日午後三時五十分）
四月五日以来印度洋に作戦中の帝国海軍部隊の戦況ならびに綜合戦果左の如し
一、コロンボ方面＝四月五日航空部隊をもってコロンボを急襲しスピットファイヤー、ハリケーン、スオードフィッシュ、デファイアント等敵五十七機を撃墜、港内敵船十六隻を撃破するとともに、飛行機格納庫三棟、修理工場一棟その他軍事施設数箇所を大破または炎上せしめたり、なお附近洋上において敵大型飛行艇ビー・ビー・ワイ二機およびアルバコア一機を撃墜せり
二、コロンボ方面洋上＝四月五日セイロン島南方三百数十浬の洋上において高速避退中の英甲巡ロンドン型一隻およびコンウォール型一隻を発見、機を失せず航空部隊をもってこれを攻撃し忽《たちま》ち両艦を撃沈せり
三、ベンガル湾方面＝四月五日コロンボ方面の攻撃に呼応しベンガル湾に進攻せる部隊は、同方面航行中の英国船二十一隻約十四万トンを撃沈、七隻約四万トンを大破せり
四、印度東岸方面＝四月五日印度東岸の英国主要軍事拠点ビザガバタム、コカナダ等

を奇襲し所在の船舶、諸軍事施設に大損害を与えたり
五、ツリンコマリ方面＝四月九日航空部隊をもってツリンコマリを強襲しハリケーン、ブレネム、スーパーマリン等四十一機を撃墜、四機を地上炎上し、さらに英乙巡リアンダー型一隻を大破、敵船大型二隻、小型一隻を撃沈、海軍工廠、大型飛行機格納庫二棟、火薬庫、兵舎、油槽《ゆそう》群等敵主要軍事施設を爆破し、特にその飛行場施設を潰滅せり
六、ツリンコマリ方面洋上＝四月九日ツリンコマリ東南方洋上を南下中の敵航空母艦ハーミスならびに駆逐艦一隻を発見航空部隊をもって直にこれを攻撃、撃沈、また航空部隊の一部は附近航行中の敵船四隻を撃沈せり、なお同方面作戦中敵スピットファイヤー、ブレネム等十五機を撃墜せり
七、その他＝本作戦中帝国潜水艦は敵船七隻を撃沈、一隻を大破せり、右諸作戦中コロンボおよびツリンコマリ方面において我が方十七機を失えるほか艦艇には微塵の損傷なし
〔註〕曩《さき》に発表せしツリンコマリ方面の戦果中英乙巡バーミンガム型一隻およびエメラルド型一隻の撃沈はその後の調査により誤りなること判明せるにつき削除す

セイロン島沖海戦の戦果発表である。八百字におよぶこの長い発表に比べて、戦果を挙げるために要した時間は、重巡二隻が二〇分、空母ハーミスと駆逐艦が一五分という短時間である。まるで赤子の手をねじるようなものであった。発表と実際から言っても、マレー沖海

戦に次ぐ正確さである。

しかしながら、発表末尾の「艦艇には微塵の損傷なし」という語句からみるように、この輝かしい戦果のかげに、忍び寄る疲労と驕慢の堆積が、ついにミッドウェー海戦まで看過されていたということは、隠れもない事実である。

	艦種	兵力	発表損害	実際	艦名
日	空母	5			
	戦艦	4			
	巡洋艦	3			
	駆逐艦	8			
	飛行機	129	17	20	
英	空母	1	1	1	ハーミス
	甲巡	2	2	2	ドルセットシャー、コンウォール
	乙巡	1	(1)	(1)	商船改造のもの
	駆逐艦	2	1	1	
	飛行機	90	120	90	
	商船		35	29	

アメリカ側の戦史家（モリソン）もこの点を見逃さない。次のように批判している。

「印度洋作戦が取り止められていたとしたならば、日本の母艦部隊は珊瑚海海戦およびミッドウェー海戦のいずれにおいても、勝敗の数を逆転させ得るに充分な余力を持っていたかも知れない」

あるいは然りといえよう。

戦後の資料による発表数と実際は上のとおりである。

レキシントンの「撃沈」

○大本営発表（昭和十七年一月十四日午後三時）
　帝国潜水艦は十二日夕刻ハワイ西方洋上において米国太平洋艦隊所属航空母艦「レキシントン」型一隻（三万三千噸）を雷撃、魚雷命中二本を確認したるところ、敵駆逐艦の制圧をうけ潜没せるため該航空母艦の沈没を確認するに至らざりしも、潜没中二回にわたる大爆発を聴音せるをもって同艦は沈没せること確実なるものと認む

この発表は、オアフ島の南西海域を行動中のイ号第六潜水艦の報告に基づくものであった。

ところが、実際はレキシントンではなくて、同じ空母のサラトガであった。

しかも、魚雷一本が命中して、乗員六名戦死、機関室三カ所浸水、という程度の被害で、自力で母港に帰投した。発表の艦名も撃沈も虚報だったのである。

そこで話がこじれて、後述する珊瑚海海戦のとき、今度は実際にレキシントンを撃沈したのに、サラトガを撃沈したことになった。

そして、その沈んだと思ったサラトガが、第二次ソロモン海戦（後述）の際に、その巨大な姿を現わしたのである。

日本海軍は大分首をひねったが、レキシントン、サラトガ級の巨艦が半年や七カ月で建造

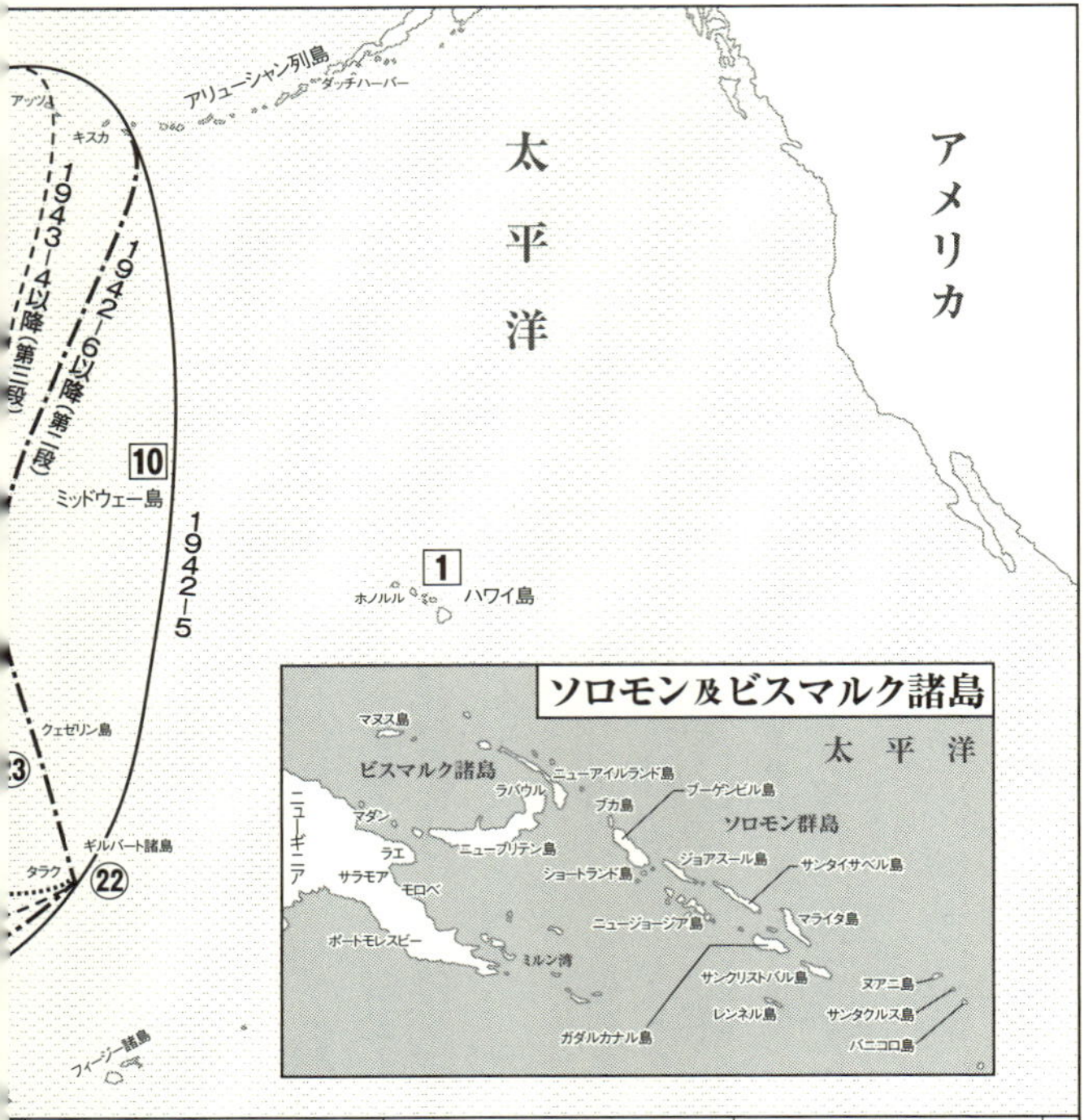

作戦段階	番号	日附	海空戦要地攻防戦	作戦名
第一段 四一・一二・八〜四二・六・五 開戦よりミッドウェー海戦まで、日本側進撃作戦	1	一九四一・一二・八	ハワイ海戦	
	2	一二・一〇	マレー沖海戦	
	3	一九四二・一・二四	(マカッサル海戦)	
	4	二・四	ジャバ沖海戦	
	5	二・二〇	バリ島沖海戦	
	6	二・二七	スラバヤ沖海戦	
	7	三・一	バタビヤ沖海戦	
	8	四・五	セイロン島沖海戦	
	9	五・七／八	珊瑚海海戦	
	10	六・五	ミッドウェー海戦	MI作戦
第二段 四二・六・六〜四三・四・上旬 ガダルカナル攻防戦に敗退、ソロモンの消耗戦	①			ケ号作戦
	②	八・二四	第二次ソロモン海戦	(ガダルカナル攻防戦)
	③	一〇・一一	サボ島沖海戦	
	④	一〇・二六	南太平洋海戦	
	⑤	一一・一二／一四	第三次ソロモン海戦	
	⑥	一一・三〇	ルンガ沖海戦	
	⑦	一九四三・一・二九	レンネル島沖海戦	
	⑧	二・一／七	イサベル島沖海戦	
	⑨	三・二／三	(ビスマルク海戦)	
	⑩	三・二六	アッツ沖海戦	
	⑪	四・七	フロリダ島沖海戦	い号作戦
第三段 四三・四・中旬〜四三・一一 ⑰ 北部ソロモン航空決戦 マーシャル、ギルバート苦戦	⑫	四・一八	(山本長官戦死)	(ニューギニア)(ソロモン方面)
	⑬	七・一二／一三	コロンバンガラ島夜戦	
	⑭	八・六／七	ヴェラ湾海戦	
	⑮	九・一四	ボ島ブイン航空戦	
	⑯	一一・一／二	ブーゲンビル島沖航空戦	
	㉑	一一・五—一七	第一次—第五次ボ島沖航空戦	
	㉒	一一・一九／二七	ギルバート諸島沖航空戦	ろ号作戦

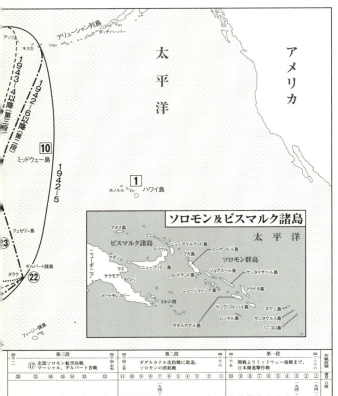

附図A
日本側進撃及防衛線の推移

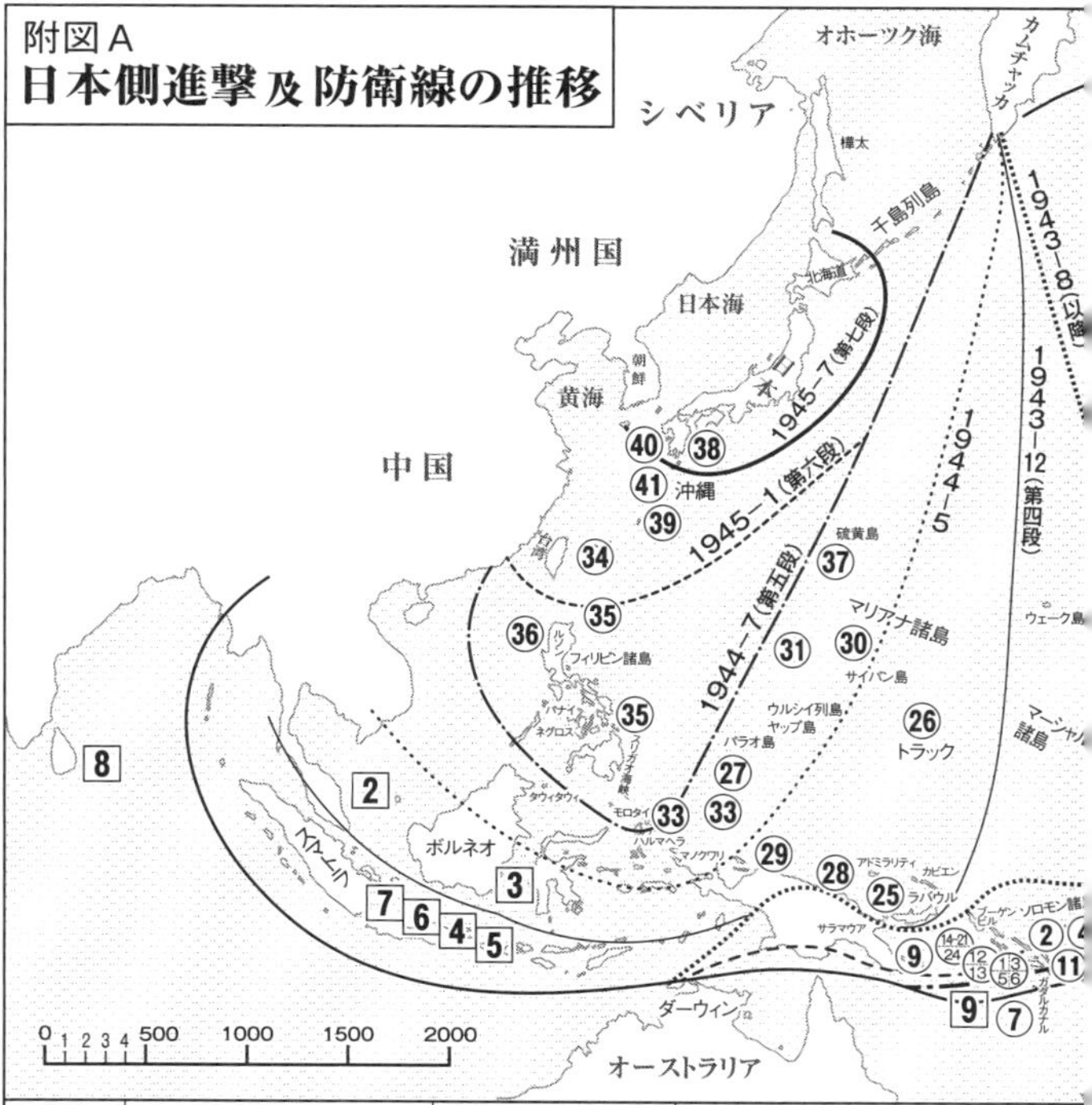

第四段	四三・一二 四四・六・末	マーシャル線放棄、マリアナ喪失	㉓	一二・一	マーシャル群島航空戦	
			㉔	一二・三	第六次ボ島沖航空戦	
			㉕	一二・一七 一八	ラバウル航空戦	
			㉖	一九四四・二・一七	トラック大空襲	
			㉗	三・三〇 三・三一	パラオ大空襲(古賀長官殉職)	
			㉘	四・二二	ホーランチャ海戦	
			㉙	五・二七	ビアク島戦	
			㉚	六・一五 七・九	サイパン島戦	
			㉛	六・一九 二〇	マリアナ沖海戦	あ号作戦(中部太平洋、比島、濠北方面の海上決戦)
第五段	四四・七 四四・一二	西カロリン放棄、死守決戦線の崩壊、レイテ戦敗退	㉜	九・一五 一〇・中旬	ペリリュー島戦	
			㉝	九・一五	モロタイ戦	
			㉞	一〇・一二 一五	台湾沖航空戦	
			㉟	一〇・二三 二六	フィリピン沖海戦	捷一号作戦(比島方面決戦)
第六段	四五・一 四五・六・末	フィリピン、硫黄島、沖縄失陥	㊱	一九四五・一・九 二・末	ルソン島戦	
			㊲	二・一九 二八	硫黄島戦	
			㊳	三・一八 二〇	九州沖航空戦	
			㊴	三・二三 六・二二	沖縄島戦	天一号作戦(沖縄方面決戦)
			㊵	四・七	坊岬沖海戦	
			㊶	四・六 六・二二	航空特攻隊	菊水作戦(沖縄方面航空肉弾戦)
第七段	四五・七 四五・八・一五				本土防衛戦	

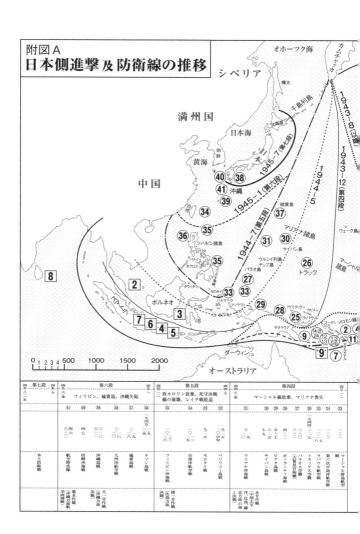

できるわけのものでもないので、この一月の発表が、最後の一句である〝確実なるものと認む〟だけ、確実に余計であったことを悟った。

なお、この一月十五日の発表から、陸軍部、海軍部の区別なく、「大本営発表」一本で取り扱われることになった。

II

激戦編

アッツ島の日本軍全滅で初めて「玉砕」という言葉が使われた。昭和18年9月、札幌で開かれた玉砕勇士慰霊祭（毎日新聞社提供）

第四章　米軍の反攻開始

珊瑚海海戦

空中からの攻撃者にとって、豆粒位にしか見えない海上の獲物は、その艦型を識別することが非常にむずかしい。

この海戦で日本側の飛行機乗りは、この点について大きな誤認をやった上、戦果も希望的なものが少なくなかった。

アメリカ側も同様なことをやった。しかし発表は控目であった。日本は報告を盲信したために、素晴らしい戦果を収めたように見たが、実際はそれほどのことはなかった。

まず第一日——五月七日には〝肥った貴婦人〟というあだ名の油槽《ゆそう》艦を航空母艦、駆逐艦を巡洋艦と間違えて、三十六機の大編隊で攻撃した。随分大人気ない話である。この肥ったレディは可哀想にその大きなお尻を空に持上げながら沈没した。これがネオショーである。

この戦果は報告の時には、給油艦と正しく報告されたからいいようなものの、それでなかったらもともと二隻より参加していない空母を、三隻撃沈したことになっていたかも知れない。

第二日、甲級巡洋艦は光栄にも戦艦として待遇された。当時この方面に戦艦が派遣されている確報はなかったが、通知がないからと言って戦艦がいないとは言えない。報告戦果について甲巡くさいという意見も皆無ではなかったが、善意に解釈するのが、日本の軍令部や報道部の寛大なる方針であったし、現地からの報告を無視するわけにも行かないと発表を強行した。

攻撃隊やその上官たちは、敵の空母は二隻とも撃沈されたと確信していたが、発表にはさすがにそれほどの自信は示さなかった。それにしてもその発表は大変なものだった。

アメリカ側の戦史（モリソン）の中に、次のように書かれている。

「奇妙なことは、日本軍は十二月八日の開戦当初の戦果よりも、すぐれた大戦果を挙げたものと考えた」

この戦況は五回にわたって発表されたが、見出しはたしかに、ハワイ海戦に匹敵するように大々的であった。

米英連合艦隊を濠洲東北海面で撃滅

珊瑚海々戦の撃滅戦果

綜合戦果　敵主力艦等八隻を屠る

この勇戦奮闘に対し、五月十二日勅語が下賜された。

解説記事も次のようなハワイ海戦の再来のようなものだった。

「海底空母また二つ―商船改造空母で当座の凌ぎ―戦艦も粉砕する我海鷲の威力―海鷲伝統の猛威発揮」

五月二十八日、嶋田海軍大臣は臨時議会の演壇に起って、次の要旨の戦況報告を行なった。

「七日には小型空母一隻が沈没、開戦以来はじめての軍艦の損失であった。本海戦は陣容ようやく整ったばかりの濠洲方面敵連合艦隊主力を全く壊滅せしめ、これにより濠洲朝野の狼狽はもとより米英両国の受けた衝撃は甚大なものがある。米英当局はこの損害をひた隠ししているが、何れはその真相が知れ渡ること必然であって、その時こそ、さきの印度洋の戦果と併せ、米英両国が国を挙げて一層悲痛な衝動に打たれることは明らかである」

アメリカ海軍省はこの〝不都合な発表〟について、遂に警告声明を出した。

「東京から発表されたり、または発表されるかも知れない戦果に対しては、いかなる信用も与えてはならない」

反面、面白いことには、お膝元のニューヨーク・タイムズには、第一面の全段抜き大見出しで、次のような大戦果が載った。

太平洋上の大海戦で日本軍撃退
その軍艦一七ないし二二隻撃沈破
敵艦隊遁走、連合国艦隊追撃中

この大戦果の掲載が、新聞の売行きを二倍にも三倍にもしたという。

両方で同じようなことを発表し合っているのであるから、両方聞いた人は頭をかかえこんだ。

アメリカ海軍省は慎重な態度をとって――日本側を迷わせて置くために――ミッドウェー海戦後の六月十二日、初めて正しい記事を発表し、レキシントンの喪失を確認した。

珊瑚海海戦は最初の空母対空母の戦闘として、しかも水上兵力も航空兵力も母艦搭乗員の練度まで、日米ほぼ同等であったが、被害まで双方ほとんど同じ程度であった。同じでなかったのは発表であり、またその影響であった。

この海戦に対するアメリカ側の見解（モリソン）は、次のとおりである。

「五月七日こそは、太平洋戦史上に新しい、より輝やかしい一章を開いた。連合国軍がその前進の第一歩を踏み出す時機がついに到来したのであった。アメリカ海軍は今や珊瑚海で重要な戦略的勝利を収めた。日本軍にとってはこの海戦は戦術的勝利に過ぎなかった。日本の主要目的であったポート・モレスビー進攻は、この海戦の結果阻止されたのだ。

珊瑚海海戦はなんと言われようと、それは実にミッドウェー海戦の前哨戦であった。日本軍空母の一隻（筆者注／翔鶴をさす）は甚大な損傷を蒙ったため、二カ月間も艦隊に復帰することができなかったし、また他の一隻（筆者注／瑞鶴をさす）はその搭載機の損失のために、同艦がアリューシャン方面に出動した六月十二日まで約一カ月戦闘に参加できなかった。

もしこれら二隻の航空母艦が熟練した操縦士を搭乗させて、ミッドウェー海戦に参加させていたならば、この両航空母艦こそ勝利を得るに必要な余裕をもたらしたであろう。

この新様式の戦闘で、両軍ともに幾多の過誤を重ねたので、この戦闘は〝海軍の過失の戦い〟と称しても差しつかえあるまい。しかも、日本側はこれらの過誤より教訓を学んで利益を得ることを怠った。われわれは空母搭載機の不適当な比率を改変して、攻撃隊の編成と精度に相当の改善を加えた」

次に、日本側から見たこの海戦について、アメリカ側の観測の外に、一、二指摘しておく点がある。

第一に、日本側は残存機は数字の上では相当の余裕があるが、全機ほとんど被弾のため、使用に堪えうるものはわずかに三一機に過ぎなかった、ということ。

第二に、ミッドウェー作戦の際、アメリカ側の資料が言うように、日本は祥鳳を加えて三隻の空母が不参加だったのに対して、米側は大破したヨークタウンをわずかに三日間で修理した上作戦に参加させている点である。

いわゆる〝勝利病〟にとりつかれ——それとも紙上の勝利に酔った日本側と、その真剣さと恐るべき潜在戦力を発揮したアメリカとの差を、はっきりと見られる史実である。

〇大本営発表（昭和十七年五月八日午後五時二十分）

ニユーギニア島方面に作戦中の帝国海軍部隊は五月六日同島南東方珊瑚海に米英連合の敵有力部隊を発見捕捉し、同七日これに攻撃を加へ米戦艦カリフォルニヤ型一隻を轟沈、英甲巡キャンベラ型一隻を大破し、英戦艦ウォスパイト型一隻に大損害を与え、さらに本八日米空母サラトガ型一隻およびヨークタウン一隻を撃沈し目下尚攻撃続行中なり

〔註〕本海戦を珊瑚海海戦と呼称す

○大本営発表（昭和十七年五月九日午後三時四十分）

珊瑚海方面に於て攻撃続行中の帝国海軍部隊は更に巡洋艦一隻（艦型不詳）に対し雷撃機の体当りを以てこれに大損害を与え、又駆逐艦一隻を撃沈せり、一方七日以来、彼我上空に於て敵機八十九機を撃墜せり、この間我方小型航空母艦一隻沈没、飛行機三十一機未だ帰還せず

〔註〕沈没せる小型航空母艦は給油船を改造せるものなり

○大本営発表（昭和十七年五月十二日午後四時三十分）

五月七日、八日珊瑚海海戦における綜合戦果左の如し

一　艦艇＝米空母サラトガ型一隻撃沈、米空母ヨークタウン型一隻撃沈、米戦艦カリフォルニヤ型一隻轟沈、英戦艦ウォスパイト型一隻大破、英甲巡キャンベラ型一隻大破、巡洋艦（艦型不詳）一隻大損害、駆逐艦一隻撃沈、給油艦（二万トン級）一隻大破

二　飛行機＝九十八機撃墜

三　我方損害＝小型航空母艦（給油船を改造せるもの）一隻沈没、飛行機三十一機未帰還

○大本営発表（昭和十七年五月二十五日午後三時二十分）

一　曩に発表せる珊瑚海海戦戦果中に米戦艦ノース・カロライナ型一隻中破及び米甲巡ポートランド型一隻撃沈を追加す

二　同海戦に於て、大損害をうけたる艦型不詳の巡洋艦は米甲巡ルイスビル型なること判明せり

○アメリカ海軍省公表（六月十二日）

海軍中将フランク・ジェー・フレッチャー麾下米艦隊は五月六日日本の主力艦隊と遭遇、濠洲基地より参加した空軍の応援を得て日本艦隊と交戦した。戦闘は　翌七日におよびとくに米空母レキシントンは日本航空部隊の猛撃を受けた。同艦は魚雷の命中を受けたほか、附近で爆発した魚雷により損傷を受け数時間後にはまた内部爆破を起した。艦員は五時間にわたり消火に当ったが、ついに乗員の大部分を救出した上同艦を放棄するの余儀なきに至った。同艦の撃沈により米軍は重大な損失を受けた。本海戦は四八時間にわたったが、七日の午後に至り日本航空部隊は米油槽船ネオショーを発見、これに

集中爆撃を加え同船を護送中の駆逐艦シムスもともに撃沈された。ただし乗員は大部分救出された。

珊瑚海海戦の発表と実際の比較は、次ページの表のとおりである。

シドニー攻撃

○大本営発表（昭和十七年六月五日午後五時十分）
　帝国海軍部隊は特殊潜航艇を以て五月三十一日夜濠洲東岸シドニー港を強襲し港内突入に成功、敵軍艦一隻を撃沈せり、本攻撃に参加せる我が特殊潜航艇中三隻未だ帰還せず

珊瑚海海戦後、日本の潜水艦五隻が企図を秘匿して一路南下した。そして、五月三十一日の午後、そのうちの三隻の潜水艦から発進した三隻の特殊潜航艇は、静かにシドニー港口に向け発進した。港内には戦艦と巡洋艦の在泊が確認されていた。

真夜中を過ぎたころ、一本の魚雷が〝埠頭に命中して、大音響と閃光を発して爆発した〟……。

この状況は港外にあった潜水艦によって、戦艦か巡洋艦の一隻を撃沈したものと報告され

	艦種	兵力	発表損害	実際	艦名
日	空母 正規	2		〔1〕	翔鶴
	空母 補助	1	1	1	祥鳳（潜水母艦改造）
	巡洋艦 甲	6			
	巡洋艦 乙	3			
	駆逐艦	15	1		菊月
	掃海艇			3	
	飛行機	121	31	38	
	死傷			1074	
米	空母	2	2	1〔1〕	レキシントン（沈没）、ヨークタウン（大破）
	戦艦		1〔1〕〔1〕		
	巡洋艦 甲	4	1〔1〕		
	巡洋艦 乙	4	〔1〕		
	駆逐艦	17	1	1	シムス
	給油艦		〔1〕	1	ネオショー
	飛行機	122	98	33（36）	括弧内はレキシントンの喪失機
	死傷			543	

た。魚雷は米重巡シカゴを狙ったのであるが、その傍を通り過ぎたものである。

二隻の特殊潜航艇はシドニー港の海底で発見された。従容と死に就いた四人の乗組員は、濠州当局によって、敵味方を超えた手厚い礼遇をうけた。

発表は軍艦一隻であったが、解説で英戦艦ウォースパイトらしいと付け加えられた。

米機本土空襲

東京初空襲

アメリカの戦史家（モリソン）は、「この東京空襲はアメリカ国民の士気昂揚に大きな貢献をした。ミッドウェー海戦前の出来事として、海戦以来、東京が爆撃されたという報道くらい、アメリカ国民に大きな満足を与えたものはなかった」といっている。

この空襲はしばらくの間、ミッドウェーから長駆決行されたものと信じこまれていた。アメリカ側も、この誤った推定をそのまま信じこませるために、その功名心を犠牲にして、長い間米海軍はハルゼーの名をドゥリットルとならべることを敢えてしなかった。

この空襲の発表は、まず東部軍司令部の名で行なわれた。日本の上空では一機も喪失されなかったのに、九機撃墜と発表したので、「落したのは九機じゃなくて空気だ」と陰口を叩かれた。その後、中国に不時着した搭乗員八名が日本軍に捕えられ、その処刑問題で陸海軍の意見が対立した。

陸軍側の言い分は、

「小学校を爆撃したのは人道上許し難い。又、片道攻撃でやって来て、爆撃が済んだら手を挙げて捕虜になられたのではやり切れない。何度でもやって来る。この考え方を止めさせるために極刑に処すべきだ」

というものであり、海軍側は、

「小学校を爆撃した行動はいずれ世界の審判を受けることだから、アメリカの不利になる。アメリカ人の対日憎悪は死刑の前に、ひるむような生易しいものではない」

というものであった。結果は、陸軍側が単独で防衛総司令官の布告と、陸軍報道部長談で重罰論を発表した。東部軍司令部、四月十八日発表は次のとおりである。

午後零時三十分ごろ敵機数方向より京浜地方に来襲せるも、我が空、地両航空部隊の反撃を受け、逐次退散中なり、現在までに判明せる敵機撃墜数は九機にして我が方の損害軽微なる模様、皇室は安泰に亙《わた》らせらる。

○大本営発表（昭和十七年四月二十日午後五時五十分）

一、四月十八日未明航空母艦三隻を基幹とする敵部隊本州東方洋上遠距離に出現せるも我が反撃を恐れ敢て帝国本土に近接することなく退却せり

二、同日帝都その他に来襲せるは米国「ノース・アメリカン」B二五型爆撃機十機内外にして各地に一乃至三機宛分散飛来しその残存機は支那大陸方面に遁走せるものあるが如し

三、各地の損害はいずれも極めて軽微なり

発表本文にある「各地」の爆撃状況は、次のようであった。

午後〇時四十分、東京、機数不明、六カ所
〃　一時四十分、横須賀、一機、二カ所
〃　二時十五分、新潟、一機、状況不明
〃　二時四十三分、名古屋、二機、四カ所
〃　二時三十分、神戸、一機、五カ所

なお、最初に犬吠埼東方六〇〇浬の海上で、空母三隻を基幹とする米機動部隊を発見したのは、特設監視艇第二十三日東丸で、午前六時三十分ころ、その報告を発信直後、米艦隊に撃沈された。

ミッドウェー海戦

戦勝に明けた昭和十七年の輝かしい海軍記念日（五月二十七日）を送ったばかりで、全海軍はいい気持になっていた。

五月中旬にニューギニアのラエに敵の攻撃が四回に渡って加えられたが、大したことはないと黙殺されていた。

その日は早朝から大本営海軍作戦部は緊張に包まれていた。しかし、悲痛な不安を伴ったあの開戦第一日の朝とちがった、確実な成功に対する信頼と安心感が誰の顔にもただよっていた。

来るはずになっている勝報のために、副官は早手廻しに祝杯の用意をして、いつでも間に合うように待っていた。

朝九時ごろ、作戦室に入った発表主務部員は、室内の空気が重苦しく、いつもの顔ぶれが一言も語らず黙りこくっているのに気がついた。

電報を繰ってみると、一時間前にきたばかりの電報の文句が目に入った。わが眼を疑って読み返して見たが矢張り同じだった。

「敵艦上機及ビ陸上機ノ攻撃ヲ受ケ、加賀、蒼龍、赤城大火災。飛龍ヲシテ敵空母ヲ攻撃セシメ、機動部隊ハ一応北方ニ避退、兵力ヲ集結セントス」

誰も口をきかない理由が了解できた。

関係者は皆、昼飯もろくにのどを通らなかった。

「ワガ隊ハ敵航空母艦ヲ攻撃中ナリ」

この電報は一時大きな望みを抱かせたが、つづく悲電が関係者の顔を一層暗いものにした。

「飛龍ニ爆弾命中火災」

「敵空母四隻依然存在ス。ワガ母艦ハ作戦可能ナルモノ皆無ナリ」

それから三日三晩、作戦会議は善後策の協議に発表の対策検討に明け暮れた。

発表原案として、我方の損害、空母二隻喪失、一隻大破、一隻小破、巡洋艦一隻沈没という案が出たが、すぐに作戦部の強硬な反対をうけた。

○大本営発表（昭和十七年六月十日午後三時三十分）
　東太平洋全海域に作戦中の帝国海軍部隊は六月四日アリューシャン列島の敵拠点ダッチハーバー並に同列島一帯を急襲し四日、五日両日に亙《わた》り反復之を攻撃せり、一方同五日洋心の敵根拠地ミッドウェーに対し猛烈なる強襲を敢行すると共に、同方面に増援中の米国艦隊を捕捉猛攻を加え敵海上及航空兵力並に重要軍事施設に甚大なる損害を与えたり、更に同七日以後陸軍部隊と緊密なる協同の下にアリューシャン列島の諸要点を攻略し目下尚作戦続行中なり、現在迄に判明せる戦果左の如し
一、ミッドウェー方面
（イ）米航空母艦エンタープライズ型一隻及ホーネット型一隻撃沈
（ロ）彼我上空に於て撃墜せる飛行機約百二十機
（ハ）重要軍事施設爆破
二、ダッチハーバー方面
（イ）撃墜破せる飛行機十四機
（ロ）大型輸送船一隻撃沈
（ハ）重油槽群二ケ所、大格納庫一棟爆破炎上
三、本作戦に於ける我が方損害
（イ）航空母艦一隻喪失、同一隻大破、巡洋艦一隻大破

（ロ）未帰還飛行機三十五機

〇大本営発表（昭和十七年六月十五日午後四時三十分）
一　曩《さき》に発表せるミッドウェー強襲に於ける戦果中に米巡サンフランシスコ型一隻及米潜水艦一隻撃沈を追加す
二　右強襲において撃墜せる飛行機は約百五十機なること判明せり

以上が、もみにもんだミッドウェー海戦の戦果発表である。
これに対して、アメリカ側は左のような、簡単な発表をした。

〇太平洋艦隊司令部（六月六日）
　未だ日本艦隊の主要な損害を公表する時期ではない……敵艦隊は避退しつつある模様ではあるが、戦闘はなお続行中である。
〇同（六月七日）
　重大な勝利は将に達成されようとしている。しかし戦闘はなお終結には至らない。敵に与えた損害は航空母艦二隻ないし三隻を搭載飛行機全部と共に撃沈破した外、他の一隻ないし二隻の航空母艦を大破したものと認めている。

日本側発表と実際との比較は次のとおり。

	艦種	兵力	発表損害	実際	艦名
日	空母　正規	4	1 (1)	4	加賀、赤城、蒼龍、飛龍
日	空母　補助	3			
日	戦艦	4		(1)	榛名
日	巡洋艦　甲	3		1 (1)	三隈(沈没)、最上(大破)
日	巡洋艦　乙	4			
日	駆逐艦	33		(2)	荒潮、朝潮
日	潜水艦	16		1	イ一六四号
日	飛行機	372	35	4 (280)	(四隻の母艦と共に沈没)
日	死傷			3,200	
米	空母	3	2	1	ヨークタウン
米	甲巡	8	1		
米	駆逐艦	14		1	ハマン
米	潜水艦	20	1		
米	飛行機　陸上機	121	約150	37	
米	飛行機　艦上機	180		113 (計150)	
米	死傷			307	

○キング作戦部長声明（六月八日）
敵艦隊は相当な痛撃を蒙ったけれども、すでに敗退し去ったとは言えない。彼等はただ「引き下った」のである。この発表振りに対して、「アメリカ側が、真珠湾の痛手と、ミッドウェーの勝利のいずれも、戦争指導の手段として、最も効果的に活用しているのに対して、真珠湾の成功では慢心油断を助長し、ミッドウェーの敗戦では糊塗するばかりで、真相を告げて奮起を促すことをしなかった日本の指導者達は、その後も何等国民を納得させるに足る措置を講じなかった」という批評が当を得ている。真実を国民の士気に影響するから発表しないという考え方や作為的に損害を隠蔽して発表するやり方は、国民の士気に実害があることを知らねばならない。

ガダルカナル島をめぐる作戦

第一次ソロモン海戦

○大本営発表（昭和十七年八月九日午後三時三十分）
帝国海軍部隊は八月七日以来ソロモン群島方面に出現せる敵米英連合艦隊に対し猛

撃を加え、敵艦隊並に輸送船団に潰滅的損害を与え目下なお攻撃続行中なり、本日迄に判明せる戦果左の如し

（一）撃沈艦船

戦艦艦型未詳一隻、甲巡アストリア型二隻、オーストラリヤ型二隻、巡洋艦艦型未詳三隻以上、駆逐艦四隻以上、輸送船十隻以上

（二）撃破艦船

甲巡ミネアポリス型三隻、駆逐艦二隻以上、輸送船一隻以上

（三）空戦による撃墜飛行機

戦闘機三十二機以上、戦闘兼爆撃機九機以上

なお本攻撃におけるわが方損害自爆七機、巡洋艦二隻軽微なる損傷を受けたるも戦闘航海に差支なし

〔註〕本海戦をソロモン海戦と呼称す

○大本営発表（昭和十七年八月十四日午後三時三十分）

八月十四日迄に判明せるソロモン海戦の綜合戦果左の如し

一、撃沈艦船

米甲巡ウイチタ型一隻（旗艦）、米甲巡アストリア型五隻（内一隻旗艦、内一隻轟沈）、英甲巡　オーストラリヤ型二隻（内一隻轟沈）、英甲巡　艦型未詳一隻（轟沈）、

英乙巡　アキリーズ型一隻、米乙巡　オマハ型一隻、乙巡　艦型未詳二隻、駆逐艦九隻、潜水艦三隻、輸送船一〇隻
二、撃破艦船
甲巡　艦型未詳一隻（大破）、駆逐艦三隻（大破）、輸送船一隻（大破）
三、撃墜飛行機
戦闘機　四十九機、戦闘兼爆撃機　九機
尚本海戦に於ける我方損害
飛行機自爆　二十一機
巡洋艦二隻軽微なる損傷を受けたるも戦闘航海に差支なし
〔註〕曩に発表せる艦型未詳の戦艦は巡洋艦アキリーズ型なりしこと判明せるに付訂正す

この発表は報告戦果に基づいて、二回にわたって意気揚々と行なわれた。
「米英艦隊と輸送船団を撃滅
ソロモン海戦・大攻撃を展開―巡洋艦はじめ十七隻以上殲滅―輸送船十一隻以上を屠る―
敵飛行機四十九台以上を撃墜
敵海軍の蠢動封圧」
これが新聞の見出しであった。

海軍大臣はこの海戦について、その経過を次のように報告した。

「八月七日敵はわが占領地の尖端たるソロモン群島南端に対し大規模なる反撃に出で来り、有力なる米英連合艦隊は十数隻の輸送船を伴ってツラギ及びガダルカナルの両島に大挙進入したのである。

帝国海軍部隊は之れに殺到し八月七日より九日にわたり連続空襲を加え八日夜半には最も壮烈果敢に敵に突進夜襲を決行し英米の巡洋艦併せて十三隻、駆逐艦その他二十二隻合計三十五隻を撃沈するの大戦果をあげ、その他小艇、飛行機に多大の損害を与えた。

これ所謂第一次ソロモン海戦であり、この際わが方の損害は飛行機二十一機のほか巡洋艦二隻が戦闘航海に差支えなき程度の軽微な損害を受けた」

丹羽文雄が報道班員として参加し、負傷を受け、後日「海戦」と題した作品を発表したのは此海戦である。正に日本海軍夜戦部隊にとって〝わが生涯の最良の栄光の夜〟であったのである。

しかし報告戦果は過大であった。戦後発表された資料と比較すると次ページの表のとおりである。

「この時、わが方が撃沈すべき当面の主目標は、この〔軍需品と陸兵を満載した〕輸送船団であった。ここに戦果の徹底した拡充が欠けていた。わが方が夜戦の勝利に狂喜しているうちに、連合軍側は僥倖な脱出をした。

この不手際は、当事者の不覚というよりも、むしろ日本海軍の兵術思想の一つの欠陥であ

	艦種		兵力	発表損害	実際	艦名
日	巡洋艦	重	5	（2）	（2）	鳥海、青葉
		軽	2			
	駆逐艦		1			
	飛行機		54	21	32	
濠・米	巡洋艦	重	3	8〔1〕	4〔1〕	クインシー、ヴィンセンズ、キャンベラ、アストリア（以上沈没）、シカゴ（大破）
		軽	2	4		
	駆逐艦	米	4	9〔3〕	（1）	タルボット
		濠	2			
	潜水艦			3		
	輸送船		23	10〔1〕		
	飛行機			58	21	

った。大艦相互の果し合いが、直ちに戦争を左右した時代の様式をそのままうけついで、わが海軍は平時から、敵の戦艦を、それにつぐ大型巡洋艦を第一の攻撃目標として訓練してきた。

しかし今日では、時に応じて、航空基地奪取の主役を果す輸送船団を主攻撃目標とし、これに対するわが攻撃を妨害するときだけ、まず敵艦隊を攻撃すべきであった」

と史家（淵田美津雄、奥宮正武）は述べている。更に一言付け加えれば、当時武人の最高の名誉とされた「金鵄勲章」が与えられる順序が、戦艦から段々点数が減じて行き、輸送船撃沈では一隻や二隻ではとても貰えないことになっていた。いかに輸送船が大切だと言っても、外に軍艦がいれば、ついその方に向かうのが人情である。

いずれにしても、この海戦は大本営発表の方法と、その輝かしい数字の裏にひそむ兵術思想に問題があった。

第二次ソロモン海戦

○キング元帥報告書

八月二十三日朝、敵の輸送船団がガ島の北約二五〇浬の地点で、わが偵察機に発見された。同夜わが連合部隊は北進し、翌朝敵を捕捉した。二十四日午後サラトガ機は一空母を爆撃し、更に巡洋艦一隻と駆逐艦一隻に損害を与えた。本攻撃中、約七十五機の敵航空部隊がエンタープライズ及びその護衛艦を攻撃してきた。そして護衛艦殊にノースカロライナからの濃密な防禦砲火にもかかわらず、エンタープライズに可成りのひどい損害を加えた。その夜、ガダルカナルから進発した海兵隊航空攻撃部隊は更に敵駆逐艦二隻を攻撃し損害を与え、翌朝、輸送船一隻を破壊した。以上述べた攻撃に加うるに、わが陸軍機の報告によれば、巡洋艦一隻に一弾を命中させた。またサラトガ機は一戦艦と二巡洋艦に命中弾を与え、更に海兵隊飛行機は、他の巡洋艦にも損害を加えたと報告した。

本戦闘の結果、日本軍はほとんど空母の支援を奪われ、その有力なる海上部隊は未だ大部分無瑕であるにかかわらず、戦闘を中止するに至った。

この一見無愛想とも見える淡々たる公式報告中にある「一空母を爆撃し」の実状は、七一〇〇トンの空母龍驤がサラトガ、エンタープライズ両空母の艦載機、爆撃機三〇、雷撃機一〇の集中攻撃をうけ、ソロモン群島の北方であえなく沈んだことを意味した。日本海軍空母六隻目の喪失であり、発表は「小型空母一隻大破」とされた。

アメリカ側は二隻の空母とも損害を蒙ったが、止めを刺すことはできず南方に逃げられた。日本側の発表は戦果と損害が反対になっていた。

○大本営発表（昭和十七年八月二十七日午後四時）
ソロモン群島方面帝国海軍部隊は、八月二十四日敵米増援艦隊を同群島東方洋上に捕捉、直ちに航空部隊を以て急襲し、これに大損害を与え同方面より撃攘せり、本日までに判明せる新戦果左の如し
米空母新大型一隻大破、同中型一隻中破、米戦艦ペンシルバニヤ型一隻中破
本海戦における我方の損害
小型空母一隻大破、駆逐艦一隻沈没
〔註〕本海戦を第二次ソロモン海戦と呼称す

なお、日本側の損害中駆逐艦一隻は、八月二十五日B―17に撃沈された「睦月」のことで、この海戦と直接関係はない。このような発表の仕方はよく用いられた。わが方の損害と戦果

を平均させる目的である。

発表の際、こんな小刀細工をやらずに空母の損害を出すべきだという意見も出たが、例によって大破のまま遂に訂正されなかった。

サボ島沖海戦

夜戦にその自信を誇っていた日本側が、出合い頭に暗黒の中から突如砲撃を受け、しかも闇夜に鉄砲どころかその正確な射撃は旗艦の艦橋に猛射をあびせ、司令官はじめ多数の将兵が戦死するという驚くべき事実が起こった。日本海軍にとっては、お鉢を先方に取られた所か、足元がくずれるほどの形勢の逆転だった。

米軍は電波探知機を利用した無照射射撃（探照灯を点けずに射撃すること）によって、第一弾から命中弾を送る技術を完成したのである。二カ月前の第一次ソロモン海戦の、あの水際だった腕前は、早くもその優越を維持できない破目に陥った。

発表当事者はすでに薬の利きすぎた夜戦の宣伝を、今更取り消すわけには行かず、さりとて依然として無敵を振り廻すわけにも行かない始末だった。

この海戦は、アメリカ側はエスペランス岬海戦と呼んでいるが、大本営発表としてはついに単独で発表されなかった。戦後の資料による比較は次ページの表の通りである。発表損害（戦果）は、後掲の八月二十五日から十月二十五日までの総合戦果発表の中から、この海戦に該当するものを摘出してある。

	艦種	兵力	発表損害	実際	艦名
日	重巡	3	｛1｝	1 ｛1｝	古鷹（沈没）青葉（大破）
	駆逐艦	2	1	1	吹雪（沈没）
	死傷				（五藤少将戦死）
米	重巡	2	2 〔1〕	（1）	ソートレイク
	軽巡	2		〔1〕	ボイス
	駆逐艦	5	1 〔1〕	1 〔1〕	ファレンボルト

南太平洋海戦

アメリカは十月二十四日、次のようにこの海戦を予告していた。〝近くソロモン方面において、大空海戦が行なわれるであろう〟。

はたして十月二十六日、凄壮な南太平洋の激戦が展開された。

攻撃は五回にわたって行なわれたので、報告が重複して来たため、空母四隻撃沈が最初の発表となった。その後到着した次の戦闘詳報に基づいて第二回の発表文がつくられた。

第一回、第二回を列挙すれば次のとおり。

○大本営発表（昭和十七年十月二十七日午後八時三十分）

一、帝国艦隊は十月二十六日黎明より夜間に亙りサンタクルーズ諸島北方洋上において敵有力艦隊と交戦、敵航空母艦四隻、戦艦一隻、艦型未詳一隻を撃沈、戦艦一隻、巡洋艦三隻、駆逐艦一隻を中破し敵機二百機以上を撃墜その他により喪失せしめたり

　我方の損害

航空母艦二隻、巡洋艦一隻小破せるも何れも戦闘航海に支障なし、未帰還機四十数機

〔註〕本海戦を南太平洋海戦と呼称す

二、第二次ソロモン海戦以後南太平洋海戦直前まで即ち八月二十五日より十月二十五日に至る間におけるソロモン群島方面の帝国海軍部隊の戦果左の如し

(一) 艦船撃沈

米航空母艦ワスプ、巡洋艦三隻、駆逐艦五隻、潜水艦六隻、輸送船六隻、掃海艇一隻、

大破　戦艦一隻、航空母艦一隻、巡洋艦一隻、潜水艦一隻、輸送船二隻、掃海艇一隻

中破　航空母艦一隻

(二) 飛行機撃墜四百三機、地上撃破九十七機、その他敵B―一七型大型爆撃機十九機に対し大なる損害を与えたり

我方の損害

(一) 艦船沈没　巡洋艦二隻、駆逐艦二隻、潜水艦一隻、輸送船五隻

大破　駆逐艦一隻、輸送船三隻

中破　巡洋艦一隻、駆逐艦二隻、潜水艦一隻、輸送船二隻

(二) 飛行機　自爆二十六機、大破三十一機、未帰還機七十八機

○大本営発表(昭和十七年十一月十六日午後三時三十分)

曩に発表せる南太平洋海戦戦果に関し其の後到達せる詳報により調査の結果左の如

く判明せり
一、敵艦船撃沈　戦艦一隻、航空母艦エンタープライズ、同ホーネット、大型航空母艦一隻、巡洋艦三隻、駆逐艦一隻
大破又は中破　艦型未詳三隻、駆逐艦三隻
二、敵飛行機　敵上空空戦に依り撃墜せるもの五十五機以上、味方上空空戦並に艦隊砲撃に依り撃墜せるもの二十五機、その他敵航空母艦沈没に伴う喪失機数を合し総計二百機以上
〔註〕ミッドウエー強襲に於て撃沈と発表せる「ホーネット型」は「ヨークタウン」なりしこと、又「エンタープライズ型」は損傷を受けたること、ならびに珊瑚海海戦に於て撃沈と発表せる「ヨークタウン」型は特設航空母艦なりしこと判明せり

南太平洋海戦の結果は、彼は空母一隻を失い、一隻を大破され、我は空母二隻、重巡一隻中破で、やや我方に歩があった。しかし、大勝利を得たわけではない。歴戦の搭乗員の四十パーセントが、九十機の飛行機と共に遂に帰還しなかったことは、その後の作戦に大きく影響した。まず相打ちと言った所であろうか。

また推定（報告）戦果が事実と大きく開いたのは、攻撃部隊指揮官六人のうち、五人までが戦死未帰還であったため、未熟な判定を基礎としなければならなかったからである。なお、この海戦以降、アメリカの戦艦の対空防禦砲火が飛躍的に増強されたことを、付記する必要

があろう。

根害と発表との比較は次表のとおりである。

	艦種	兵力	発表損害	実際	艦名
日	空母 正規	3	(2)	｛1｝	翔鶴(中破)
	空母 改装	1		｛1｝	瑞鳳(中破)
	戦艦	2			
	巡洋艦 重	4	(1)	｛1｝	筑摩(中破)
	巡洋艦 軽	1			
	駆逐艦	15			
	飛行機	165	45	69	外に不時着水23
米	空母	2	3	1 〔1〕	ホーネット(沈没)、エンタープライズ(大破)
	戦艦	3	1	(1)	サウス・ダコタ(小破)
	巡洋艦 重	3	3 〔3〕		
	巡洋艦 軽	3			
	駆逐艦	14	1 〔3〕	1 〔1〕	ポーター(沈没)、スミス(大破)
	飛行機	158	200	74	

第三次ソロモン海戦

○大本営発表（昭和十七年十一月十四日午後五時三十分）
帝国海軍航空部隊は十一月十二日昼間ソロモン群島ガダルカナル島所在敵艦艇、輸送船に対し攻撃を敢行、次いで同日夜半我有力なる攻撃部隊は之に肉薄突入し所在敵艦艇船舶の大半を撃破、尚熾烈なる戦闘続行中なり、現在までに判明せる戦果左の如し
一　昼間航空部隊の戦果
撃沈　新型巡洋艦一隻（轟沈）、乙級巡洋艦一隻、大破炎上　輸送船三隻
撃墜　飛行機十九機
二　夜間攻撃部隊の戦果
撃沈　新型巡洋艦二隻（轟沈）、大型巡洋艦二隻、駆逐艦一隻　大破　巡洋艦二隻
三　我方の損害
戦艦一隻大破、駆逐艦二隻沈没、飛行機十数機未帰還
○大本営発表（昭和十七年十一月十八日午後三時三十分）
十二日以来戦闘続行中の帝国海軍部隊は十三日夜間ガダルカナル島敵航空基地を猛撃、飛行場及其の施設に大損害を与え、更に翌十四日敵機の猛烈なる反撃を排除しつつ

味方輸送船団を護送中同日夜間同島の北西方に於て戦艦二隻、大型巡洋艦四隻以上を基幹とする敵増援艦隊に遭遇、之と激戦の結果、其の補助部隊の大部を潰滅し、戦艦二隻に重大なる損傷を与え之を南方に敗走せしめたり。現在迄に判明せる十二日以来十四日迄の綜合戦果並に我方の損害左の如し

一　艦船撃沈

巡洋艦八隻（内新型三隻、内五隻轟沈）、駆逐艦四隻乃至五隻、輸送船一隻

大破　巡洋艦三隻、駆逐艦三隻乃至四隻、輸送船三隻

中破　戦艦二隻

二　飛行機撃墜六十三機、撃破十数機

三　我方の損害

戦艦一隻沈没、同一隻大破、巡洋艦一隻沈没、駆逐艦三隻沈没、輸送船七隻大破、飛行機三十二機自爆、九機未帰還

〔註〕十二日以来十四日迄の海戦を第三次ソロモン海戦と呼称す

○大本営発表（昭和十七年十一月二十八日午後六時四十五分）

その後の詳報に依れば第三次ソロモン海戦に於て更に左の海戦を収めありしこと判明せり

一、十二日夜戦に於て我艦隊は敵巡洋艦三隻を撃沈し、駆逐艦三隻を中破せしめたり尚

曩に撃沈と発表せる駆逐艦一隻は之を削除す
二、十四日夜戦に於て我艦隊は敵戦艦一隻を撃沈し、戦艦一隻を大破（沈没略確《ほぼ》実）せしめたり、尚曩に発表せし敵戦艦中破二隻を一隻に改む
〔註〕第三次ソロモン海戦の綜合戦果中艦船の分を左の通り改む
撃沈　戦艦二隻、巡洋艦十一隻、駆逐艦三隻乃至四隻、輸送船一隻
大破　巡洋艦三隻、駆逐艦三隻乃至四隻、輸送船三隻
中破　戦艦一隻、駆逐艦三隻

以上三回の大本営発表は、報告のたびに戦果の訂正削除があって、大分ごたごたした。これは夜間の戦果の判定が非常にむずかしいために起こったもので、止むを得ないことだった。暗夜を血走った眼で走りまわる駆逐艦に、正確な戦果を期待するのは無理な話である。最終的に報道部が握った戦果は次のようなものであった。発表は依然誇張されている。

戦果　撃沈　巡洋艦八、駆逐艦四〜五、輸送船一
撃破　戦艦二、巡洋艦三、駆逐艦三〜四、輸送船一
撃墜破　飛行機約七十
被害　沈没　戦艦二（比叡、霧島）、巡洋艦一（衣笠）、駆逐艦三（夕立、暁、綾波）、輸送船十一
小中破　巡洋艦三　駆逐艦三

自爆　三十二機、大破　十九機

新聞の社説は、この〝開戦以来の大海戦〟を取りあげ戦艦相打つ凄絶な夜戦によって、戦艦四隻を基幹とする敵大艦隊は撃滅されたと報じた。

日本側が戦艦を喪失したという発表は初めてであったが、この海戦が両軍必死の血闘を繰り返している印象を強く国民に与えた。その結果、戦艦献納運動が起こったのは間もなくあとのことであった。実際どおり二隻の沈没が発表されていたら、更に大きな衝撃を与えたにちがいない。

アメリカ側では「日本軍ガダルカナル奪回の乾坤一擲の総攻撃」と言っている。

また巡洋艦の戦果が誇大であったことも、この海戦の特徴である。

実相との比較は次ページの表のとおりである。

	艦種	兵力	発表損害	実際	艦名
日	戦艦	2	1 〔1〕	2	比叡、霧島
日	重巡洋艦	5		1 ｛2｝	衣笠（沈没）、愛宕、高雄（中破）
日	軽巡洋艦	2	1	（1）	天龍
日	駆逐艦	21	3	3	夕立、暁、綾波
日	飛行機		41 〔7〕	51	
日	輸送船	19		11	
米	戦艦	2	｛2｝	｛1｝	サウス・ダコタ
米	空母	1			
米	重巡洋艦	2		｛2｝	サンフランシスコ、ポートランド、アトランタ、ジュノー
米	軽巡洋艦	2	8 〔3〕	2	
米	駆逐艦	12	5 〔4〕	7 〔1〕 ｛1｝	ウォルキー、カッシングバートン、ラッフェー、モンセン、ベンハム、プレストン（以上沈没）、アーロンワード（大破）、グウイン（中破）
米	飛行機		63 〔15〕		
米	輸送船		1 〔3〕		

ルンガ沖夜戦

八隻の駆逐艦で、重巡以下十一隻の有力部隊と交戦したこの夜戦は、サボ島沖夜戦の名誉回復に多大の貢献をした。たしかに、精練な水雷部隊の実力を発揮したものといえる。

しばらく不振だったこの殊勲部隊のために、各紙は最大級の見出しをつけた。

「我水雷戦隊戦史空前の偉勲」

「敵戦艦撃沈―敢然敵の有力艦隊に肉迫突入一撃必殺の肉弾戦」等々
新聞の社説はこの夜戦にその全部をさいた。現地からは〝凄絶！　ルンガ沖血戦の全貌〟という報道が紙面を飾り、苛烈なソロモン戦局の息吹を銃後に伝えてきた。

○キング元帥報告書
十一月三十日、海軍少将ラットは、サヴォ泊地入口に達し、同処で、二隻の駆逐艦と合流した。その夜遅く、彼の部隊が泊地を横切ろうとした際、突如七隻の敵艦艇と接触した。距離が接近していた為、先頭の駆逐艦は砲火を開くと同時に魚雷を発射した。その直後、すべての艦は砲撃開始の命を受けた。

交戦の結果は、決定的にわれわれに有利に感ぜられたが、視界不良の為、敵の隊形を判然と見ることができず、戦闘は一時休止した。ついで、ミネアナポリスとニューオルリーンスは新たな目標と交戦し、その一隻を撃破した。しかし、この時両艦とも魚雷をうけ、数分後にはペンサコラとノーザムプトンは損害甚だしく、放棄せざるを得なかった。損害を受けなかった艦は敵に接近しようとしたが、再び接触することはできなかった。

この戦闘の結果、われわれは日本軍の増援の企図を破棄させることを得たが、しかし、非常な犠牲を払った。幸いわが三隻の損傷巡洋艦は安全に帰港し、修理の上再艤装された。

これに対し、日本側の発表は次のとおり。

○大本営発表（昭和十七年十二月三日午後五時十五分）
帝国水雷戦隊は十一月三十日夜間ガダルカナル島ルンガ沖の敵有力部隊に対し強襲を敢行せり、その戦果左の如し
戦艦一隻撃沈、オーガスタ型巡洋艦一隻轟沈、駆逐艦二隻撃沈、駆逐艦二隻火災
我方の損害　駆逐艦一隻沈没
〔註〕本夜戦をルンガ沖夜戦と呼称す

発表と実際の比較は次表のとおりである。

艦種	日 駆逐艦	日 死傷	米 戦艦	米 重巡洋艦	米 軽巡洋艦	米 駆逐艦
兵力	8		1	4	1	6
発表損害	1			1		2 〔2〕
実際	1	211		1 〔3〕		
艦名	高波			ノーザムプトン(沈没)		

レンネル島沖海戦

ルンガ沖夜戦以来二カ月振りに、胸のすくような快報が軍艦マーチのあとに発表された。わが海鷲が長駆、敵兵站線に捕捉した敵艦隊は、たしかに戦艦以下八隻の大部隊であった。しかし、一隻の戦艦を二隻撃沈、一隻撃破とすることは、神業以上のもので、重巡を戦艦と誤認したのである。また撃滅したと考えたのも楽観に過ぎていた。〝真珠湾に次ぐ大戦果〟と謳《うた》われたこの大勝報は、誤報による虚報であった。

嶋田海相は折から議会に、この久し振りの勝利を報告し、敵戦艦の艦橋めがけて砕け散った指揮官の最後に、全海軍の感動をこめて戦況を説明した。

○大本営発表（昭和十八年二月一日十時）

帝国海軍航空部隊は一月二十九日ソロモン群島レンネル島東方に有力なる敵艦隊を発見、直に進発、悪天候を衝きて之を同島北方海面に捕捉し、全力を挙げ薄暮奇襲を敢行敵兵力に大打撃を与えたり、敵は我が猛攻を受くるや倉皇《そうこう》として反転南東に遁走せんとせしが翌三十日更に我が海軍航空部隊は昼間強襲を決行し、之に大損害を与え敵の反撃企図を破摧せり

本日迄に判明せる戦果及び我が方の損害左の如し

戦果　戦艦二隻撃沈、巡洋艦三隻撃沈戦、艦一隻中破、巡洋艦一隻中破、戦闘機三機撃墜

損害　自爆七機、未帰還三機

〔註〕本海戦をレンネル島沖海戦と呼称す

アメリカ側の公表は次のとおりである。

○米海軍省発表（二月十六日）

一月二十九日夜ガダルカナル島約七十哩《マイル》レンネル島付近で、作戦中の輸送船の機動を援護しつつあった、巡洋艦と駆逐艦からなる米海軍部隊は、日本雷撃機により攻撃を

うけた。巡洋艦シカゴは魚雷の命中により大破した。同艦は再度の日本雷撃機により攻撃されついに沈没した。

この海戦の大本営発表は、誇張された戦果の例として、十指の中に記録されるものである。比較は次表のとおり。

艦種	日 飛行機	米 戦艦	米 重巡洋艦	米 軽巡洋艦	米 駆逐艦	米 飛行機
兵力	42	1	2	2	3	
発表損害	10	2（1）	3（1）			3
実際	15		1		（1）	
艦名			シカゴ		ラヴァレット	

ガダルカナル陸上戦

つるはしとシャベルをかついだ海軍の設営隊がガダルカナル島に上陸したのは、昭和十七年七月六日のことであった。ガダルカナル島の対岸フロリダ島のツラギ港には、五月上旬以来海軍の水上機隊が進出していた。

この二つの事業は、どちらも大した問題ではない、ということで発表されなかった。しかし、連合軍側にとっては、対日反攻の一大拠点である濠州本土と、アメリカ本国とを結ぶ太平洋連絡線の横腹に、あいくちを突きつけられたような型になるので、神経をとがらせた。

ガダルカナルの飛行場に、八月五日その第一期工事を完成、海軍基地航空部隊の戦闘機隊の進出を待つばかりとなった。

二日後の八月七日、前に述べた米海兵第一師団を基幹とする連合軍の対日反攻が始まった。ラバウルを目標とする大反攻の第一段の矢が、このガダルカナル島に向けられたのである。

それから半年間、この名も知られなかった南太平洋上の一つの島――ガダルカナル島の争奪をめぐって、死物狂いの血戦死闘が一日の休息もなく続いた。

アメリカ軍の上陸開始以来、陸上戦闘が最終の目標であったが、そのための増援兵力や弾薬軍需品の輸送は当然両海軍の担任だった。したがって、付随して何回かの海戦が起こった。その海戦については、別項で詳説したとおりである。

八月二十一日、陸軍の第一陣一木支隊がテナル川方面から米軍陣地を攻撃した。「死屍累々として河口の砂地を埋めたこの激戦の跡は、それから三カ年も続いた太平洋上の地獄の戦いの原型であった」とアメリカの著名なジャーナリストの一人が書いている。

九月十三日、第二陣の川口支隊の攻撃も失敗に終った。第三回十月二十四日の第二師団主力の総攻撃も、歩兵団長以下多数の幹部将兵が、米軍の圧倒的な火力の前に潰滅的攻撃をうけ戦死した。

なけなしの輸送船をかき集めた最後の増援が決行された。しかし、十一隻のうち六隻は空襲のため沈没し、一隻は大破して途中から反転し、残りの四隻が必死に揚陸した軍需品も、翌十一月十五日の夜明けとともに、米軍の砲爆撃により、その大半が灰燼に帰した。ガダルカナル島に上陸し得た後続の第三十八師団主力は、人員わずか二千名と、若干の軍需品だけであった。

制海、制空権を喪失した離島の作戦軍は悲惨である。ガダルカナル、通称ガ島は文字通り「餓島」になり、〝血みどろな島〟であり〝死の島〟となった。

ブナ方面の戦闘

ラバウルを攻略した南海支隊主力が、東部ニューギニア第一の要衝ポート・モレスビーを目指して、ニューギニア東岸のブナに上陸したのは、昭和十七年八月十八日のことである。その後、南海支隊は一意目的地を占領すべく、ニューギニアの背梁山系オーエン・スタンレー山脈を、濠州軍の抵抗を排除しながら突進した。

九月下旬、山地帯を突破して目的ポート・モレスビーの灯が見える所まで進出したが、前述のガダルカナル方面の戦局が悪化して、軍の支援がつづかなくなり、山地帯の手前まで撤退することになった。

しかし、マッカーサー将軍の指揮する米濠連合軍は、すでに南海支隊に対して、攻勢に転ずる準備を整えていた。食糧不足と高冷山地帯の悪天候と、この連合軍の追撃作戦で、南海支隊の退却戦闘は言語に絶する悲惨なものになった。

十一月下旬から十二月上旬にかけて、一部の増援は得たが、制海、制空権を連合軍の手にゆだねたこの正面の戦局は、現地軍の必死の努力にもかかわらず、逐次ブナギルワ、バサブア地区に圧迫され、まず、バサブア地区が十二月八日玉砕、ブナ地区が翌年一月二日玉砕、最後に残ったギルワ地区は四月二十日海陸両正面から敵の重囲を突破して、クムシ河口へ脱出した。

長期にわたる戦闘、食糧の不足、路のないジャングル湿地帯の連続と、将兵の脱出は難渋を極めた。

転進の発表

このガダルカナルとブナの戦闘を、次のように発表した。

○大本営発表（昭和十八年二月九日十九時）
一、南太平洋方面帝国陸海軍部隊は昨年夏以来有力なる一部をして遠く挺進せしめ、敵の強靭なる反攻を牽制破摧しつつ其の掩護下にニューギニア島及ソロモン群島の各要線に戦略的根拠を設定中の処既《ところ》に概《おおむ》ね之を完了し茲に新作戦遂行の基礎を確立せり
二、右掩護部隊としてニューギニア島のブナ附近に挺進せる部隊は寡兵克《よ》く敵の執拗

なる反撃を撃攘《げきじょう》しつつありしが其の任務を終了せしに依り一月下旬陣地を撤し他に転進せしめられたり、同じく掩護部隊としてソロモン群島のガダルカナル島に作戦中の部隊は昨年八月以降引続き上陸せる優勢なる敵軍を同島の一角に圧迫し激戦敢闘克く敵戦力を撃摧しつつありしが其の目的を達成せるに依り二月上旬同島を撤し他に転進せしめられたり、我は終始敵に強圧を加え之を慴伏《しょうふく》せしめたる結果両方面とも掩護部隊の転進は極めて整斉確実に行われたり

三、現在までに判明せる戦果及我軍の損害は現に発表せるものを除き左の如し

一、敵に与えたる損害

人　員	二五、〇〇〇以上
飛行機撃墜破	二三〇機以上
火砲破壊	三〇門以上
戦車破壊炎上	二五台以上

二、我方の損害

人員戦死及戦病死	一六、七三四名
飛行機自爆及未帰還	一三九機

前に述べた戦況から見て、この発表は全くの欺瞞《ぎまん》であった。

陸軍省の代表は、帝国議会の戦況報告で、この発表を遭遇戦における後退展開である、と

苦しい説明をした。しかし、識者の目はごまかせなかった。当時すでに現役を退いていた陸軍の大御所宇垣一成大将は、翌日の日記に、「当局は巧に潤飾した文章を以て、ブナ、ガダルカナルの放棄を発表しているが、国民識者の多数は悲しむべき戦報として、強き感動を受け居る様である」と記録している。

元陸軍報道部長だった松村秀逸大佐は、その回想録で「この撤収は、撤退とも退却ともいわれず、（転進）という言葉で発表された。これは非常に評判が悪かった。わざわざ人を惑わすような言葉を使って、なぜアッサリ退却とか撤退とかいう言葉を使わないか、というのである。当時情報局在勤中だった私は、発表の詳しいイキサツは知らないが、この（転進）という言葉は佐藤軍務局長と有末第二部長との合作であると書いている。それにしても、旧日本軍が退却を極度に戒めて（退く）という言葉すら忌み嫌ったその頃の空気をよく表現したものといい得る」と書いている。

戦後の資料による人員損害の比較は上表のとおり。

	発表	実際
日	（損害）一六、七三四名	（戦没）ガ島二四、六〇〇名 ブナ一二、五〇〇名
米	（損害）二五、〇〇〇名以上	（戦死）一、〇〇〇名 （負傷）四、二四五名

イサベル島沖海戦

ガダルカナル撤退作戦（ケ号作戦）間の海戦を、総合したのが左の公表である。

○大本営発表（昭和十八年二月十日十五時）
其後の詳報に依れば帝国海軍部隊は二月一日以降同七日迄に「イサベル」島南東方に於て左の戦果を収めたること判明せり
巡洋艦一隻轟沈、巡洋艦一隻撃沈、駆逐艦一隻撃沈、魚雷艇十隻撃沈、飛行機八十六機撃墜
尚、この間に於ける我方の損害を左の通り改む
駆逐艦一隻大破、駆逐艦二隻中破、飛行機十二機自爆及未帰還
〔註〕本海戦を「イサベル」島沖海戦と呼称す

この数字と、戦後の資料による実数との比較は次ページの表のとおりである。

	艦種	兵力	発表損害	実際	艦名
日	駆逐艦	20	〔1〕〔2〕	1	巻雲
	飛行機		12		
米	巡洋艦 重 軽		2		
	駆逐艦		1	1	デハーベン
	魚雷艇		10		
	飛行機		86		

ガ島をめぐる空海諸作戦の決算報告

日本軍は昭和十八年二月七日、ガ島の最後の撤収を行なった。海上補給を遮断された陸上戦は文字どおり完敗であった。しかし、陸戦に関する報道は数少なく、一方海戦の発表が戦果を過大に評価し損害が割引されていたため、国民には勝利が連続しているような印象を与えていた。

一　発表面から見た日米損害比（括弧内は損傷）

	駆逐艦以上	飛行機	輸送船	平均
日本側	18（15）	466（145）	10（17）	
アメリカ側	81（37）	1.152（159）	33（8）	
比率	4.5（2.5）	2.5（1.0）	3.3（0.5）	3.5（1.3）

二　発表と実際との比較（上欄発表、下欄実際）

	駆逐艦以上	飛行機	輸送船	平均
損害	18（15）	466（145）	10（17）	
	24（27）	500（450）	23（10）	
比率	1（1）	1（1）	（1.7）	1（1.2）
	1.5（2）	3.（3）	2.3（1）	2.3（2）
戦果	81（37）	1.152（159）	33（8）	
	25（12）	＼	＼	
比率	3.5（3）	＼	＼	3.5（3）
	1（1）			1（1）

戦局の重大さを何所か強調する事実に近い放送も行なわれたが、国民は大本営発表からの印象が強く、とうてい戦局の実態をつかむことはできなかった。以下その数字を検討してみよう（一五三ページ表参照）。

まず発表面から見ると、この作戦半年間に敵に与えた損害は、概略三・五対一となる。つまりわが方は三分の一以下の損害である。更にこれを区分してみると、次のとおりである。

右の表で見るとおり、わが方の損害は実際の約四〇パーセント、戦果は実際の約三倍半に発表したことになる。

三　両軍実際損害の比較

水上兵力について言えば、両軍の損害はどちらも二四隻の喪失で同一である。発表がもし真実であれば、彼我の損害比率はアメリカは日本の四倍半であるから、その巨大な生産力に物を言わせるとしても、形勢の逆転がこんなに早く来ることはなかったと考えられる。しかも、実際は一対一であったから、この甚大な消耗戦に日本が堪え且つ優位を保つことは、とても望めないことである。

とりわけ日本にとって、一五〇〇名を越える母艦機搭乗員の損失と、ここに表われていない膨大な商船被害（半年間の喪失一三〇隻、約五九万トン）、護衛艦艇の損失はその後の戦局に対して致命的なものとなってしまった。

ガ島撤収作戦終了後の日米両国の公式発表を次に掲げる。米海軍省のものが、遅くはあるが極めて正確なことに注目すべきである。

○大本営発表（昭和十八年二月十三日十七時）

帝国海軍部隊が昨年八月七日以降本年二月七日までにソロモン群島及びニューギニヤ島方面において収めたる未発表の戦果並びに我方の損害左の如し

戦　果

	撃沈	撃破	計
一、艦　艇			
駆逐艦	〇	三	三
潜水艦	四	四	八
魚雷艇	三	〇	三
哨戒艇	一	一	二
計	八	八	一六

	撃墜	撃破	計
二、飛行機	二〇五	三二	二三七

	撃沈	撃破	計
三、船　舶	八	二	一〇

損　害

一、艦艇

艦艇	沈没	大中破	計
巡洋艦	○	一	一
駆逐艦	三	○	三
潜水艦	三	四	七
哨戒艇	一	一	二
計	七	六	一三

二、飛行機

飛行機	自爆及未帰還	大破	計
	二一五	一一四	三三九

三、船舶

船舶	沈没	大中破	計
	五	五	一〇

○米海軍省公表（三月十三日）

一　海戦名

サボ島沖海戦（日本側、第一次ソロモン海戦）
東部ソロモン群島沖海戦（〃　第二次ソロモン海戦）
エスペランス岬沖海戦（〃　サボ島沖夜戦）
サンタ・クルーズ島沖海戦（〃　南太平洋海戦）

ガダルカナル沖海戦（〃　第三次ソロモン海戦）
ルンガ岬海戦（〃　ルンガ沖夜戦）
一九四二年八月七日以降現在に至る期間にソロモン水域に於ける米海軍損害
沈没せるもの
　航空母艦　二（ワスプ、ホーネット）
　重　巡　四（ノーザンプトン、シカゴ外二隻）
　軽　巡　三（ジュノー、アートランタ外一隻）
　駆逐艦　一三（モンセン、カシング、ベンハム、プレストン、ウォルキー、バートン、ラッフェー外六隻）
　其　他　一〇
　計　三二
損傷せるもの
　重巡一、軽巡一、駆逐艦三、計五
喪失と確認されるもの
　駆逐艦一、潜水艦一、計二、合計三九

第五章　太平洋の激闘

激戦への前奏曲

ビスマルク海戦

どんなに記憶のいい人でも、こんな海戦があったことを思い出すことはできないであろう。それもそのはずである。これはアメリカ側の呼び名で〝一九四三（昭和十八）年中の南西太平洋方面における、最も重要な海空戦〟と認められているものである。

日本側では、この海戦について、単独で発表する価値なしと認め（その実は、大本営発表の権威に関するとして）、他の戦果と抱き合せで発表されることになった。

事実は、ラバウルから東部ニューギニアのラエルに向かって、約六九〇〇名の兵員と弾薬糧秣約二五〇〇トンを輸送するわが船団が、ダンピール海峡で空襲をうけ、輸送船八隻全部と護衛駆逐艦八隻中四隻が、海底の藻屑と消えたものである。

日本側の正式作戦名称は八十一号作戦、戦史家はこの余りに惨憺たる結末に、〝ダンピールの悲劇〟と呼んでいるものである。

日本の輸送船団が一時に大打撃を受けたのは、バリックパパン沖海戦とこの海戦と二回であるが、両方とも連合軍側は記録的な大勝利として宣伝に努めた。今回も二二隻の護送船団を、一隻も残さず海底に叩き込んだと強く主張している。この過大な評価はキング元帥報告書にも正式に認められている。

この殊勲部隊はアメリカの南西太平洋方面航空部隊（陸軍）に属する爆撃機群であった。日本軍は敵の高高度爆撃を予想して、戦闘機を高空に待機させていたところ、連合軍機はその意表をついて、低高度反跳爆撃の新戦法（爆弾を低高度から海面に投下して、その水面反跳力を利用して艦船の舷側に命中させ、舷側破口から浸水沈没させる方法）をとった。

日本の艦船はこれを雷撃と誤認して、回避運動をしたが、何等の効果もなかったと言われている。

○大本営発表（昭和十八年三月八日十七時）

　二月十六日以降三月五日までにソロモン群島及びニューギニヤ島方面において帝国陸海軍部隊の収めたる戦果並びに我方の損害左の如し

　戦果

　飛行機百十三機撃墜、同十一機撃破、潜水艦四隻撃沈

我方の損害
駆逐艦二隻沈没、輸送船五隻沈没、飛行機七機自爆及未帰還

発表数と実際との比較は次表のとおり。

	日				米
艦種	駆逐艦	輸送船	飛行機	戦死	飛行機
兵力	8	8			300
発表損害	2	5	7		25
実際	4	8	2	3664	5
艦名	朝潮、時津風、白雪、荒潮				

フロリダ島沖海戦

○大本営発表（昭和十八年四月九日十五時）
帝国海軍航空部隊は四月七日大挙ソロモン群島フロリダ島方面の敵艦船を強襲せり、

戦果及び我方の損害左の如し
　戦　果
　撃沈　巡洋艦一隻、駆逐艦一隻、輸送船十隻
　大破　輸送船二隻
　小破　輸送船一隻
　撃墜　三十七機
我方の損害
　自爆　六隻
〔註〕本海戦をフロリダ島沖海戦と呼称す

二〇〇機の大編隊で決行されたこの大空襲の報告戦果は相当なものだった。ガダルカナルの敗戦に引き続いて、ビスマルク海ではダンピールの悲劇が起こり、アッツ島沖の海戦も思わしくなかったところに、この勝報がもたらされた。関係者は大いに気をよくして、海戦名まで与えられ、久し振りに大々的に報道された。

それにしても、この攻撃成果は過大に評価されていた。巡洋艦はじめ撃沈破一五隻、撃墜三七機はすこし大袈裟過ぎた。

キング元師の公式報告書には、たった一字もこの海戦に触れていない。それは「無視しても差し支えないほどの損害」だったのであろう。

発表と実際の数字の比較は次表のとおりである。

	艦種	兵力	発表損害	実際	艦名
日	飛行機	200	6	20	
米	巡洋艦		1		
	駆逐艦		1	1	
	輸送船		10（2）（1）		
	飛行機		37	7	

ミルン湾空襲

昭和十八年四月十一日、十二日、十四日の三日間にわたって、わが航空部隊は延四五四機を繰り出して、ニューギニア東部の基地に大空襲を加えた。

報告戦果が誇大であったため、敵機撃墜破約一三〇機、撃沈、駆逐艦一、輸送船一五隻と発表されたが、実際は撃墜二二機、撃沈小艦艇五隻に過ぎなかった。

この十四日の空襲について、西南太平洋方面連合軍司令部は次のように発表している。

「日本航空部隊は十四日ニューギニアのパプア半島の東端ミルン湾に対して大編隊（筆者注／一八六機）で来襲、米濠戦闘機が反撃応戦した結果、大規模な空中戦が展開された。日本軍はミルン湾の港湾施設を爆撃した外、同湾内にあった小型商船四隻に損害を与えた。

ミルン湾に対する空襲は、日本軍が西南太平洋における制空権の獲得を期して、執拗な努力を継続している証拠であり、これに関連して、オロ湾、ポート・モレスビー、ガダルカナル沖合のわが艦船にも爆撃を加えた事実と、あわせて想起する必要があろう」

山本五十六長官の戦死

山本連合艦隊司令長官は奮戦中の将兵激励のため、ブーゲンビル島南側のブイン基地の視察を計画した。

長官は四月十八日午前九時、艦隊参謀長宇垣纏《まとめ》中将以下の幕僚を同行し、中攻二機に分乗してラバウルを出発した。戦闘機九機がその護衛に任じた。

長官一行の視察日程は「作戦特別緊急電報」で現地部隊に詳報されていた。ところが、一行の搭乗機がブイン西方洋上にさしかかった際、予め邀撃態勢を占めていた三十数機の米軍戦闘機に遭遇した。

たちまち、長官搭乗機はブイン北方の密林中に、又参謀長機は洋上に撃墜され、長官戦死、参謀長重傷、幕僚多数戦死という大惨事が起きた。

大本営では山本長官遭難の状況は当時刻々と受信され、ミッドウェーの敗報にもまさる驚きと失望が、関係者の顔を曇らせた。もちろん、この悲報は極めて少数の人々にしか知らされなかった。

しかし、いつまでもこの厳粛な事実を伏せて置くわけにも行かないので、宮中関係や長官交代の手続などが、一段落ちついた所で発表することになった。一カ月後の五月二十一日である。

> ○大本営発表（昭和十八年五月二十一日十五時）
> 連合艦隊司令長官海軍大将山本五十六は本年四月前線に於て全般作戦指導中敵と交戦飛行機上にて壮烈なる戦死を遂げたり
> 後任には海軍大将古賀峯一親補せられ既に連合艦隊の指揮を執りつつあり

各新聞社は一斉に社説によって、山本元帥の戦死に最大の哀悼を表した。「戦局は山本元帥戦死の以前すでに決戦段階に入っていた。その戦争の相貌と国際政局は日一日と深刻化して行く。われ等はそのとき、わが海軍の持つ最も偉大な統率者の一人を戦場において失った。しかし、この厳粛な事実は帝国海軍全員の敵愾心をいよいよ高潮させ、その士気をいよいよ旺盛ならしめている」と嶋田海軍大臣は談話を発表、「必勝の基礎を築いた元帥の武勲は万代不滅、されど勝利の道は不動」と結んだ。

一方、アメリカ側では、暗号解読によって長官機の出発を知って襲撃を命じた事実は、首脳部だけが承知して一般には公表しなかった。

ルンガ沖航空戦

従来、海軍の戦闘はハワイ海戦以来、航空部隊だけ戦闘に参加した場合でも、ジャワ沖海戦、レンネル島沖海戦等、一様に海戦と呼ばれていた。

しかし、この呼称は多分に時代錯誤的な感覚からぬけ切らないものを持っていた。そこで、このルンガ沖の戦闘を最初として、その後、海軍航空部隊だけ参加したものは「航空戦」と発表されることになった。この決定はむしろ遅すぎる観さえあったが、この呼び方は過去に遡らないことに決った。以来十四回の航空戦が起こった。

さて、六月十六日アメリカ側の言う「太平洋における最も激烈な空中戦」が、ガダルカナルの上空で起こった。戦爆連合一二〇機の大編隊が、敵の陸海軍機一〇〇機以上と交戦した。

○大本営発表（昭和十八年六月十八日十五時三十分）
　帝国海軍航空部隊は六月十六日戦爆連合の大編隊を以てガダルカナル島ルンガ沖敵輸送船団を強襲せり
　本日迄に判明せる戦果左の如し
　輸送船大型四隻撃沈、同中型二隻撃沈、同小型一隻撃沈、同大型一隻中破、駆逐艦一隻撃沈

飛行機三十二機以上撃墜
我方の損害　未帰還二十機
〔註〕本戦闘をルンガ沖航空戦と呼称す

〇キング元帥報告書

六月十六日、太平洋における最も激烈な空中戦が、ガダルカナルの上空で行なわれた。爆撃六〇機、戦闘機六〇機からなる敵軍は、わが陸軍、海兵隊及び海軍の一〇〇機以上と遭遇した。戦闘の結果、敵機一〇七を撃墜したのに対し、われわれはわずかに戦闘機六機を失ない、戦車上陸船一隻及び貨物船一隻に損害を受けたにすぎなかった。

この航空戦ほど双方の発表の開きがあるのは珍しい。わが方未帰還二〇機という発表に対し、米軍側は一〇七機日本機を撃墜したといい、日本側は三二機以上米機を落としたとしているのに、米側は自分の方の損害は六機だけだと言っているのである。

アッツの玉砕

昭和十七年六月七日、八日の両日、アリューシャン列島の要地、キスカ島とアッツ島を占領した。

この公表は、同時に行なわれたミッドウェー海戦の発表と一本になって、六月十日午後三時三十分の大本営発表で措置されたことは、前章で述べたとおりである。

該当部分は次のようであった。

「更に同七日以後陸軍部隊と緊密なる協同の下にアリューシャン列島の諸要点を攻略し目下尚作戦続行中なり」

ミッドウェー海戦と並行して、アッツ、キスカ両島を占領した大本営の狙いは、米軍の日本本土空襲基地の設定を防害することと、米ソ連絡の遮断だった。が、アリューシャンは夏は濃霧にとざされ、冬は暴風雪が荒れ狂う、人跡まれな灰色の世界だった。

占領の正式公表は次のとおりである。

○大本営発表（昭和十七年六月二十五日十一時）
アリューシャン列島方面に作戦中の帝国陸海軍部隊は六月七日キスカ島を同八日アッツ島を奇襲占領し爾後引続き附近の諸島を掃蕩中なり

このアッツ、キスカ両島占領部隊に、どのような運命が待っているかを知るためには、約一年の歳月を待たねばならなかった。

アメリカ側では、現地のアラスカ西部防衛軍司令官ジョン・デウィット中将から、積極的なアリューシャン奪回作戦の意見が出ていたにもかかわらず、当時、ヨーロッパ、南太平洋に優先的に兵力を投入する関係上、そこまで手が回らなかったのである。

アッツ島海戦

この海戦ほど間の抜けた、だらだらと牛のよだれのように時間ばかりかかって、しかも戦果の上がらなかった海戦は珍しい。

日本の優勢な艦隊は、たった四隻の敵の駆逐艦の突撃に恐れをなして、立往生していた重巡をそのままにして引揚げてしまったのである。しかし、大本営発表にそんなことを書くわけには行かないので、敵を潰走させたことでお茶を濁すことになった。

二日後にアメリカ側でこの戦況を発表したが、日本の新聞はこの発表振りを痛撃して〝米、新手の欺瞞手段も忽ち馬脚〟と酷評した。

それは日本艦隊が最初東進していたのが、後刻西進したのを目撃した、という表現に対してであった。しかし、実際に日本側は追撃を断念して引き返したのであるから、アメリカ側の発表が正しかったわけである。臭い物に蓋《ふた》主義が最高方針であって見れば致し方もない。事実を率直に国民の前に発表することを決してやらなかった好例の一つである。

少なくとも、当らず触らずの辺で止めるべきであった。ことさらに強がりを言う所が大本営発表を通じて一貫した傾向であった。

その上、「解説」記事は控え目な発表にでも尾鰭をつけさせられるから、〝敵艦艇は算を乱し、各艦とも思い思いの行動をとり、文字通り支離滅裂の状態で東方に向って潰乱遁走した〟ことになる。しかし実際は何となく「物分れ」となった程度である。

○大本営発表（昭和十八年三月二十九日十六時）
帝国海軍部隊は三月二十七日熱田島西方海面を行動中の巡洋艦二隻及駆逐艦数隻よりなる敵艦隊を発見、直ちにこれを追撃、甲巡一隻に大損害を与え、乙巡一隻、駆逐艦一隻を小破せしめたる後敵を東方に潰走せしめたり、我方の損害極めて軽微なり

○米海軍省発表（三月二十九日）
三月二十七日アッツ島西方を哨戒中の米国艦隊は日本艦隊と接触した。日本艦隊はアリューシャン群島に向け東方に進航していたが、長距離射程において砲火を交えた。交戦が終った際には日本艦隊は西方に向って進航しているのが目撃された。

戦闘詳細については情報の発表が日本軍に価値がなくなった時にさらに発表されるであろう。

	艦種	兵力	発表損害	実際	艦名
日	重巡洋艦	2	極めて軽微		
	軽巡洋艦	2			
	駆逐艦	4			
米	重巡洋艦	1	〔1〕	〔1〕	行動不能（ソルトレーク・シチー）
	軽巡洋艦	1	（1）	（1）	
	駆逐艦	4	（1）	（1）	

米軍アッツ上陸

昭和十八年四月十七日現在、アッツ島の総兵力は、病院、船舶部隊、海軍部隊、軍属を加えて、二、五七六名（内海軍基地部隊等一二九名）。キスカ島に約六、〇〇〇名（内海軍部隊三、二一〇名）であった。

これに対して、アメリカ側は陸軍一個師団でアッツ島を攻略する計画が、三月二十四日に正式決定した。

四月二十一日航空攻撃が開始され、一〇日間にキスカに一五五トン、アッツに九五トンの爆弾が投下された。

○大本営発表（昭和十八年五月十四日十六時）

五月十二日有力なる米軍部隊はアリューシャン列島「アッツ島」に上陸を開始せり、同島守備の我部隊はこれを邀撃し目下激戦中なり

アッツ島守備隊は善戦した。しかし、攻撃軍一万一千名に対して、二千五百名の守備隊では次第に圧迫された。二十九日遂に次の電報が入った。

「地区隊は二十九日、残存全兵力一丸となり、敵集団地点に向い最後の突撃を敢行し、之を殲滅、皇国の真価を発揮せんとす。傷病者は最後の覚悟を極め処置す。非戦闘員は攻撃隊下共に突進し生きて捕虜の辱しめを受けざるよう覚悟せしめたり。

従来の懇情を深謝すると共に閣下の健勝を祈念す」

この入電を最後に交信は断絶した。

○大本営発表（昭和十八年五月三十日十七時）
一、「アッツ島」守備部隊は五月十二日以来極めて困難なる状況下に寡兵よく優勢なる敵に対し血戦継続中の処五月二十九日夜主力部隊に対し最後の鉄槌を下し皇軍の神髄を発揮せんと決意し全力を挙げて壮烈なる攻撃を敢行せり、爾後通信全く杜絶全員玉砕せるものと認む、傷病者にして攻撃に参加し得ざるものは之に先だち悉く自決せり、我が守備部隊は二千数百名にして部隊長は陸軍大佐山崎保代なり、敵は特種優秀装備の約二万にして五月二十八日までに与えたる損害六千を下らず

二、「キスカ」島はこれを確保しあり

アッツ島の戦闘は、太平洋戦における最初の「玉砕」発表であった。米軍の攻撃陸上兵力は一万一千、損害は戦死五五〇、戦傷一一四〇、凍傷での戦闘不能者約一五〇〇、である。

キスカの撤退

大本営はキスカ占領部隊を撤退させるよう、五月二十二日命令を下した。当初、潜水艦だけで実行する案が検討されたが、順調に進展して八月上旬、普通に見積って九月上旬までかかることが予想された。霧期は八月上旬に終わるので、それ以降は時期的に不利となる。そこで、七月中旬、水上艦艇で一挙に撤収することになった。

計画は陸海軍一体となって綿密にたてられた。

最初の予定の七月十一日が中止となった。第二次の二十三日も霧の関係が悪く、中止となった。七月二十九日午後一時三十分、キスカ島に接近して待機していた撤収輸送部隊（軽巡二、駆逐艦一二）に、チャンスが訪れた。霧が晴れて来たのである。

艦隊が入泊すると、部隊は五、一八三名全員が、わずか五十分間で乗船を終えた。戦後調査では、丁度この時キスカ周辺の米艦艇は給油のため一時立ち去っていたのである。日本側はこれを天佑と感謝した。

八月十五日、米軍約三万が、六週間にわたる事前爆撃のあとに、九一隻の艦艇に支援されて、慎重に上陸してきた。しかし、米兵の見たのは、放棄された兵舎と、子犬三匹であったという。

日本側は米軍の上陸をまって、その撤退を発表した。

○大本営発表（昭和十八年八月二十二日十二時）
「キスカ」島守備の帝国陸海軍部隊は何等敵の妨害を受くることなく七月下旬全兵力の撤収を完了し既に新任務に就きあり

米軍の第二次両軸攻勢

レンドバとナッソウ

○大本営発表（昭和十八年七月一日十七時三十分）
一、六月三十日早朝ソロモン群島レンドバ島方面に輸送船、巡洋艦、駆逐艦等よりなる敵有力部隊出現、其の一部は同島に上陸せり
二、帝国海軍航空部隊は此の敵に対し数次に亙り果敢なる攻撃を加え輸送船六隻、巡

洋艦三隻、駆逐艦一隻を撃沈破し敵機三十一機以上を撃墜せり
三、同方面帝国陸海軍部隊は鞏固なる協同の下に作戦続行中なり

○大本営発表(昭和十八年七月八日十五時三十分)
「ニューギニア」島東南部「サラモア」附近の我守備隊は六月三十日以来「ナッソウ」湾に上陸せる米軍及び之に呼応し「ワウ」方面より前進せる濠洲軍に対し反撃作戦実施中にして特に「ボブタビ」附近に於ては七月五日敵の背後を急襲し之を潰乱せしめたり我航空部隊亦七月一日、三日及び五日「ナッソウ」湾の敵を攻撃し敵舟艇軍、揚陸場等に対し大なる損害を与えたり

この二つの大本営発表は、戦争史上重大な意味を持つものだった。それは前章で述べたガダルカナルとブナから撤退して、中部ソロモンとサラモア周辺に陣地をとった日本軍に対して、約五カ月間の作戦準備を完了した連合軍が、ガ島の攻勢につぐ第二次の攻勢を開始した。上陸した連合軍兵力は、レンドバ島が歩兵二個連隊と海兵大隊、ナッソウ湾が米軍歩兵一個連隊、発表にある濠軍は歩兵二個旅団である。之に対する日本軍は、レンドバ島が歩兵と陸戦隊が各々一個中隊、サラモア付近には第五十一師団長の指揮する三個連隊、といっても戦闘にたえる兵員は二、五八〇人にすぎなかった。

ムンダ周辺の戦闘

レンドバ島に上陸した米軍の目標は、対岸のニュージョージア島にあるムンダ飛行場を占領することだった。

ムンダ付近には第三十八師団の一個連隊（基幹）が配置されていた。現地の最高指揮は南東支隊長佐々木登陸軍少将がとっていた。

○大本営発表（昭和十八年七月十五日十五時三十分）
一「ニュージョージア」島の我守備隊は七月十四日「ルビアナ」島より「ムンダ」島東側地区に大挙上陸を企図せる米軍を水陸に邀撃しその舟艇二十隻以上を撃沈し残余を尽く敗走せしめたり
二　曩に「ムンダ」東方地区に進出しありし米軍の一部亦右に呼応し出撃し来れるも我守備隊は直に之を撃退せり

○大本営発表（昭和十八年七月十九日十五時三十分）
一　我「ニュージョージア」島守備隊の一部は敵第一線の後方に迂廻し七月十七日夜「アイ」川東方の米軍上陸地点並に自動車部隊を急襲し上陸施設及び該地の敵兵力に大なる損害を与うると共に自動車部隊を殲滅し引続き戦果拡張中なり

二「ニュージョージア」島「ムンダ」附近の我守備隊は戦車を伴う敵の出撃を数次に亙り撃退すると共に七月十七日上陸を企図せる敵魚雷艇群を砲撃し之を潰走せしめたり

日本軍は頑張った。ガ島では米軍の準備した堅陣を、火砲を持たずに大密林を迂回したために負けた。今度は日本軍が準備した地域に、米軍が海から上陸してくる。いわゆる「対上陸防禦戦闘」の第一回目である。〝今度こそは〟という気魄が満ちていた。

佐々木支隊長は、隣のコロンバンガラ島に配置していた、第六師団の一部を、ムンダ付近に呼び寄せた。

米軍は飛行場の東側に布陣した日本軍を攻めあぐんだ。米師団長は第一線の連隊長や参謀たちを、つぎつぎに解任して、士気を高めようとしたが効果はなかった。

米軍は戦意を失い、師団長はノイローゼになってしまった。ハルゼー大将は、更に二個師団をつぎ込んだ。米軍総兵力三万三千七百人に対して、日本軍はその一〇分の一にも足らなかった。

日増しに減少する第一線兵力に、佐々木少将は七月二十九日、まず飛行場付近に部隊を後退させた。八月六日ラバウルからの増援部隊が、途中米艦隊と遭遇多く損害を出し、陸軍兵力の大部を喪失した（細部後述）。

この状況から佐々木少将は、残存兵力をコロンバンガラ島に移して、最後の一戦を決しようとした。

コロンバンガラ島の日本軍手強しと見た米軍は、同島を素通りして、八月十五日後方のベララベラ島に上陸した。

このように、新鋭の米軍に対し敢闘する中部ソロモン方面の戦況に、陸軍関係としては異例の長文の発表が行なわれた。

○大本営発表（昭和十八年八月二十五日十五時三十分）
「ニュージョージア」島及「ベララベラ」島を中心とする南太平洋方面の戦局は敵の熾烈なる反抗と之れに対する我が痛烈なる反撃と相俟って日と共に激化の一途を辿りつつあり
㈠「ニュージョージア」島帝国陸海軍守備隊は六月三十日以来上陸し来れる敵数万を寡勢を以て邀撃随所に之を撃砕して甚大なる打撃を与え目下「ムンダ」北方海岸地区及「バイロコ」地帯に於て激戦中なり、陸上に於て敵に与えたる損害二万を下らず
㈡「ベララベラ」島曩に上陸を企図せる敵は帝国海軍航空部隊の反復攻撃に依り其の輸送船の多数を失い僅かに其の一部兵力の「ビロア」上陸に成功せるに過ぎざりしも爾後執拗に兵力増強に努めつつあり、帝国陸海軍守備部隊の勇戦奮闘と相俟ち海軍航空部隊並に海上部隊は敵兵力増強の阻止撃攘に努め両島附近の上空及び海上に於て連日昼夜の別なく敵と交戦し大なる打撃を与え居れるも敵反攻の勢は侮り難きものあり

○大本営発表（昭和十八年九月三日十七時）

一、「ニュージョージア」島「コロンバンガラ」島及「ベララベラ」島を繞る「ソロモン」方面其の後の戦況は依然熾烈なり

1「ニュージョージア」島「ムンダ」の北方海岸地区及「バイロコ」地帯にて敵と交戦せし帝国陸海軍守備部隊は敵に大なる打撃を与えつつありしが、八月二十八日以降「コロンバンガラ」島及「ニュージョージア」島の中間島嶼地区にて激戦中なり

2「ベララベラ」島に於ては未だ地上戦闘行われず、敵は依然として兵力の増強を計りつつあり

二、所在帝国海軍航空部隊、海上部隊及陸上部隊の奮闘に依る八月中の戦果左の如し

1 敵に与えたる損害		撃沈	大破	撃墜	撃破
輸送船	大型	一〇	一		一〇
	中型	六	一		
	小型	三			一
艦艇	巡洋艦、	一	三		三
	軽巡又は大型駆逐艦	二			
	駆逐艦	三	三		五
	魚雷艇	一二	二		七
上陸用舟艇		二八			一六

海上「トラック」	一			二
其の他舟艇	五			
飛行機			二七一	二一

右の外地上に於ける敵の戦死傷約三〇〇〇を下らず

2　我方の損害

		沈没	大破	自爆及未帰還
艦艇	駆逐艦	一	一	
上陸用舟艇		四	三	
小型舟艇		三		
飛行機				五七

（筆者注／発表の数的検討は後述する海戦の部を参照されたい）

クラ湾夜戦

コロンバンガラ島への増援輸送をめぐって、七月初旬から十月上旬にかけて、四回の夜戦が日米水雷部隊の間に繰り返された。

この夜戦はその最初のものである。

新聞は発表に呼応して、「クラ湾わが水雷戦隊活躍」と題して、次のように報道した。

「五日深更、敵は揚陸の増援、掩護部隊として巡洋艦、駆逐艦等十数隻よりなる有力部隊を同方面に繰出して来た。折柄クラ湾北方方面制圧中のわが駆逐艦数隻はこの敵部隊を発見するや時を移さず敢然、深夜挟隘なる湾内において敵部隊に肉迫、猛烈なる砲雷撃を加え、敵巡一隻を見事轟沈、同一隻に大火災を起させ敵艦隊を潰走せしむるの大殊勲を樹てた」

これに対する公式発表は次のとおり。

○大本営発表（昭和十八年七月七日十五時三十分）

一、ソロモン群島方面の敵は、六月三十日レンドバ島方面の一部揚陸に引続き隣接するニュージョージア島の奪取を企図しその数ケ所に上陸し来り同島各地において目下戦闘続行中なり

二、ニュージョージア島北西部クラ湾方面における戦闘状況左の如し

（一）七月五日黎明同地帝国陸海軍守備隊並に同方面作戦中の帝国水雷戦隊は艦種不詳の敵艦三隻を撃沈せり

（二）同日昼間帝国海軍航空部隊はクラ湾上空において敵機群と交戦し其の十機を撃墜せり

（三）同日夜半帝国水雷戦隊所属駆逐艦数隻は巡洋艦、駆逐艦十数隻より成る優勢なる敵部隊に対し肉薄攻撃し巡洋艦一隻轟沈同一隻を撃破炎上し之を潰走せしめたり

〔註〕本海戦を「クラ」湾夜戦と呼称す

戦後の資料による比較は次のとおり。

	艦種	兵力	発表損害	実際	艦名
日	駆逐艦	4		2	長月、新月
	飛行機				
米	巡洋艦	2	1〔1〕	1	ヘレナ（沈没）
	駆逐艦	10	3	〔1〕	
	飛行機		10		

コロンバンガラ島沖夜戦

○大本営発表（昭和十八年七月十三日十五時三十分）

一　七月五日以来ニュージョージア島数箇所に上陸せる敵は南北両方面よりムレダ方向に封し前進中にして我守備隊はこれに対し果敢なる攻撃を加えつつあり

二　右に呼応し帝国水雷戦隊はコロンバンガラ島北方海域に作戦中十二日夜同方面に出撃し来れる敵巡洋艦四隻以上と交戦、巡洋艦二隻を撃沈、同一隻を炎上し之を敗走せしめたり、我方巡洋艦一隻大破

〔註〕本海戦をコロンバンガラ島沖夜戦と呼称す

〝又も無敵水雷戦隊に凱歌〟とこの海戦が報ぜられたが、わが方は巡洋艦「神通」を失った(発表は大破)。

六月三十日以来、この海戦までソロモン群島方面の新戦果として、やつぎ早に発表された撃沈破の合計は、次のとおりであった。

巡洋艦七、駆逐艦七、艦型未詳二、特務艦一、魚雷艇二、輸送船一二、飛行機一八八以上、舟艇一六以上

しかし、相手に与えたと思っていたよりも、実際の損害ははるかに小さなものであった。それは日本側だけのことではなく、米英側においても同様のことがいえた。九月下旬から十月上旬までの間に、アメリカ駆逐艦群は日本軍の舟艇数百隻を撃沈したと確信されていたが、判明した戦果はずっと少なかった。発表と実際は次表のとおり。

	艦種	兵力	発表損害	実際	艦名
日	巡洋艦	1	〔1〕	1	神通
	駆逐艦				
米	巡洋艦	4	2 〔1〕	〔2〕〔1〕	セントルイス、ホノルル、レアンダー
	駆逐艦			1	グウィン

ヴェラ湾夜戦

○大本営発表（昭和十八年八月九日十五時三十分）
一、帝国海軍駆逐艦隊は八月六日夜コロンバンガラ島の西方海面に於て飛行機並びに魚雷艇と協同せる敵水雷戦隊と交戦し駆逐艦一隻を撃沈せり、右戦闘に於て我方も亦駆逐艦一隻沈没、他の一隻大破せり
二、帝国海軍戦闘機隊は八月六日ショートランド島に来襲せる敵戦闘機十六機を迎撃其十五機を撃墜せり、右空戦における我方の損害一機
三、帝国海軍航空隊は八月六日レンドバ港を攻撃し左の戦果を得たり
撃沈　中型輸送船二隻、小型輸送船二隻、上陸用舟艇約八隻
撃破　中型輸送船一隻、海上トラック一隻
撃墜　戦闘機五機以上
右攻撃に際し我方未帰還一機

右の発表の第一項が、ヴェラ湾夜戦に関する発表である。

発表を見ても、明らかにわが方に不利な戦況であることがわかるが、事実は完敗であるといえよう。真相は日本側は三隻の駆逐艦を敵魚雷艇の雷撃によって、瞬時に喪失、一五〇〇

名の将兵もまた運命を共にした。

電波兵器の猛威の前に、わが水雷戦隊の夜戦能力も全く手も足も出なくなった。惨として声なし、という有様であった。

この夜戦以来、中部ソロモンへの増援補給は終わりを告げた。そしてクラ湾は別名を「駆逐艦の墓場」と呼ばれるようになった。

たしかに日本の駆逐艦は十隻以上この海底に横たわっている。それは、ガダルカナル島とフロリダ島の間の海峡が、アメリカの水兵たちによって「鉄の海底」海峡と呼ばれたのと同様の、呪いの表現であった。

○キング元帥報告書

わが米軍が当時同方面の海上交通路を管制し、確保し、実に六、七月の間に日本軍が重大な艦船損害を受けたことにより、彼等をコロンバンガラに対する増援補給のために、ヴェラベラの沿岸沿いに貨物船輸送をさせることになった。

しかし、米軍の高速魚雷艇はこの敵の貨物船及び上陸用舟艇に対しても相当な損害を与えるに至ったので日本軍は一九四三年八月六日ヴェララベラとコロンバンガラ島の中間にあるヴェラ湾に対して、巡洋艦一及び駆逐艦三からなる艦隊護衛の下に、兵器及び軍隊の輸送を企図するに至った。この作戦は過去一カ月以内での、この海域における第三回目の海上戦闘となった。

海軍中佐ハースブラッガーの指揮する駆逐艦からなる特別任務部隊は、正午直前この敵を奇襲した。戦闘は四五分間継続し、われわれは日本駆逐艦を三隻撃沈したことを認めた。当方は何等の損害も受けなかった。

コロンバンガラ島の撤退

コロンバンガラ島の補給輸送は、前に述べたように八月中旬以来断絶していた。将兵の体力は衰える一方であった。

九月中旬、佐々木少将は敵を待つ間に戦力を漸減するより、進んで攻勢をとり玉砕しようとその準備をしていた。ところが、九月十五日撤収命令が伝達された。

この撤収作戦は、その収容人員でガ島撤収作戦を上廻るものであり、ガ島の駆逐艦輸送に対して、陸軍の大発動艇を大規模に使用（約一〇〇隻）した点に特色がある。

○大本営発表（昭和十八年十月九日十六時）
　ソロモン方面其後の戦況は依然熾烈にして
　一、コロンバンガラ島並にベララベラ島の帝国陸海軍守備部隊は所在の敵に多大の損害を与えたる後後方基地に転進せり、右転進は殆ど敵の妨害を受くることなく快調に行われたり

二、（筆者略／次項ベララベラ沖夜戦参照）

ベララベラ沖夜戦

この海戦はコロンバンガラ、ベララベラ両島の転進と同時に発表された。この転進（撤退）はソロモン方面におけるガダルカナルにつぐ、第二の敗退であった。

そして、この海戦は丁度イサベル島沖海戦に対応する跡始末だった。ガ島の時に撤退とは別に発表されたが、この段階ではそんな悠長なことは言っていられなくなった。この発表の中に、当時の切迫した空気が感ぜられるであろう。

○大本営発表（昭和十八年十月九日十六時）

一、所在帝国海軍艦艇並に航空部隊はこの間敵艦艇並に航空機と交戦し

（一）航空部隊は十月一日ベララベラ島ビロア附近に於て敵駆逐艦一隻、中型輸送船二隻、小型輸送船一隻を撃沈、中型輸送船一隻を撃破、敵飛行機十機を撃墜、一機を撃破せり、

右戦闘において我方自爆、未帰還計八機を出せり

（二）水雷戦隊は十月六日夜ベララベラ島西方海面に於て敵巡洋艦、駆逐艦各三隻と交戦し巡洋艦一隻、駆逐艦三隻を撃沈せり、右戦闘に於て我方駆逐艦一隻を失えり

発表戦果と実際との比較は左のとおり。

	艦種	兵力	発表損害	実際	艦名
日	駆逐艦		1	1	夕雲
	飛行機		8		
米	駆逐艦		4	1	シュバリエ
	輸送船		4（1）		
	飛行機		10		

サラモア地区の激戦

連合軍が中部ソロモンのレンドバ上陸に呼応して、六月三十日ニューギニア、ナッソウ湾に上陸を開始したことは、前にその大本営発表とともに述べたところである。

第五十一師団長は、ナッソウの敵はその前進を阻止するにとどめ、まずボブダビ正面の敵を撃破しようとした。

第十八軍司令官は第一線に、第二十師団の一部を増加した。連合軍は息もつかせず、ナッソウ、ボブダビ両正面から、第五十一師団の本防禦線を攻めたてた。

日本海軍潜水艦の努力にもかかわらず、サラモア地区の補給は悪く、糧食は概ねその日暮し、弾薬特に砲兵弾薬は、一日一門一〇発～三〇発という貧弱な状況だった。

七月中旬から八月中旬にかけて、文字通り寸土を争う接戦が、サラモア本防禦線上で繰り返された。連日の豪雨に、将兵は腰まで泥水につかりながら戦った。

○大本営発表（昭和十八年八月三十一日十五時三十分）
一「ニューギニア」島「サラモア」附近の我部隊は六月三十日以降「ナッソウ」湾及「ワウ」附近より優勢なる空軍支援の下に前進せる敵を「カミアタム」「ムボ」「ナッソウ」湾の線に於て邀撃し之に大打撃を与えたる後目下「サラモア」周辺地区に於て邀戦中なり右期間敵に与えたる損害戦死傷五千六百以上なり
二「ニューギニア」方面我航空部隊亦地上戦闘に協力すると共に「ベララベラ」「ファブバ」等の敵航空基地に進攻し或は敵機の来襲を邀撃し熾烈なる戦闘を継続中なり同期間に敵機三百五十八機（内不確実五十三機）を撃墜せり、我方の損害百三機なり

激戦は続いていた。わが戦力も概ね尽き果てようとしていた。この大本営発表の出るちょうど一週間前、第五十一師団長は次の訓示を出している。

師団の任務は「サラモア」を確保するに在り、而して現在線は最後の線にして一歩も退くを得ず。之を維持し得ざるときは師団は此の線にて玉砕せんとす。此の場合に至らば、軍旗を奉焼し傷病兵も蹶起して「斬り死」の覚悟で最後を飾るべく、一人と雖《いえど》も生きて虜醜《りょしゅう》の辱《はずかしめ》を受るなかれ。

八月下旬、第五十一師団は依然大本営発表のとおり、サラモア周辺地区で死闘を続けていた。しかし、すでに全地区の制空権は全く連合軍の手に帰し、ブナ及びナッソウ地区の海上輸送の状況は逐次活況を見せ、敵の新企図の開始が近いものと判断された。

果して、次の状況が起こった。

○大本営発表（昭和十八年九月六日十六時三十分）
一　九月四日早朝敵は有力なる輸送船団を以て「ニューギニア」島「ラエ」東方三十五粁《キロメートル》「ホポイ」附近に上陸を開始せり
二　我陸海軍航空部隊は直に出動、緊密なる協同の下に敵上陸地点附近及海上に於て敵を攻撃中にして現在までに判明せる戦果次の如し
敵輸送船六隻、巡洋艦一隻及舟艇多数を撃沈、輸送船五隻、駆逐艦二隻を爆破炎上せしめ、戦闘機二十七機を撃墜せり我方の損害　自爆及未帰還九機なり

この発表の第一項の「ホポイ上陸」と、翌九月五日にラエ西北約三〇キロメートルのナザブに、約一個師団の濠第七師団の兵力が空中から降下したことは（これは遂に未発表だった）、サラモア戦に決定的影響を与えた。

九月六日、第十八軍司令官は第五十一師団長に対して所在の陸海軍部隊を指揮して、ニューギニア北岸に撤退すべきことを命じた（細部後述）。

かくして、六月三十日、レンドバとナッソウに同時に連合軍の第二次戦略攻勢をうけた日本軍は、第一線部隊の奮戦力闘も効なく、遂に中部ソロモンもサラモア周辺も、両方面とも放棄するのやむなきに至るのである。

前衛線の崩壊

フィンシュハーヘン周辺の戦闘

○大本営発表（昭和十八年九月二十五日十五時三十分）

一　敵の一兵団は九月二十二日以来「ニューギニア」島「フィンシハーヘン」北方地区に上陸せり、同地附近の我陸海軍部隊は之を邀撃し目下激戦展開中なり

二　我陸海軍航空部隊は同方面の敵輸送艦船及「フィンシハーヘン」北方地区に上陸中の敵を攻撃中にして九月二十一日より同二十三日迄の戦果次の如し

（イ）敵に与えたる損害

巡洋艦三隻、駆逐艦二隻、大型輸送船一隻　撃沈

巡洋艦二隻、小型輸送船二隻、炎上

巡洋艦二隻、至近弾に依り撃破

飛行機二十二機（内不確実八機）撃墜

上陸地点を爆撃し五個所炎上
（ロ）我方の損害
自爆及未帰還一六機

フィンシュハーヘンはダンピールの海岸西岸の要点である。わが第十八軍はいち早くこの点に着目して、マダンにあった第二十師団を、ここに転進するよう処置していた。が、飛行機と船を使用する連合軍に対して、徒歩行軍の日本軍は必然的に後手に廻った。米軍がフィンシュハーヘンに上陸を開始した時、第二十師団はまだ一部しか到着してなかった。

所在の部隊は九月二十七日から反撃を開始した。しかし、十月上旬になっても見るべき進展はなかった。精鋭第二十師団主力の戦場到着が待たれた。

同師団の攻撃は十月十六日から開始された。一部の海岸拠点を奪取し、連合軍の陣地を南北に分断した。十六日の夜、日本軍最初の逆上陸による敵背後への斬り込みも行なわれた。十八日敵は南方に潰走し、攻撃は成功したかに見えた。しかし、二十日、連合軍は舟艇と陸路によって、大規模な増援を行ない反撃に転じた。激戦数日時間の経過と共に敵の兵力は増加し、戦勢は逆転し始めた。

当時の公表は、次のとおりである。

○大本営発表（昭和十八年十一月二日十五時三十分）

一「ニューギニア」島に於けるその後の戦況次の如し
(イ)「フィンシハーヘン」附近の我部隊は果敢なる攻撃に依り敵に甚大なる損害を与えたる後、更に態勢を整え爾後の攻撃を準備中なり、十月十六日以降仝二十九日迄に判明せる主要なる戦果次の如し
敵に与えたる損害
遺棄死体　二、六四八、鹵獲品、火砲六門、銃器約六五〇挺、各種弾薬等約一四万発、爆破せるもの、火砲十門、弾薬集積所二箇所、糧秣集積所三箇所
我方の損害　戦死四二二名
(ロ)「マダン」南方地区の我部隊は逐次増強中の敵に対し果敢なる攻撃を続行中にして九月下旬以降現在迄に敵に与えたる損害　一千名を下らず
二（筆者略／ビルマ方面の件、後掲）

発表後半の「マダン南方地区」とは、後述する第五十一師団ラエ撤退を容易にするため、マーカム河の上流からカイアペット方面に行動中の、第二十師団の一部（中井支隊）が、ナザブに降下した連合軍（濠第七師団）と遭遇、激戦を交えながら、フィニステル山系の西端付近まで後退、十月中旬攻勢に転じて敵の急襲を撃退したことを言っている。

が、しかし、現地の状況は発表文から受ける印象とは違っていた。

第二十師団は第一次攻撃の結果、その戦力は概ね半減していた。補給品は潜水艦と、大発

でシオまで運び、その後は荒れ狂う海面の大発輸送と人力による担送を五日行程必要としたため、第一線の将兵は既に約一カ月間も定量の四分の一、ないし三分の一で戦闘を強行しているような状況であった。

それは人間として堪え得る限度を越えようとするものであった。

十一月十六日から、今度は連合軍が攻勢に出て来た。日々の銃爆撃は数百機の飛行機が動員され、そのため山の形が変るほどであった。また、その戦車には日本軍の対戦車砲が命中しても、厚い装甲のために弾丸ははじき返された。

血みどろの戦闘が約一月続いた。第二十師団にラバウルから、シオ付近に後退してそこを確保という命令が届き、敵から離脱したのは、十二月十九日のことであった。その公表文は次のとおりである。

○大本営発表（昭和十九年一月五日十五時三十分）
一、（筆者略／グンビ岬の件、後述）
二、「ニューギニア」島「フィンシハーヘン」北方地区に於て力闘中なりし我部隊は執拗なる敵の追躡《ついじょう》を撃砕しつつ逐次「カラサ」（フィンシハーヘン西北五十六粁）西北方地区に集結し態勢を整理中なり、昨年九月下旬以来現在迄に敵に与えたる損害約一万六千名、我方の戦死傷約三千名なり
三、（筆者略／マーカス岬の件、後述）

戦後の調査では、このフィンシュハーフェン地区の日本軍の作戦参加総兵力は約一二、五〇〇名、その内約五、五〇〇名が死傷したことになっている。

サラワケット越え

昭和十八年七月以来、サラモア周辺地区で激戦をつづけていた第五十一師団が、九月上旬、後方のホポイとナザブの両地区に敵の侵攻をうけ、退路を遮断されてしまい、軍司令官から、所在の陸海軍部隊を指揮してニューギニア北岸に撤退せよ、の命令をうけたことは前述した。問題は、何所を通って北岸に出るか、ということである。二つの考え方があった。一つはナザブ付近の敵を撃破して前進する案、一つは北方のサラワケット山岳を通過して北岸に達する案である。

第五十一師団長は後者を選んだ。長い戦闘で疲れ切った将兵が、弾薬も乏しい現状で、新鋭のナザブ付近の一個師団を撃破して、突破し得ることは不可能である。それならば、万に一つでも、通過し得るかも知れない山系登行をやってみようではないか、と考えたのである。山越えは、図上直距離は一〇〇キロメートル、途中標高四、〇〇〇メートルの山々がそびえていた。磁針を唯一の頼みに、総員約八、六五〇名（内海軍約二、〇五〇名）が、十日分の糧食を背負って、九月十五日夜転進の途についた。

木の根、岩角を伝っての前進に、標高四、〇〇〇メートルの寒気が襲った。夜の霜、昼の霧、断崖絶壁の登り降り、そして食糧の欠乏。第五十一師団の先頭が、ニューギニア北岸のキァリに顔を出したのは、十月八日だった。

約一カ月かかってサラワケットを越え、キァリに到着した人員は、約六、四五〇名（内海軍約一、五五〇名）に減っていた。実に二、二〇〇名が山中で散って行ったのである。やっと到着した将兵も、勤務に堪え得る者は三分の一であったという。

もちろん大本営発表としては、この件は一言も触れられていない。当時、第五十一師団将兵の間で歌われた、次のような軍歌が残っている。

底なき谷を這い辷《すべ》り
　道なき峰をよじ登り
今日も続くぞ明日もまた
　峰の頂程遠し
既に乏しき我が糧《かて》に
　木の芽草の根補いつ
友にすすむる一夜《よさ》は
　サラワケットの月寒し

第一次タロキナ戦

ニューギニアで第二十師団が、第一次攻撃の中止を決心した直後、十月二十七日、今度は北部ソロモンのモノ島に連合軍が上陸した。モノ島は日本軍第六師団のいる南部ブーゲンビル島から、わずか七〇キロメートルの海上にある小島である。

そして五日後の十一月一日、ブーゲンビル島の西岸中部タロキナ岬に上陸を開始した。

わが海空部隊は直ちに反撃して、連合軍の上陸掩護部隊を攻撃した（細部後述）。

陸軍側は当時、主力をブーゲンビル島南部、一部を同島西北部に配置していた。タロキナ付近は地形上湿地が多く、敵の上陸は、その公算が少ないと判断していたのである。

ラバウルの今村大将は、たとえ予期しない所に敵が上陸したとしても、進んでこれを撃破すべきであるとして、第十七軍に敵の上陸初動を攻撃する命令を出した。そして同時に、ラバウルにいた第十七師団の一部を「機動決戦隊」として、海軍艦艇によってタロキナの敵の上陸地点に逆上陸させ、第十七軍の攻撃に策応する措置をとった。命令をうけた第十七軍は第六師団の一部（歩兵第二十三連隊主力）で、タロキナの攻撃を実施させた。

十一月七日から始まったその攻撃は、最初戦況有利に進展した。しかし翌八日、米軍の猛烈な迫撃砲の集中をうけて、攻撃は頓挫してしまった。そして、攻撃部隊指揮官の独断で、後方の要線に退却した。

第十七軍司令官は、第六師団長の指揮する師団主力で二十二日から攻撃を再興するよう指導したが、ラバウルの今村大将は、すでに上陸初動の好機は過ぎているので更に十分な準備をしなければ成功の望みなし、としてその攻撃実施を中止させた（次回は翌十九年三月実施）。

一方、前述の逆上陸部隊の輸送にあたって次の海戦が起こった。大本営発表は両者をまとめて取り扱っている。

ブーゲンビル島沖海戦

第一次タロキナ作戦間、連合軍の橋頭堡に対して逆上陸を決行する陸軍部隊の護送にあたった海軍部隊が、反対に連合軍の艦隊と空軍の攻撃をうけて、川内、初風を撃沈され、残りがラバウルに引き揚げた。この海戦がブーゲンビル島沖海戦である。

発表を見ると中々よくやったようであるが、例によって巡洋艦の喪失は小破として片付けられた。

この海戦は確かに敗北の部に入るものである。こんな場合は海戦名が与えられないのが普通だったが、ブーゲンビル島沖海戦と名付けられた。これは例外である。

○大本営発表（昭和十八年十一月五日十五時）
一「モノ」島上陸以来敵の動静を監視中の処、十月三十一日有力なる敵輸送船団は数群に分れ、「ニュージョージア」島南方海面を北上中なるを発見し所在帝国海軍航空部隊並に海上部隊は直に出撃之を邀撃して左の戦果を得たり
（一）海軍航空部隊は十月三十一日夜より十一月二日朝に掛け「モノ」島東方海面及「ブーゲンビル」島西方海面に於て一部上空直衛を配せる敵輸送船団を攻撃せり
（イ）敵に与えたる損害
轟沈　大型輸送船二隻

撃沈　巡洋艦一隻　駆逐艦一隻
　　　上陸用舟艇四〇隻以上
撃墜　一〇機
撃破　大型巡洋艦一隻、巡洋艦（若しくは駆逐艦）一隻、大型輸送船二隻、小型舟艇多数

（ロ）我方の損害
　　　自爆、未帰還合計十五機

（二）海上部隊は十一月一日夜「ブーゲンビル」島、「ガゼレ」湾外に於て有力なる敵巡洋艦、駆逐艦部隊と交戦せり

（イ）敵に与えたる損害
轟沈　大型巡洋艦一隻、大型駆逐艦二隻
撃沈　大型巡洋艦二隻、巡洋艦（若くは大型駆逐艦）一隻
撃破　大型巡洋艦一乃至二隻、駆逐艦二隻
其の他駆逐艦一隻同志討にて炎上せるを認む

（ロ）我方の損害
駆逐艦一隻沈没、巡洋艦一隻小破
　〔註〕本海戦を「ブーゲンビル」島沖海戦と呼称す

二　敵の一部は十一月一日早朝「ブーゲンビル」島「トロキナ」岬附近、同二日朝

「ハモン」南側地区に上陸せり、同地陸軍部隊は之を邀撃激戦中なり海軍航空部隊並に海上部隊は地上部隊と協力し敵上陸部隊の殲滅、後続部隊の阻止撃攘に努めつつあり
三　敵は右上陸と相俟ち有力なる航空部隊を以て「ニューブリテン」島及「ブーゲンビル」島の我が基地に対し攻撃を企図せるも、海軍航空部隊、海上部隊並に地上部隊は之を邀撃し
(一)「ラバウル」に於ては十一月二日敵約二百数十機来襲せるも海軍航空部隊、海上部隊及地上部隊は其の大部二百一機（内不確実二七機）を撃墜せり
海軍航空部隊による撃墜　一二七機
（内不確実　二六機）
海上部隊による撃墜　五一機
（内不確実　一機）
地上部隊による撃墜　二三機
本戦闘に於て我方自爆、未帰還合計一五機なり
(二)「ブカ」に於ては十一月二日敵約一三五機来襲せるも北上部隊は其の三十九機を撃墜せり

第一次ブーゲンビル島沖航空戦

十一月五日、既述のタロキナ上陸に連けいして、ハルゼー大将指揮下の敵の機動部隊は、九カ月振りにソロモン海域に出現した。空母二、重巡五、駆逐艦七の馬力である。そして、先手を打ってラバウルに進出したばかりの日本艦隊を攻撃して、巡洋艦七、駆逐艦一隻に損傷を与えた。

発表と実際との比較は、次表のとおりである。

	艦種	兵力	発表損害	実際	艦名
日	巡洋艦	4	(1)	1	川内
	駆逐艦	6	1	1	初風
	飛行機	120	15	22	
米	巡洋艦	4	3 (2)		
	駆逐艦	8	3 (4)		
	飛行機			4	
	輸送船		2 (2)		
	舟艇		40		

その夜、わが方の攻撃機隊十八機は答礼のために、敵艦隊を訪問してピカピカに光った魚雷をプレゼントした。

その報告は空母二、巡洋艦二、巡洋艦又は駆逐艦二を撃沈というものであった。未帰還は四機であった。

「焦慮が生んだ敵の出血、米第一線空母二割を喪失、ソロモン反攻一頓挫、戦局の動向に大影響、戦果の意義重大――」

新聞はこんな見出しをつけた。

○大本営発表（昭和十八年十一月六日十一時）
帝国海軍航空部隊は十一月五日夕刻「ブーゲンビル」島南方海面に於て敵機動部隊を発見し之を攻撃して左の戦果を得たり
轟沈　大型航空母艦一隻
撃沈　中型航空母艦一隻、大型巡洋艦二隻、巡洋艦（若くは大型駆逐艦）二隻
我方の損害　未帰還　三機
〔註〕本航空戦を「ブーゲンビル」島沖航空戦と呼称す

ガダルカナルの泥沼で百戦錬磨の搭乗員が、櫛の歯を引くように次から次に失われて行って心細くなっていた当時の状況で、わずか一四本の魚雷で六隻の敵艦を撃沈することがいっ

たいできたであろうか。技術がほとんど頂上に達していた開戦直後でも、少なくとも一〇機以上で一艇を倒したに過ぎない。

マレー沖海戦ですら飛行機魚雷の命中率は四三パーセントであった。あの時より魚雷の威力は増したといっても、精度がいいはずはない。とすれば、同率であったとしても、五本半で六隻を沈めたことになる。あまりにも戦果が過大すぎはしないか、と現地の指揮官も作戦部もこのときもっと慎重冷静に検討すべきであった。

しかし、戦果への期待と現状への焦燥とが、報告戦果をたとえ増しても、減らすことを作戦部が絶対に承認しなかった。そして、いつも神技に近いような戦果が、一億待望の軍艦マーチの旋律に続くことが繰り返された。

この航空戦も正しくその例に洩れない。やがてつづく五つの航空戦もすべて同様である。

第一次の分の発表と実際は、次表のとおりである。

	日			
艦種	兵力	発表損害	実際	艦名
巡洋艦			〔11〕（1）	阿賀野（大破）、夕張
駆逐艦			1 〔1〕（2）	涼波（沈没）、浦風、長波、海風
飛行機	55	30	35	

米					
空母	戦艦	巡洋艦 重	巡洋艦 軽	駆逐艦	飛行機
5		2		6	200
(2)	(1)	(1)	(2)	1 (2)	2
					39

第二次ブーゲンビル島沖航空戦

この航空戦は、その戦果を正式発表の七時間前に左のように予報した点で、あとにもさきにも一回だけとはいえ、いかにも異例のものである。

○大本営海軍報道部長談（昭和十八年十一月九日十一時）
目下ブーゲンビル島附近海域に於て激戦展開中にして帝国海軍部隊は大なる戦果を挙げつつあり

戦爆連合九七機で、まず輸送船二、駆逐艦三を血祭にあげたと報告がとどいていたのである。つぎに報告された戦果は、戦艦四、巡洋艦二、駆逐艦三、輸送船二以上を撃沈、未帰還二七機という素晴らしいものだった。

新聞の見出しも記録的だった。

燦たり、真珠湾以来の大戦果と、最大の活字が一面のトップにずらりとならんだ。追加発表の戦果によって、総合戦果は艦船二四隻撃沈破ということになり敵の護衛艦隊は全滅されたことになった。

発表文は次のとおりである。

○大本営発表（昭和十八年十一月九日十六時）
帝国海軍航空部隊は十一月八日朝以来「ブーゲンビル」島南方海面に於て敵輸送船団並に護衛艦隊を猛攻中にして只今の処判明せる戦果左の如し
撃沈　戦艦三隻、巡洋艦二隻（轟沈）、駆逐艦三隻、輸送船四隻
撃破　戦艦一隻（炎上大破）、大型巡洋艦三隻以上（大破）、巡洋艦（若くは大型駆逐艦）三隻炎上大破、大型輸送船一隻（炎上大破）
撃墜　十二機以上
我方の損害　自爆未帰還合計一五機
〔註〕本航空戦を第二次「ブーゲンビル」島沖航空戦と呼称す
○大本営発表（昭和十八年十一月十日十五時）
第二次「ブーゲンビル」島沖航空戦の戦果に左記を追加す

撃沈　戦艦一隻（既報撃破戦艦一隻―炎上大破とありしもの）
撃破　大巡洋艦三隻（大破）、巡洋艦（若くは大型駆逐艦）一隻
撃墜　三機
我方の損害に未帰還五機を加う

○米海軍長官ノックス言明（十一月九日）
過去十日間に米機動部隊は何等損害を受けていない。日本軍は過去十日間にブーゲンビル島ならびにラバウル水域において、連合軍艦船一三〇隻以上（筆者注／発表は六五隻撃沈破）を撃沈したと言っているそうだが、絶対に真相ではない。水上部隊同士の大規模な戦闘については全然聞いていない。

第三次ブーゲンビル島沖航空戦

十月末、ラバウルに進出を命ぜられた母艦部隊一五二機は、相つぐ夜間攻撃のため三日間にすでに四分の一を失った。しかも、幹部搭乗員の死傷が多く、これ以上の損耗は由々しいことになる一歩手前だった。

寸刻の休息もなく超人的な精神力で、迫り来る連合軍の攻勢をささえなければならない海

軍航空部隊の健闘は悲壮そのものだった。海軍省の看板を空軍省に掛け変える、一層のこと陸海軍をやめて、空軍一本にすべきだ――この真剣な叫びが現地から、つなみのように怒濤のように聞えはじめたのは、このころからのことだった。

航空戦の新名称が生まれたのも、この叫びの一つの反響であった。

海鷲三たび大戦果！　この孤軍奮闘のかげに、母艦機の被害は累積七〇パーセント内外となり、搭乗員の損失も五〇パーセントに達した。

米海上兵力に痛撃を与える絶好の機会を見て、なけなしの母艦機をはたいて、陸上基地に繰り出した今度の作戦（3号作戦）も、戦果よりも損害の方が大きかつた。

○大本営発表（昭和十八年十一月十三日十六時）

一　帝国海軍航空部隊は十一日昼夜間に亙り悪天候を冒し「ブーゲンビル」島南方海面に於て敵機動部隊を捕捉攻撃し左の戦果を得たり

撃沈　巡洋艦（若は大型駆逐艦）一隻（轟沈）

撃破　戦艦一隻（中破）、大型航空母艦二隻（小破）、大型巡洋艦一隻（大破炎上）、巡洋艦（若《もしく》は大型駆逐艦）三隻（大破炎上）、駆逐艦一隻（大破炎上）、撃墜二機

我方の損害　自爆未帰還合計三〇機

〔註〕本航空戦を第三次「ブーゲンビル」島沖航空戦と呼称す

二　帝国海軍航空部隊並に海上部隊は十一日「ラバウル」に来襲せる敵約二百機を邀

撃し其の七十一機を撃墜せり
本戦闘に於て我方損害駆逐艦一隻沈没、巡洋艦一隻小破、未帰還一〇機なり

	艦種	兵力	発表損害	実際	艦名
日	巡洋艦			(11)(1)	阿賀野(大破)、夕張
	駆逐艦			1 (1)(2)	涼波(沈没)、浦風、長波、海風
	飛行機	55	30	35	
米	空母	5	(2)		
	戦艦		(1)		
	巡洋艦 重	2	(1)		
	巡洋艦 軽		(2)		
	駆逐艦	6	1 (2)		
	飛行機	200	2	39	

米側の公式資料には次のように記録されている。

「十一月十一日、二隊の米空母部隊が再びラバウルを空襲し、またこの日ソロモン基地から発進したB―24約四〇機の攻撃も、これにひき続いて行なわれた。

空母機は駆逐艦涼波を撃沈し、他にも数隻に損傷を与えたが、しかし目標地区上空の悪天

候のため、当然与え得るはずの損害は思いのほか少なかった。引揚げの際、日本機約一二〇機が米空母機を追撃してきたが大損害を受けて撃退されてしまった」

発表と実際との比較は前表のとおりである。

第四次ブーゲンビル島沖航空戦

○大本営発表（昭和十八年十一月十四日十五時）
帝国海軍航空部隊は十一月十三日未明「ブーゲンビル」島南方海面に於て敵機動部隊を捕捉攻撃し左の戦果を得たり
撃沈　大型巡洋艦一隻（轟沈）、巡洋艦一隻（轟沈）、駆逐艦一隻
撃破　戦艦一隻（大破）、中型航空母艦一隻（大破）
我方の損害　未帰還二機
〔註〕本航空戦を第四次「ブーゲンビル」島沖航空戦と呼称す

中型空母一隻大破の発表について報道部は〝報道に慎重、正確を期するわが大本営は、前線よりの報告に撃沈との断定なきため、一応そのまま公表、総てを続報に待つ良心的態度〟を明らかにした。そして新聞はそのあとを受けて、「確聞する所によれば、この敵の空母の沈没については、疑う余地がない」ことを付言した。しかしながら、戦後の調査では、沈没

はおろか、かすり傷一つおっていない。すでに何処かが狂い始めていた。

第五次ブーゲンビル島沖航空戦

この戦闘の発表も、戦闘詳報に基づき大変な大戦果となり、わずか五機の損失で空母三隻を含む軍艦七隻を抹殺した、という戦果は、たしかに真珠湾攻撃以上であった。

○大本営発表（昭和十八年十一月十七日十六時三十分）
帝国海軍航空部隊は十一月十七日未明「ブーゲンビル」島南方海面に於て敵機動部隊を捕捉攻撃し左の戦果を得たり
轟沈　大型航空母艦一隻
撃沈　中型航空母艦二隻、巡洋艦三隻、大型軍艦（艦種不詳）一隻
我方の損害　未帰還五機
〔註〕本航空戦を第五次「ブーゲンビル」島沖航空戦と呼称す

「夜空を衝いて猛然急襲、海鷲百戦錬磨の神技、出撃空母集団完全潰滅」と謳われたのも無理はない。新聞は発表の内容をいかに適切に表現するかをその生命としているのだから、戦果が途方もないものであったとしても、新聞の解説を責めるわけには行かない。

珊瑚海海戦のとき、アメリカの油槽船ネオショーと、一本煙突の駆逐艦シムスを、航空母

艦一隻、巡洋艦一隻として報告すると同時に、三六機の日本海軍攻撃機が飛びかかった。「多分今度もまた、その類だったらしい。敵の機動部隊が頭の中に始終こびりついていると、図体の大きな船はみな空母に見えるらしい。その目撃したものを過大評価するのは免れ得ない、戦場心理の一つの表われである。そしてそれは決して日本軍だけではなかった」と戦後アメリカの戦史家は言っている。

アメリカ側の記録では、当日この海面には、空母は一隻もいなかったことは明白である。この海戦は、目標を誤認した上に、ごていねいにとんでもない架空の戦果を収めたと信じた好例である。

○キング元帥報告書
十一月十七日、日本機はトロキナに向うわが船団を攻撃し、駆逐艦マッケーンが一隻沈んだ。

第六次ブーゲンビル島沖航空戦

○大本営発表（昭和十八年十二月五日十五時）
帝国海軍航空部隊は十二月三日夕刻「ブーゲンビル」島南方海面に於て敵機動部隊を捕捉攻撃し左の戦果を得たり

撃沈　航空母艦三隻（内二隻轟沈）、戦艦一隻（若は大型巡洋艦）、大型巡洋艦一隻
撃破　戦艦一隻（大破炎上）、大型巡洋艦一隻（撃沈概ね確実）、駆逐艦一隻（撃沈概ね確実）
我方の損害　未帰還一〇機
〔註〕本航空戦を第六次「ブーゲンビル」島沖航空戦と呼称す

十二月三日、敵機動部隊は再びブーゲンビル島沖に現われた。我航空部隊は三〇隻からなるその一群に攻撃を加え、五隻を撃沈し、三隻を大破したと報告した。発表は前記の本文に、「海鷲薄暮の強襲により、又もや新出撃の敵空母群を潰滅させた」と解説がついた。

しかし、敵機動部隊は残念ながら、健在であった。

かくして、六回にわたるブーゲンビル島沖航空戦は終わりを告げた。日本側は必死の善戦にもかかわらず、ただ紙上の勝利を得たに過ぎなかったのである。

そしてアメリカは、発表では出撃のたびに潰滅しながら、十一月末までに約一七〇隻の輸送船がタロキナに、海兵一個師団と陸軍一個師団、物資五〇万トンを揚陸した。米軍のブーゲンビル島の確保はここに決定的となりラバウルは風前の灯のような危険にさらされることになった。

十月二十七日以来、十二月三日までにブーゲンビル島方面のわが発表戦果と、敵に実際に与えた損害は次の表のとおりである。

区分	戦果			損害		
	撃沈	撃破	計	沈没	損傷	計
空母	8	(3)	11			
戦艦	4	(3)	7			
戦艦(又は重巡)	1	1				
巡洋艦	16	(13)	29		(2)	2
巡(又は大型駆)	4	(8)	12			
大型軍艦	1		1			
駆逐艦	8	(5)	13	1		1
輸送船	13	(7)	20			
(計)	55	(39)	94	2	(2)	4
飛行機	576	(16)	592	138	7	145
	(撃墜)			(自爆)		

以上見るとおり発表戦果が膨大であるにかかわらず、実際に与えた損害はわずかに駆逐艦

一隻沈没（マッケーン）、巡洋艦二隻損傷である。これに反して、日本側は巡洋艦一隻（川内）と、駆逐艦二隻（初風、涼波）が沈没し、七隻の巡洋艦と一隻の駆逐艦が損傷をうけた。

更に飛行機について言えば、敵側に与えた損害はせいぜい発表の五分の一程度に過ぎないのに対し、わが方は発表の二倍に達していることは確実である。

ラバウルに進出以来、約半月間に母艦機の消耗だけで一二〇機以上であった。これに基地航空機を入れると三〇〇機以上の全損害に対し、発表されたブ島沖航空戦の喪失は、わずかに七二機に過ぎない。

この数字の開きは、すでに日本側に次の敗北を約束するものを含んでいた。アメリカの著名な軍事記者が「戦争中に敵に与えた損害を過大評価することは大まちがいである」と言っている。たしかにそうであるが、間違いであるだけでなく、非常に危険というべきであろう。

ギルバート諸島沖航空戦

ブーゲンビル島方面の戦勢が決定的となり、日本軍のマーシャル方面の航空兵力が手薄になると、アメリカ軍の攻撃は太平洋中央進攻路の起点であるギルバートに向けられた。

敵の有力部隊はマキン、タラワに砲撃を加え、一部兵力は十一月十九日に上陸を開始した。二十二日以後二十九日まで、わが基地航空部隊は全力をあげて、延一〇五機で第一次から第四次まで、敵海上部隊やその陣地を攻撃した。

発表は四回にわたり、延々と七三〇字におよぶものであった。その長さから言えば、海空戦の部ではブーゲンビル島沖航空戦につぐものである。

発表の内容をひろって見ると次のとおりである。


〈第一次〉

空母一、駆逐艦一を轟沈、三空母、戦艦一も大破、撃墜百二十五激闘続く。大破空母二、沈没確実―両指揮官機体当り。

〈第二次、第三次〉

敵空母集団を猛撃し、四隻轟撃沈、一隻大破、巡艦三隻も屠る。太平洋の血戦愈々熾烈。

〈第四次〉

海鷲又もや大戦果。大巡等二隻を撃沈破、空母二隻轟撃沈す。薄暮、敵機動部隊を猛攻、弾幕下反復雷撃、大渦残し空母瞬時に藻屑。


これらの発表に対して、アメリカ側はただ次のように記述されているだけである。

○キング元帥報告書
「敵の空撃もあったが、わが航空部隊はこれを撃攘した」

○大本営発表（昭和十八年十一月二十三日十五時）
「ギルバート」諸島方面今尚激戦中にして特に「タラワ」島に於ては上陸点附近を中心とし激闘行われつつあり十九日以降海軍航空部隊並に地上部隊に依り得たる戦果左の如し
一　海軍航空部隊によるもの
撃沈　中型航空母艦一隻（轟沈）、駆逐艦一隻（轟沈）
撃破　大型航空母艦二隻（大破、内一隻は沈没の算大なり）、中型航空母艦一隻（大破沈没の算大なり）、戦艦（若くは巡洋艦）一隻（大破炎上）、輸送艦一隻（大破炎上）
撃墜　三十六機（内不確実三機）
二　地上部隊によるもの
撃墜　八十九機（内不確実二十二機）
我方の損害　自爆未帰還合計十五機
○大本営発表（昭和十八年十一月二十九日十五時）
「ギルバート」諸島方面其の後の戦況左の如し
一　帝国潜水艦は二十五日未明「マキン」島西方海面に於て敵航空母艦一隻を攻撃し之を大破（沈没概ね確実）せしめたり

二　帝国海軍航空部隊は二十六日夕刻「ギルバート」諸島西方海面に於て敵機動部隊を攻撃し航空母艦二隻を撃沈（内一隻轟沈）せり
我方の損害　未帰還一機なり
〔註〕本航空戦を第二次「ギルバート」諸島沖航空戦と呼称す
三　帝国海軍航空部隊は二十七日夕刻「ギルバート」諸島西方海面に於て更に来襲し来れる敵機動部隊を攻撃し左の戦果を得たり
撃沈　航空母艦二隻（内大型航空母艦一隻轟沈）、巡洋艦二隻
撃破　巡洋艦（若くは戦艦）一隻（大破炎上）
我方の損害　未帰還機五機なり
〔註〕本航空戦を第三次「ギルバート」諸島沖航空戦と呼称す
四「タラワ」島及「マキン」島の戦況に就ては同島守備部隊との連絡絶え状況詳かならざるも「タラワ」島に於ては尚激戦続行中のものの如く海軍航空部隊は同島敵陣地を連続爆撃中なり
〔附記〕既報二十二日の「ギルバート」諸島西方海面に於ける航空戦を第一次「ギルバート」諸島沖航空戦と呼称す
○大本営発表（昭和十八年十二月一日十五時）
帝国海軍航空部隊は十一月二十九日薄暮「ギルバート」諸島東方海面に於て敵機動部

隊を攻撃し左の戦果を得たり
撃沈　航空母艦二隻（内一隻轟沈）、艦種未詳一隻
撃破　大型巡洋艦一隻（大破炎上）
我方の損害　未帰還六機
〔註〕本航空戦を第四次「ギルバート」諸島沖航空戦と呼称す

発表と実際の比較は次表のとおり。

	艦種	兵力	発表損害	実際	艦名
日	飛行機		27	53	
米	空母		7〔4〕		
	戦艦		〔1〕		
	重巡		〔1〕		
	軽巡		3〔2〕		
	艦型未詳		1		
	駆逐艦		1		
	輸送船		〔2〕		
	飛行機		25		

マキン、タラワ

〝敵果然、中央進攻を企て、マキン、タラワ両島に一部上陸、目下激戦中〟

〝激闘続く〟〝守備隊と連絡杜絶〟

〝十一月二十五日最後の突撃を敢行、全員玉砕せり〟

こうして四回の発表は終わり、太平洋戦における最大の苦戦の後、ギルバート諸島中の要衝マキン、タラワはアメリカの手中に落ちた。

マキンは七百名のわが守備隊に対して、六千名の米軍隊が三日間を費して奪取した。タラワの方は日本軍守備隊はすでに撤退したと思いこんで、多分鼻唄交りで、第二海兵師団の精鋭が乗りこんだ。三千トンの砲爆弾を送り込んだ後だった。ところが、その抵抗の猛烈だったことは歴戦のマリンたちも舌をまいた。

〝賞嘆に値する剛勇〟で日本の海軍陸戦隊は戦い抜いた。北部戦闘兵の設営隊二千名（半数は韓国人）も勇戦奮闘して、火焔放射器の白熱の爆風さえ恐れなかった。

日米双方の選り抜きの戦士たちの間に、七六時間の血戦がつづいたあと、三千名のうち十七名の止むを得ない捕虜以下は全員玉砕して相果てた。アメリカ側の戦死傷は実に三、三〇〇名を越えたのである。

この言語に絶した善戦にもかかわらず、ギルバートの死守はならなかった。〝日本に対し決定的攻勢をとる必要な戦略上の要点〟は、こうして敵手に落ちた。

〝タワラの恐怖〟はもはや消え去って、激戦の跡には爆け残った椰子の樹が電信柱のようにならんでいた。

○大本営発表（昭和十八年十二月二十日十五時十五分）
「タラワ」島及「マキン」島守備の帝国海軍陸戦隊は十一月二十一日以来三千の寡兵を以て五万余の敵上陸軍を邀撃、激烈執拗なる敵機の銃爆撃及艦砲射撃に抗し、連日奮戦、我に数倍する大損害を与えつつ敵の有力なる機動部隊を誘引して友軍の海空作戦に至大の寄与をなし、十一月二十五日最後の突撃を敢行、全員玉砕せり指揮官は海軍少将柴崎恵次なり尚両島に於て守備部隊に終始協力奮戦せし軍属約一千五百名も亦全員玉砕せり

グリーン島とエニウェトク

太平洋戦は約一〇〇回のマキン、タラワのような水陸両用作戦で組立てられている。更にこれを分けると、四十四回の×日（日本側の上陸日の呼称）と、五十九回のDデー（連合国側の上陸日の呼称）からなり立っているのである。前者は日本の進撃期間（九カ月間）後者はアメリカ側の反攻期間（二カ年）に行なわれたことは当然である。

これらの上陸作戦のうち、大本営発表で取りあげられないものが一四回ある。その理由は、別に取り上げる必要を認めないほど小さなものであったからである。

ただし、例外がある。グリーン島とエニウェトクの玉砕である。この両島の玉砕が、マキン、タラワの玉砕と時期が同じであったためと、当時状況が全く不明であったため、空しく埋もれることになった。

エニウェトク守衛隊は指揮官青山英夫海軍大佐、兵力三、四〇〇名。グリーン島守備隊は和田久馬海軍大尉以下約一〇〇名であった。

マーシャル諸島沖航空戦

昭和十八年十二月五日、二群の機動部隊がマーシャル群島を攻撃した。これがマーシャル攻略戦の皮切りだった。ハワイ以西の進攻路を確保するための最初の飛石として、特にクェゼリンはアメリカ側にとって必要な攻略目標であった。

○太平洋艦隊長官ニミッツ声明（一九四三・一一・一八）

日本軍は中部太平洋水域で近く米軍の大攻勢を覚悟しなければなるまい。われわれはマーシャル、ギルバート両群島を制圧するため、米軍を上陸させることが絶対必要だと考えている。

アメリカはニミッツ提督の予告どおりにやってきた。

この最初の攻撃はれいれいしく名称をつけられるほどのことはなかった。日本側の戦果はほとんどあがっていなかったのである。

太平洋戦争もついに二年目を迎えた。

その贈りものとして、この海戦が選ばれたわけであるが、中身はお恥ずかしい位貧弱であった。実の所、十一月はじめからの航空戦の連続で、発表側でも受ける方の側でも、いささか持て余し食傷気味であった。戦果に対する不感症も、この頃は大分昂進していたと言える。

○大本営発表（昭和十八年十二月六日十六時）
一　十二月五日朝敵機動部隊の艦載機約百機「マーシャル」諸島の我基地に来襲せるも所在帝国海軍航空部隊守備隊並に海上部隊は之を邀撃し其二十機を撃墜せり我方地上に於て若干の損害あり
二　帝国海軍航空部隊は同日夕刻「マーシャル」諸島北東海面に於て右機動部隊を捕捉攻撃し之に壊滅的打撃を与えたり本戦闘に於て得たる戦果次の如し
撃沈　中型航空母艦一隻（轟沈）、大型巡洋艦一隻（轟沈）
撃破　大型航空母艦一隻（撃沈概ね確実）、巡洋艦一隻（撃沈概ね確実）
我方の損害　未帰還六機
〔註〕本航空戦をマーシャル諸島沖航空戦と呼称す

クェゼリンの玉砕

ギルバート諸島が占領されたあと、中央進攻路の最初の飛石として、世界最大の環礁——クェゼリン島マーシャル諸島が選定された。

> ○大本営発表（昭和十九年一月三十一日十六時）
> 一月三十日朝来有力なる敵部隊「マーシャル」諸島に来襲し同方面の帝国陸海軍部隊は之を邀撃激戦中なり

この攻撃は明らかに日本軍の不意をついたものだった。当時、連合艦隊は米軍の主反攻は依然ラバウル方面にくるものと判断していたし、マーシャルに来るとしても、まず南部マーシャルに来攻するものと考えていた。ところが、突然、マーシャルにおける日本軍の心臓部で北部のクエゼリン、ルオットの両島に進攻して来た。

米軍二個師団が四〇〇隻の水陸両用装甲車で殺到してきた。上陸前には一万五千トンの砲爆弾（タラワの五倍）が、三五〇機以上の空母機によって叩き込まれた。上陸援護には沖合の戦艦、巡洋艦、駆逐艦から砲艦まで加わって、物凄い艦砲射撃が実施された。捕虜になった一〇〇名が、全部この〝大騒音の贈り物〟で気絶していたことからも、その猛烈さが想像できよう。

四、五〇〇名の守備隊員は〝士気旺盛、敵撃滅に邁進す〟の発信を最後に、白い珊瑚礁を紅に染めて全員玉砕し、軍属は運命を共にした。内一六五名の韓国人が捕虜になった。この戦闘で、音羽正彦少佐（朝香宮第二王子）が参謀として奮戦ののち戦死した。
なお、エニウェトクの守備隊も、圧倒的な兵力と物量の前に二月十七日、全員玉砕し、マーシャル諸島作戦は終わりを告げた（このエニウェトクの玉砕が発表されなかったことは前述のとおりである）。

〇大本営発表（昭和十九年二月五日十一時）
一「マーシャル」諸島方面其の後の戦況左の如し
（一）敵は航空母艦、戦艦を基幹とする有力なる機動部隊と基地航空部隊とを以て一月三十日連続「ルオット」、「クェゼリン」、「ウオッゼ」、「マロエラップ」「ブラウン」其他「マーシャル」諸島全域に亙り砲撃を行い来り、二月一日には、「クェゼリン」及「ルオット」島に上陸せり
（二）所在帝国海軍航空部隊並に陸海軍守備部隊は全力を奮って此の敵を邀撃し、二月一日迄に、敵機五二機を撃墜、二四機を撃破、駆逐艦二隻を撃沈、巡洋艦、駆逐艦各一隻を炎上せしめたり
（三）「クェゼリン」及「ルオット」島に於ては所在陸海軍守備部隊の勇戦奮闘に依り上陸し来れる敵の一部を撃退する等、激闘を続け守備地域を確保しあり

二「ソロモン」諸島方面に於ては其の後連日多数の敵機「ラバウル」に来襲し所在帝国海軍航空部隊並に陸海軍守備隊は之を邀撃し
（一）一月二十九日には午前二回に亙り来襲せる敵機二五七機中三九機（内不確実一七機）を撃墜せり、我方未帰還五機
（二）一月三十日には午前二回に亙り来襲せる敵機約二九〇機中六三機（内不確実一九機）を撃墜せり、我方未帰還一機
（三）一月三十一日には午前来襲せる敵機約一八〇機中一四機（内不確実四機）を撃墜せり、我方未帰還二機

〇大本営発表（昭和十九年二月二十五日十六時）
「クェゼリン」島並に「ルオット」島を守備せし約四千五百名の帝国陸海軍部隊は、一月三十日以降来襲せる敵大機動部隊の熾烈なる砲爆撃下之と激戦を交え、二月一日敵約二ケ師団の上陸を見るや之を邀撃し勇戦奮闘敵に多大の損害を与えたる後二月六日最後の突撃を敢行、全員壮烈なる戦死を遂げたり
「ルオット」島守備部隊指揮官は海軍少将山田道行にして「クェゼリン」島守備部隊指揮官は海軍少将秋山門造なり　尚両島に於て軍属約二千名も亦守備部隊に協力奮戦し全員其の運命を共にせり

マーカス岬の反撃

中部太平洋でギルバート諸島、マーシャル諸島中の日本軍の拠点を、圧倒的な物量で押しつぶした連合軍は、南太平洋正面では、ダンピール海峡両側の日本軍基地を占領して、ソロモン海から中部太平洋方面への突破口を作ろうとした。

○大本営発表（昭和十八年十二月十八日十六時）
一、我守備隊は十二月十五日以来ニューブリテン島マーカス岬附近に上陸せる一部の敵を邀撃激戦中なり
二、十二月十五日未明敵輸送船団のマーカス岬に近接中なるを発見せる帝国海軍航空部隊はこれをマーカス岬沖海上に於て邀撃爾後反覆痛烈なる攻撃を加えて左の戦果を収めたり
（イ）第一次攻撃（十二月十五日早朝）
一、敵に与えたる損害
撃沈　大型輸送船一隻、小型輸送船三隻、上陸用舟艇三十隻以上
撃破　大型巡洋艦一隻（沈没概ね確実）、小型輸送船一隻（沈没概ね確実）
右輸送船並に上陸用舟艇は何れも上陸前にして兵員を満載しあり
二、我方の損害　未帰還三機

（ロ）第二次攻撃（十二月十六日午後）

一、敵に与えたる損害

撃沈　大型上陸用舟艇一隻、上陸用舟艇二十隻以上

撃破　特殊輸送船二隻（炎上大破）、大型上陸用舟艇一隻（炎上大破）、上陸用舟艇多数（炎上大破）

撃墜　五機

右輸送船並に上陸用舟艇は何れも上陸前にして兵員を満載しあり

二、我方の損害　未帰還三機

（ハ）第三次攻撃（十二月十七日早朝）

一、敵に与えたる損害

撃沈　小型輸送船一隻、海上トラック一隻、大型上陸用舟艇四隻、上陸用舟艇数隻

撃破　小型輸送船二隻（炎上大破）、海上トラック一隻（炎上大破）、大型上陸用舟艇二隻（炎上大破）

撃墜　八機

二、我方の損害　未帰還四機

尚十二月十六日には夜間攻撃を行い相当の損害を与えたるも夜暗の為確認するに至らず

三、帝国海軍航空部隊は十二月十七日早朝ラバウルに来襲せる敵機約四十機を邀撃しそ

の十八機を撃墜せり、我方の損害未帰還二機

この「詳細」な戦果発表に対して、現実はトラックからの飛行機の増援約六〇機も、またたく間に消えてしまうような、激しい航空部隊の消耗が起こっていた（細部後述）。

ニューブリテン島西部の防備は、第六十五旅団の担任だった。松田旅団長は近くのブッシングから一個大隊を増援したので、マーカス岬正面は総計約二個大隊になった。この兵力で優勢な海空からの支援を持つ米軍一個連隊の上陸部隊に対戦したのだった。

ところが、前掲発表の第三項にあるように、ラバウルの爆撃を連合軍が強化した。そのため海軍航空隊は二十二日以後は、ラバウルの防空戦に忙殺されて、マーカス岬に対する支援攻撃は夜間少数機をさくだけしかできなくなった。

○大本営発表（昭和十八年十二月二十八日十六時）
一、我守備隊は十二月二十六日以来「ニューブリテン」島「グロースター」岬の東西両岸に上陸せる敵を邀撃激戦中なり
二、帝国海軍航空部隊は十二月二十六日正午「ボルゲン」湾の敵輸送船団を強襲し左の戦果を得たり
撃沈　大型巡洋艦二隻、大型輸送船二隻
撃破　大型輸送船三隻（撃沈概ね確実）

撃墜　二〇機（内不確実五機）
我方の損害　未帰還一七機
三、帝国海軍航空部隊は十二月二十七日早朝「マーカス」岬附近の敵舟艇及陣地を攻撃し左の戦果を得たり
撃沈　特殊輸送船二隻（兵員満載）、魚雷艇二隻
撃墜　一八機（内不確実四機）
爆砕炎上　三ケ所
我方の損害　未帰還七機
四、帝国海軍航空部隊は十二月二十七日午前「ラバウル」に来襲せる敵機約五〇機を邀撃し、其の二三機（内不確実八機）を撃墜せり、我方の損害未帰還六機

この発表の第一項が、ツルブ（グロスター岬）連合軍上陸の第一報である。

陸海軍航空部隊は発表のとおり即日反撃を行なったが、二十七日以降は前述のラバウル空襲がいよいよ激しくなり、海軍航空は釘付けになり、陸軍航空は爆撃機のほとんど全部を失い、二機を残すのみとなった。

松田部隊は敵の上陸と同時に直ちに水際に邀撃したが、連合軍は遂に橋頭堡陣地を獲得した。同部隊の第二次攻撃は十九年一月三日から開始された。

○大本営発表（昭和十九年一月五日十五時三十分）
一、（筆者略／グンビ岬の件、後掲）
二、（筆者略／フィンシュハーヘンの件、前出）
三、「ニューブリテン」島西部「マーカス」岬及「グロースター」岬附近の我部隊は引続き該地附近に上陸せる計一箇師団強の敵を力攻中なり

松田部隊の力闘も、一月中旬になると致命的な弾薬糧食の欠乏という条件が表面化し、逐次形勢が不利になってきた。

今村大将はこの方面に対する今後の補給確保の手段がないことから、一月二十日西部ニューブリテン確保作戦を断念、現地部隊に中部ニューブリテンに撤収すべきことを命じた。

松田部隊は一月二十三日、東方に向かって後退を開始し西部ニューブリテンは完全に敵手に落ちた。この件は例によって、大本営発表にとり上げられていない。

アドミラルティ諸島の失陥

東部ニューギニアのフィンシュハーヘン、西部ニューブリテン島のツルブ、マーカスを攻略した連合軍は、ダンピール海峡の両側を確保したことになる。

そこで、更に海峡の北に位置するアドミラルティ諸島を占領すれば、中部太平洋への通路

が完成する。特に同群島は良好な艦隊の泊地があり、群島東端のロスネグロス島には、ラバウルと東部ニューギニア間の中継飛行場がある。次のように連合軍の見逃すはずがなかった。

○大本営発表（昭和十九年三月十一日十六時三十分）
一、「ニューギニア」島に於ける其後の戦況次の如し
イ　昨年末「フィンシュハーヘン」附近より「カラサ」西北方地区に集結せる我部隊は爾後殆ど敵の追躡を受くることなく更に「グンビ」岬南方を経て三月上旬「マダン」附近に集結を完了し態勢整理中なり
ロ「グンビ」岬附近及「マダン」南方地区の我部隊は優勢なる敵の出撃を撃砕し撤退部隊の収容の任を完うすると共に敵に大なる損害を与えつつあり
ハ　該方面に於る一月初頭より現在迄の戦果次の如し
　敵に与えたる損害
人員約四千名（内遺棄死体約千八百）、飛行機撃墜破三百八十一機、魚雷艇撃沈破十二隻
　我方の損害
戦死及戦病死約九百五十名　飛行機八十八機
二、有力なる敵部隊は二月二十九日「アドミラルティ」諸島中の「ロスネグロス」島に上陸、爾後逐次兵力を増強中にして同島の我部隊及航空部隊は之を邀撃し、連日激戦

中なり

ロスネグロス島は第五十一師団の輜重兵連隊長が指揮して防備していた。連合軍はその一部を、その日実力捜索のつもりで上陸させたのである。ところが、日本軍の反撃が弱いことを知って、主力が船団上陸してきた。

日本航空部隊の反撃は、天候の関係で戦果を上げることができなかった。守備部隊は敵の上陸を許したあとも再三夜襲を敢行したが、三月五日の夜襲を最後に攻撃力を失い、外部との連絡を絶った。戦後の資料では、日本軍守備隊は邀撃戦に転じて、三月二十五日ころまで戦闘を続けたようである。だが、ロスネグロスの名が出た大本営発表は、前掲のものが、最初で最後である。

ラバウル航空撃滅戦

ラバウルを包囲攻撃してこれを無力化し、孤立させるためにアメリカ側が三五〇機の大編隊を繰り出したのは、昭和十八年十月十二日のことだった。

この航空兵力は、ケニー陸軍中将指揮下の陸軍航空部隊であった。約一カ月後（十一月五日以後）ラバウル攻撃の任務は、ハルゼー大将麾下の母艦群と、海兵隊の航空部隊によって引きつがれた。

そしてこの攻勢は更に強化されて、十二月十七日の第一回戦闘機旋風と呼ばれる攻撃から、その航空撃滅戦が開始された。その後、ほとんど連日、二カ月間四〇回にわたってつづいた。それこそ鳥の啼かぬ日はあっても、ラバウルに空撃のない日はないくらいであった。正月もなかった。ただ年末三日間だけが休みだった。クリスマスの日もやってきた。従って東京の発表関係者も休みどころの騒ぎではなかった。

火の気もない薄暗い作戦室で、応接のいとまのない敵機の来襲状況を説明する、報道部の航空主務参謀の声は沈痛で低く、目ばかりぎょろぎょろ光っていた。

こうして、この激烈な消耗戦の様相を帯びて、南海の空に展開されたラバウル航空戦の発表は、四〇回を越えた。その中には基地特電一〇回以上を含んでいる。前に触れたように、この基地特電というのは出所は戦闘詳報であり、大本営発表にするほどのことはないものを、この形式で発表することにしたものである。

当時、アメリカ側はソロモン群島方面に七〇〇機を常置、北部ソロモンで二〇〇機を常用していたのに対して、日本側は十九年一月以降一〇〇機以上のことは数日間に過ぎなかった。最も少ないときには、わずか三〇機という日もあったのである。

十九年一月二十五日、虎の子の艦載機（艦戦六九、艦爆三六、艦攻二七）が、涙をのんでラバウルに投入されたが、一カ月もたたないうちに、一〇〇機近くを消耗してしまった。

四カ月間に来襲した敵機数は延七、六六一機に及び、二、〇〇〇機に近い戦果を挙げた、と発表されたが、実際は四〇〇～五〇〇機であったものと思われる。

わが方の損害は二三六機と発表された。しかし、実際の損耗は五九〇機（発表の約二倍半）

に達していた。これは空戦による被害（三二パーセント）の外に地上被爆空輸事故等による損耗が約二倍にもなるからである。

この取って置きの母艦機の損失は、搭乗員の喪失とともに、その後翼のない海軍となりさがり、みじめな敗北を重ねなければならない主因となったのである。

二月二十日、海軍航空部隊はラバウル撤収の命令をうけ、その時残存していた艦載機四六機が、十万の友軍を同地に残したまま、うしろ髪を引かれる思いで、飛行場を飛立って行った。

発表の一例を上げれば、次のとおりである。

○大本営発表（昭和十八年十月十五日十五時三十分）
十月十二日午前敵機約二百、「ニューブリテン」島「ラバウル」に来襲せるも我海軍航空部隊及陸海軍地上部隊は之を反撃撃退せり本戦闘に於て
一、敵に与えたる損害
空戦により撃墜八機、撃破四機、地上砲火により撃墜五機
二、我方の損害
飛行機　自爆及炎上十五機
船　舶　沈没一隻

○ラバウル特電（昭和十九年二月二十二日）
敵のラバウルに対する航空侵攻は依然熾烈に進められ十八、九の両日にも計約三百三十機に上る敵機の来襲を見た。同方面守備の我が陸海軍部隊はこれを邀撃計三十八機を撃墜、八機を撃破した。我方の損害十一機の外、地上に軽微な損害を出した。

トラック大空襲

米軍が太平洋戦での苦戦の一つに数える、マキン、タラワを攻略し更にクエゼリンを手中に収めたあと、中央進攻路の次の目標が何処に延びてくるかは、日本側の最大関心事だった。かねてトラックの危機を予想していたわが作戦部は、連合艦隊の主力艦隊を二月十五日パラオまで後退させた。あとには巡洋艦以下五〇隻ばかりの艦船が、在泊していた。

ところが、そのあとがいけなかった。日本の真珠湾ともいえる、このトラック基地は哨戒偵察飛行の手ぬかりがあったため、七〇隻以上の強大なアメリカ快速機動部隊の艦載機群のしたたかな痛打を、二日間（二月十七、十八日）にわたって、まんまと浴びせられてしまった。開戦以来の長夜の夢も、一瞬に破れさったのである。

そのころ、古賀長官坐乗の「武蔵」は、虎口を逃れて悠々と横須賀に向けていた。しかし、事態は日本にとって正に重大であった。被害詳報が着いたとき、大本営は深い驚愕と憂色にとざされた。

トラックはこのとき戦略的価値と、根拠地としての機能を一挙に失ってしまったのである。関係者は足元の地面がくずれる思いだった。反対にアメリカ側にとっては、この快報は真珠湾攻撃の時受けた米国海軍の負債に対する、一部報復として特に一般の満足を得たものであった。

我方の損害は潰滅的であった。ミッドウェー海戦につぐ大損害である。作戦部は対策に頭を痛めた。巡洋艦二隻を含む艦艇一〇隻、二万三千トン。油槽船六隻外一二隻以上の船舶一九万トンが一挙に失われた。そして、更に不運なことは、艦隊の命の綱である重油タンクや莫大な軍需品の山が、跡形もなく焼失したのである。

○大本営発表（昭和十九年二月十八日十六時）
二月十七日朝来敵は有力なる機動部隊を以て「トラック」諸島に反覆空襲し来り、同方面の帝国陸海軍部隊は之を邀撃激戦中なり

○大本営発表（昭和十九年二月二十一日十六時）
トラック諸島に来襲せる敵機動部隊は同方面帝国陸海軍部隊の奮戦に依り之を撃退せり、本戦闘に於て敵巡洋艦二隻（内一隻戦艦なるやも知れず）撃沈、航空母艦一隻及軍艦（艦種未詳）一隻撃破、飛行機五四機以上を撃墜せしも、我方も亦巡洋艦二隻、駆逐艦三隻、輸送船一三隻、飛行機一二〇機を失いたる他、地上施設に若干の損害あり

最初起案した「甚大」な損害が、「相当」になり「若干」にきまり、輸送船や飛行機の被害が半分になるまでに、発表文は例の如く真赤に消されて原形を留めなかった。巡洋艦二隻だけが、原案どおりに残った位のものである。

あまり当てになりそうにもない戦果が、案外大きかったので、発表は一応恰好がついて、発表は前掲のようになった。

新聞は、〝トラックの我軍奮戦、陸海一体の猛攻奏功敵機動部隊を撃退、空母、巡艦等四、敵機五四以上屠る〟と見出しをつけた。これではまるで勝利の報道だった。うっかりすると、軍艦マーチでも鳴り出し兼ねない有様だった。

日本側の発表に反して、アメリカ側の発表は、むしろ実際に与えた損害——一回に出した損害としては、太平洋戦争中それまでのうち最大のもの——よりも大分控え目であった。しかし、このころから日本側に与えた損害が、具体的に確信をもって発表されはじめたことは、一つの注目すべき変化であった。

今や快速空母九隻を基幹とする三群の強力な機動部隊を整備するに至った米海軍にとっては、巡洋艦二隻位の戦果は大して騒ぎ立てるほどのものでなかったのかも知れない。

○米太平洋艦隊司令部発表（二月二十日）

一、米軍はトラック島攻撃において、日本軽巡二隻、駆逐艦三隻、輸送船十一隻を撃沈した。
二、米軍は飛行機十七機を喪失し艦船一隻に損害をうけた。
三、トラック島攻撃では提督レイモンド・スプルアンスが作戦の全指揮をとり、空母ホーネットの前艦長マルク・ミッチャーが空母による攻撃の指揮をとった。

ニューヨーク・タイムズ紙は、この時の社説で、「日本艦隊はなお強力であり、それが米艦隊との接触を望んでいないと見るのは早計だ。必ずや日本艦隊は何所かに集結され、一戦を待っているのであろう」と、楽観論を戒めた。

この社説は、トラックで大損害をうけたのではないかと考える人にいくらかの安心を与えるように、大本営発表の裏付けとして、新聞に掲載するように指示された。

ガ島撤退からラバウル孤立までの海空戦の決算

ガダルカナル争奪戦に敗退してから、トラックの大空襲をうけて、ラバウルが孤立するまでの一年と半カ月。この間に起こった海空戦は六七回（海戦六回、航空戦六一回）に及んでいる。

ビスマルク海戦を皮切りに、六月中旬までにアリューシャンの放棄を決定したアッツ島沖海戦、フロリダ島沖海戦、ニューギニア航空戦、ルンガ沖航空戦が起こった。

七月はじめから三カ月間に、コロンバンガラ島攻防を中心とする四回の夜戦があり、十一

	艦種	兵力	発表損害	実際	艦名
日	巡洋艦		2	2	阿賀野、那珂
	駆逐艦		3	4	舞風、文月、追風、太刀風
	輸送船		13	26	油槽船6 貨物船20
	飛行機		120	180	
	施設		若干	甚大	重油タンク、軍需物資焼失
	死傷			700	
米	空母	9	(1)		
	戦艦	6			
	巡洋艦	10	2 (1)	(1)	
	駆逐艦	42			
	潜水艦	9			
	飛行機	568	54	17	

月には六回のブーゲンビル島争奪をめぐる航空戦が連続したあと、四回のギルバート諸島沖とマーシャル諸島沖航空戦によって更に中央を突破された日本軍は、トラックを衝かれて、四カ月にわたって孤軍奮闘したラバウルも孤立の悲運を甘受しなければならない運命に陥入

った。

この一年間に（昭和十八年二月八日―十九年二月二十日）、この方面で失った艦艇、飛行機は次のように甚大なものであった。

	発表	実際損失	全損失
空母	0	0	3
巡洋艦	2（1）	4（4）	6
駆逐艦	7（1）	28	40
潜水艦	0	21	31
特務艦	0	0	6
飛行機	260	600	800
輸送船	18	50	591

とりわけ、航空搭乗員の消耗はガ島半年のそれを上廻って、すでに底をつき、母艦あれど航空隊なしという現状で、遂に挽回できない日本海軍の致命傷となった。

航空兵力で質量ともに劣った場合、いかに惨憺たる結果に終わるかを、この一年は如実に示したわけである。

第二次タロキナ作戦

○大本営発表（昭和十九年三月二十四日十五時三十分）
「ブーゲンビル」島に於ける我部隊は「トロキナ」（筆者注／タロキナともいう）附近の堅固なる半永久陣地に拠れる約一個師団半の敵に対し三月上旬攻撃を開始し力戦の後敵陣地の一部を奪取、爾後敵の熾烈なる砲爆撃を冒し攻撃続行中なり

この一見従来の攻撃経過の公表と余り差違のない発表の背景に、深い意義が横たわっていた。昭和十九年三月といえば、既に述べたように、ダンピール海峡は突破され、トラック既に無力化して、太平洋戦の主戦場は後方要域に移り、前衛線の戦闘はまさに終わろうとする時期である。

十八年十一月中旬、第一次タロキナ作戦の時、十分準備をととのえ必成を期して攻撃を再興するよう、第十七軍の攻勢計画を、今村大将が中止させたことは前に述べた。

ところが、その後の連合軍の矢つぎ早やの攻勢の結果二月中旬には、ブーゲンビル島とラバウル間の大発輸送さえ途絶えがちで、攻撃準備の諸物資の推進さえ満足に行かない状況になった。

二月十七日のトラック航空支援の望みを、完全に断ってしまった。そして又、マーシャル

諸島の失陥は、タロキナの米軍を攻撃することによって、全般態勢上敵を牽制し得るという、間接的目的すら既に期待し難い状態になってしまっていた。

しかし、ブーゲンビル島の日本軍は、よしんば大勢の挽回は不可能であっても、敵に一撃を加えることによって、少しでも全局の作戦に寄与しようと考えた。坐して餓死するよりは、戦って最後を、と攻撃の途をとったのである。

攻撃は第六師団と第十七師団の一部でもって、昭和十九年三月八日から始まった。最初は戦況は有利に進展した。しかし、陣地の中核、特に戦車と迫撃砲火力の有効に働く地形に出ると、戦力の差はどうしようもなかった。

文字どおり屍山血河の激戦だった。死傷は七千に達した。三月二十日以降、敵は反撃に出てきた。形勢は全く逆転して、かえって敵のために圧迫される状況になった。かくて攻撃成功の希望は消えた。

二十五日、今村大将は第十七軍に攻撃中止の自由を与えた。かくして、第十七軍が勝利か死かと運命をかけたタロキナ攻撃は、今一歩のところで成功を見ずに終わったのである。

二十四日の大本営発表は、第十七軍のこの状況を含んで公表されたものであるが、今まで述べた作戦の実情から、「攻撃続行中なり」と表現するのは、いささか修飾に過ぎると言わなければならない。

いずれにしても、第十七軍の第二次タロキナ作戦は、国防前衛線の最後の一戦といえるであろう。

ニューギニア北岸の死闘

ダンピール海峡を突破して、太平洋方面に対する自由を獲得したマッカーサー陸軍大将の指揮する連合軍は、ニューギニア北岸を経て、フィリピンに向かう大攻勢をいよいよ開始した。

ギルバート、マーシャルを攻略したニミッツ海軍大将指揮下の、中部太平洋進攻軍がマリアナを狙い、ついで西カロリンから共同目標のフィリピン海域に進出しようとしていた時期である。

まず始めに神出鬼没のニミッツ機動部隊の行動関係から述べ、ついで、ニューギニア北岸のマッカーサー大将率いる米軍に対する発表をこれから見て行くこととする。

パラオ大空襲

トラックを追われてパラオに引き下った連合艦隊にとって、ここも長い安住の地ではなかった。

三月三十、三十一の両日、四〇隻以上の三群の有力な機動部隊の母艦機六〇〇機（第一日四五六機、第二日一五六機）がパラオ在泊の艦船に爆弾の雨を降らせた。

「武蔵」以下の決戦部隊は、一日前にトラックの場合と同様に、いち早く難を避けたが、二

○隻（約八万トン）の艦船は一隻残らず沈没又は大損傷を受けた。陸上施設――重油タンク、火薬庫、軍需品倉庫も焼失した。

三隻の艦隊付属油槽艦と工作艦明石の損失は、とりわけ大きな打撃を受けた。この目も当てられない大損害が若干の損害と発表されるまでには、例によって、出そう出さぬの論争があった。

トラックで散々な目にあって、割合に事実に近い数字が発表されたあとで、また二〇隻の損害――半分にしても一〇隻――を出すことは、たしかに国民の士気を沮喪させるものであった。

相当の損害でお茶を濁そうとする空気が強かったが、更に割引きされて「若干」になってしまった。さすがに軽微とは言わなかったが、実際は甚大な損害であった。

○大本営発表（昭和十九年四月四日十五時）

一、三月二十九日有力なる敵機動部隊「カロリン」諸島南方海面に出現、同方面の我航空部隊は之を捕捉三月二十九日夜より四月一日に亘り反覆攻撃を加え巡洋艦二隻を撃沈、戦艦二隻、航空母艦一隻、大型艦一隻其の他を大破若は炎上せしめたるも、敵亦三月三十日より四月一日に亘り、「パラオ」諸島「ヤップ」島並に「メレヨン」島を空襲せり所在我が部隊は之を邀撃し其の約八十機以上を撃墜せるも我方若干の損害あり

二、敵は其の同基地航空部隊を以て「マーシャル」諸島、東カロリン諸島、「ビスマ

ルク」諸島並に「ニューギニヤ」島方面を特に頻繁に空襲せるも所在我部隊は直ちに反撃を加え敵機約六十機を撃墜破し之を撃退せり

実際との比較は次の表のとおりである。

	艦種	兵力	発表損害	実際	艦名
日	駆逐艦		若干の損害	1	若竹
	特務艦			4	佐多、石廊、大瀬、明石
	掃海艇			6	
	輸送船			7	
	飛行機			203	
	死傷			246	
米	空母	10	〔1〕		
	戦艦	6	〔2〕		
	巡洋艦	8	2〔1〕		
	駆逐艦	20			
	飛行機	700	80	25	

古賀長官殉職

パラオ空襲の付録として、日本海軍最高指揮官二度目の戦死はあまりにも重大であった。連合艦隊司令長官古賀峯一大将は三月三十一日午後十時ころ、全局の作戦指導のため、フィリピンのダバオに向かってパラオを出発した。

一番艇には古賀長官以下、二番艇には福留繁参謀長以下が搭乗し夜間飛行を続けてミンダナオ島付近まで進出した。ところが、天候不良のため一番艇行方不明となり、二番艇はフィリピンのセブ島付近の海上に不時着し、福留参謀長以下約一〇名の生存者が陸軍守備隊に収容された。

一番艇はその後、全く消息を断ち、古賀長官以下は殉職と認定された。発表は、約一カ月おくれた五月五日である。

○大本営発表（昭和十九年五月五日十五時）
一　連合艦隊司令長官古賀峯一大将は本年三月前線に於て飛行機に搭乗全般作戦指導中殉職せり
二　後任には豊田副武大将親補せられ既に連合艦隊の指揮を執りつつあり
三　横須賀鎮守府司令長官後任には吉田善吾大将親補せられたり

ホーランジア沖航空戦

輸送船団を伴う有力な敵機部隊は、四月二十一日からニューギニア北岸に出現した。アイタペ、ホーランジアに対する上陸は、二十二日から開始された。

○大本営発表（昭和十九年五月二日十五時）
一　我航空部隊は四月二十七日夜「ホーランデイア」西方沿岸に於て、敵機動部隊を攻撃し、巡洋艦一隻を撃沈、大型艦（航空母艦の算大なり）一隻を撃破せり
二　四月三十日敵機動部隊「カロリン」諸島南方海面に出現し、三十日及五月一日の両日に亙り「トラック」諸島を爆撃し、五月一日「モートロック」諸島を砲撃せり所在の我が航空部隊並に地上部隊は之を邀撃し、航空母艦一隻を撃破、敵機三十数機を撃墜せり我方地上に於て若干の損害あり

発表の第一項が、ホーランジア沖航空戦である。発表文のように、二十七日わが航空部隊は敵機動部隊にとりついて、相当の戦果を収めたものと信じていたが、実際は何等の損害も与えなかったらしい。

ホーランジア上陸

○大本営発表（昭和十九年四月二十八日十五時三十分）
敵は有力なる機動部隊掩護の下に四月二十二日早朝よりニューギニア島ホーランディア及アイタペ附近に上陸を開始し爾後逐次兵力を増強中なり、同地附近の我部隊及航空部隊は之を邀撃、交戦中なり

連合軍陸上部隊の上陸発表である。文面は今までに述べたいくつかの上陸発表と大差はないが、日本軍側の事情が少し違っていた。

当時、ホーランジアには、第十八軍関係六千、第四航空軍関係七千、海軍関係一千、合計一万四千六百名の兵員がいたが、いずれも大部は後方勤務、補給兵站関係の部隊であって、戦闘力はなかったのである。

そして更に、これらの指揮官（飛行師団長、野戦輸送司令官、艦隊司令官）は、いずれも現地に十日ほど前に着任したばかりであった。

アイタペもまた同様であった。兵站部隊、補充要員、航空隊等、計約二千名がいるに過ぎなかった。

これらの戦闘力の乏しい部隊は、軽戦の後、後退するより仕方なかった。それでもホーラ

ンジア地区は二十五日まで、逐次の抵抗をしたが、とても大勢を盛り返すようなものではなかった。

後方に集結した約七千の兵員が、十数個の梯団にわかれて未知のジャングル地帯の、行程約四〇〇キロメートルの転進を開始することになる。食糧は陸稲と芋を数日分持っているに過ぎない。この転進がどんなに悲惨なものであったかは、サルミに病人のようになって到達した人員が、出発時の一〇パーセントにも満たないことによっても容易に理解されよう。

サルミ作戦

第三十六師団主力が、昭和十八年十二月二十五日から翌十九年一月十六日にかけて、サルミに上陸した。サルミは西部ニューギニア防衛の第一線と考えられていた。しかし、地形はニューギニアに共通するジャングル地帯で、サルミ付近とその他に若干伐採された所があるだけで、ジャングル内は河川、湿地が混在して、悪性マラリアの巣であってとても人間の住める所ではなかった。

第三十六師団の任務は「サルミ付近を占領し、まず航空軍に協力し航空基地の設定に任ずると共に、来攻する敵をその要域において破摧し、豪北決戦の支撐《しとう》たるべき」にあった。

五月十七日午前四時ころから、約三時間にわたる爆撃及び艦砲射撃ののち、約三〇隻の艦隊に護衛された輸送船一一隻、舟艇二〇隻の敵が、ワクデ島とその対岸に上陸を開始した。翌十八日ワクデ島守備隊は玉砕した。対岸の守備隊は上陸してくる敵に遂に圧迫される状況になった。が、二十七日夕方から師団主力が攻勢を開始すると、一部の海岸では敵を押し返し、海上を舟艇が退却する敵を追撃射撃するまでに進展した。

三十日には夜襲で別の一部の敵陣、車両を破壊した。このように六月三日まで、反復攻撃を敢行した。しかし、敵の抵抗は頑強で最後の一線まで抜くことはできなかった。既に糧食が尽き、死傷が続出し、本格的攻撃ができなくなってきた。

これらの状況を、大本営発表は次のように述べていた。

〇大本営発表（昭和十九年六月四日十三時五十分）
　五月中旬西部ニューギニア、スル河河口附近に上陸せる有力なる敵部隊に対し所在の我部隊はホーランディア附近より転進せる部隊と共に五月二十七日以来強襲を反復し既にその大半を撃滅引続き残敵を攻撃中なり

六月六日から連合軍の攻撃前進が始まった。師団主力は予め準備した本陣地に拠って、一進一退の激戦をくり返したが、六月下旬ころから、更に後方の作戦根拠地に戦線を収縮して長期持久の態勢に転移した。

ビアク作戦

連合軍はサルミ上陸の十日後、即ち五月二十七日ビアク島に上陸を開始した。ビアク島は、

ビルマ—アンダマン—ニコバル—スマトラ—バンダ海—カロリン群島—マリアナ群島を連ねる日本軍本土防禦線上の重点である。事態は極めて重大であった。

その日（二十七日）、午前五時ころからビアク島東南岸一帯に激しい艦砲射撃と爆撃が始まった。その援護下に七時ごろから水陸両用戦車と上陸用舟艇の上陸が始まった。守備部隊は一歩も退かず敢闘した。おりから視察に来ていた方面軍参謀長も、同島にとどまって作戦指導に任じた。

連日激戦が続いた。特に五月三十日は、諸隊の奮戦目覚しく水際撃滅が、まさに成功するかに見えた。

○大本営発表（昭和十九年五月三十一日十五時三十分）
一、五月二十七日朝有力なる敵部隊ニューギニア島西北側ビアク島に上陸せり、同島守備の我部隊及同方面の我航空部隊は之を邀撃し激戦中なり
二、現在迄に判明せる我航空部隊の収めたる戦果次の如し
撃沈　巡洋艦一隻（轟沈）、輸送船一隻（轟沈）、海上トラック其他六乃至七隻
撃破炎上　艦船三隻（内一隻大型）、海上トラック三隻

極めて戦略上重要な地位にあるビアク島の戦闘開始は、当然、増援の処置が考えられた。しかし、後述する海戦の不成功により、期待された増援部隊輸送隊は、二転、三転して遂に

輸送を中止し反転してしまった。

守備隊は部隊長を中心に、七月一日まで連日連夜の激闘をつづけた。同日、部隊長は軍旗を奉焼して従容として自決した。

その後、この守備隊は部隊長の遺志を継ぎ遊撃戦に転じ、八月中旬まで連絡があったが以後途絶したという。

守備隊長は葛目直幸大佐、部隊は第三十六師団の歩兵第二百二十二連隊を基幹とするものである。

ビアク島沖海戦

味方に不利な海戦として、遂に発表されなかった海戦である。

ビアク作戦の最中、激闘中の現地部隊を救援すべく海上機動第二旅団が、ビアク北岸のコリムに上陸することになった。この作戦を渾作戦と呼んだ。

六月七日、第十六戦隊司令官左近充少将の指揮する渾作戦部隊（第十九駆逐隊の浦波、敷波、第二十七駆逐隊の白露、時雨、五月雨、春雨）は、陸軍部隊約六〇〇名を輸送してビアクに向う途中、マノクワリの八〇浬沖合で、B―24十数機、P―38約三十機の来襲をうけたのである。

しかし果敢に進撃をつづけたが、夜に入ってコリム沖で米軍水上部隊と遭遇した。

敵は戦艦一、巡洋艦四、駆逐艦八と推定され、思いがけない激戦になった。この戦闘で駆逐艦春雨が沈没し、第二十七駆逐隊司令が戦死し、白露、敷波、五月雨の三艦が損害してしまい、部隊は所期の目的を達することができなかった。
サボ島沖海戦につぐ駆逐艦部隊の敗北である。

アイタペ作戦

昭和十九年四月下旬以降の連合軍の西部ニューギニア北岸に対する攻撃は、東部ニューギニアに在った第十八軍の後方を遮断し、孤立させてしまった。

当時、第十八軍の兵力は合計約五万五千で、名目は三個師団であったが、実戦力一個師団程度であった。

連合軍が進攻したホーランジア、アイタペ地区は、第十八軍の後方地域に属していた。第十八軍が過去一年以上にわたり、任務上、ラエ、サラモア、フィンシュハーヘン等の作戦に苦闘し、精魂を傾け尽してきた経緯からみて、これらの後方地区の不備は誰が見ても止むを得ぬ。

が、しかし、ホーランジア、アイタペ地区の喪失は軍司令官安達二十三中将の道義的責任感を強く刺激するところがあった。そして、同軍司令官は全力を尽してすみやかに該地の奪回を図り、やむを得ない場合でも、その攻撃行動によって、敵の西方に向かう突進を牽制して、友軍全般の作戦に寄与しようと考えた。

そのころ、軍主力のいたウエワク地区には定量の半分ずつ食べたとして約一カ月分の糧秣、更に現地物資で別に約二カ月分の食糧確保の見透しがあった。したがってこのままの態勢でいる限りたとえ空襲はうけても、長期持久し得る公算があった。しかし、遊兵と化してまで無為徒食することは、やがて開始されるであろう日本の主陣地線での決戦を傍観することになり、第十八軍将兵の到底忍び得ないところとした。

軍司令官はアイタペ付近の米軍に対する攻撃計画を、四月二十九日各部隊に示達した。ウエワクからアイタペまでは約一三〇キロメートル（東京—沼津間）あった。不運にもこの年は例年にない豪雨がつづき道路は泥田と化し、自動車が動かなかった。そこで軍需品の前送は人力によることになった。

連隊長以下の将校まで軍需品をかついだ。炎熱、スコール、マラリヤそして敵機の銃爆撃が、容赦なく襲った。将兵は深い泥に足をとられ、草の根にころんだ。軍靴が破れ、裸足の兵隊が多くなった。

糧食は逐次減少して、日々の定量は三分の一に減った。当然、兵員の体力は衰え、患者は次第に増加していった。多くの者が落伍し、路傍に倒れ、そして死んで行った。

軍司令官は最後まで悩んだ。すでに一年有半にわたり言語に絶する辛酸をなめ尽した部下将兵を、再び苦難の死地に投ずるが、是か、否か。軍に与えられた任務は、全く自由裁量の余地のあるものだった。消極的な解釈をすれば、攻撃しなくても、健在していればいいものだ。

六月末、軍司令官は最後の決心をした。「全軍相率いて皇軍独特の本領発揮に邁進し以て国史の光栄に副わんことを期す」というものだった。

このような思想的背景の下に行なわれた、正に太平洋戦争に特筆大書すべきアイタペ作戦について、大本営発表はひと言も触れていない。

当時、マリアナが失陥し、サイパンの玉砕を発表、東條内閣が総辞職するという戦争指導上の曲り角に立っていた大本営として、言おうとして、言い出し得ない作戦だったのであろう。

力攻一カ月、アイタペ攻撃は八月四日正午をもって打ち切られた。攻撃間の日本軍の戦没者は約一万三千名、第十八軍の兵力は約二万二千になっていた。

マリアナ、パラオの失陥

サイパン

昭和十九年六月十五日朝、陸軍側に次の第一報が入った。

「本朝、米軍はカラバン南方の西海岸に上陸を企図せり。守備隊はこの敵を二回まで撃退せるも、第三回目は上陸を許すの止むなきに至れり。米艦隊の砲爆撃の苛烈さは言語に絶するものあり」

陸軍側では、守備隊が前後二回その上陸を阻止撃退したことを謳った発表文案を、海軍側に通告した。サイパン方面は陸海軍協同作戦であるので、発表の場合も陸海軍協議するという従来の慣例によったのである。

ところが、海軍側では、「撃退できるかどうかわからないのに、小供だましのような、二回撃退などという文句は必要ない」と反対した。その発言者が、陸軍側では東條参謀総長、海軍側は伊藤軍令部次長だったから、問題は簡単に解決しない。

陸軍側では有末第二部長が、その夜、官邸まで行って東條参謀総長（総理）を説得したが、不成功。後宮高級参謀次長が代って真夜中に東條総長との調整役に立ち、発表案がまとまったのは、十六日の夜明けであったという。

○大本営発表（昭和十九年六月十六日五時）
「マリアナ」諸島に来襲せる敵は、十五日朝に至り「サイパン」に上陸を企図せしも前後二回之を水際に撃退せり　敵は同日正午頃三度来襲し今尚激戦中なり

「発表」は「陸軍守備隊」の字句を抜き、撃退の事実だけを述べることで、海軍側も了解したのである。

こうしてサイパン戦の第一報は国民に知らされた。

第二回。サイパン大激戦の展闘

（この間、マリアナ沖海戦の発表）

第三回。優勢な敵と血戦続行中

第四回。サイパンの戦況重大化、敵東北部へ侵入、我陸海軍一体の勇戦
第五回。サイパン全将兵壮烈な戦死、全員玉砕、在留邦人も概ね運命を共に

この最後の発表と同時に、東條陸相は、〝決戦の機は到れり、誓って敵を撃砕せん〟と力説した声明を発表した。又、陸海軍報道部長は、七月十八日、連名で三千語以上のサイパン戦戦闘経過を発表した。

太平洋戦における〝最大のバンザイ突撃〟が行なわれたのは、七月七日未明のことであった。「太平洋の防波堤たらんことを期し」サイパンの山野を鮮血に染めた将兵は、約九〇〇名をのぞいて全員（約二万九千名）であった。

六月十三日から七月十二日までの一カ月間に受けた、艦砲射撃の弾量は一、一〇〇トンに達したという。二万五千名の在留邦人の大部分はキャンプに収容され、アメリカ軍に保護された。一部の気の毒な人々が戦闘の犠牲になり、又自らの生命を絶ち、誤った慈悲心からの味方の銃口に倒れ、手榴弾に命をおとした人も少なくなかった。かくして、西太平洋を制圧し得る戦略上の要点、東京及び日本本土爆撃可能基地サイパンは、アメリカ軍の支配下に置かれることになった。

○大本営発表（昭和十九年六月二十日十六時四十五分）
一、「サイパン」島に来襲せる敵は六月十五日午後同島の一角に地歩を占むるに至り、午後逐次兵力を増強中にして、我が守備部隊は之を邀撃し、多大の損害を与えつつあり

二、「マリアナ」諸島附近海面に出現せる敵部隊は多数の航空母艦及戦艦を基幹とする大機動部隊にして在太平洋方面艦隊の大部を同方面に集中しあり、我が航空部隊は連日右の敵機動部隊に対し攻撃を加えたり
六月十二日以降本日迄判明せる戦果左の如し
（一）撃沈　戦艦一隻、巡洋艦二隻、駆逐艦一隻、潜水艦一隻
（二）撃破　航空母艦四隻以上、戦艦二隻、巡洋艦四隻、輸送船六隻、艦種未詳一隻
（三）撃墜三〇〇機以上

○大本営発表（昭和十九年七月十八日十七時）
一、「サイパン」島の我が部隊は七月七日早暁より全力を挙げて最後の攻撃を敢行、所在の敵を蹂躪しその一部は「タポーチョ」山附近迄突進し勇戦力闘、敵に多大の損害を与え十六日迄に全員壮烈なる戦死を遂げたるものと認む
同島の陸軍部隊指揮官は陸軍中将斎藤義次、海軍部隊指揮官は海軍少将辻村武久にして同方面の最高指揮官海軍中将南雲忠一亦同島に於て戦死せり
二、「サイパン」島の在留邦人は終始軍に協力し凡そ戦い得るものは敢然戦闘に参加し概ね将兵と運命を共にせるものの如し

発表と実際の比較は次表のとおり。

区分	日 人員	米 空母	米 戦艦	米 巡洋艦	米 駆逐艦	米 潜水艦	米 艦種不詳	米 輸送船	米 飛行機	米 人員
発表	全員戦死	2(5)	3(1)	4(3)	3(3)	1	1(1)	2(7)	763	多大の損害
実際	捕虜890(3%)	(5)	(1)					(2)		4.472(12.724)
		護衛空母1、小型空母4	メリーランド					油槽船2		

マリアナ沖海戦

太平洋戦争で二度目のZ旗が旗艦大鳳のマストに翻った。サイパン攻撃中の米機動部隊に対する、海軍全力をあげての反撃で六月十九日、午前八時半、総計二六五機の第一次攻撃隊(真珠湾攻撃の時でも一八三機)が発進した。六七機の第二次攻撃隊も飛び立った。

待ちに待った胸のすくような戦果は、中々やって来なかった。昔日の俤もない練度の低い搭乗員には、この〝巧妙すぎる〟攻撃法は荷が勝ち過ぎていたのだ。

一方、アメリカ側の戦法は水も漏らさぬ完璧なものらしく、届くのは味方の損害ばかりという結末だった。

十九日と二十日の戦果を総合してみると、「戦艦、空母を撃沈―正規空母一隻及び巡洋艦一隻に二五〇キロ爆弾一発を命中炎上させた―空母四隻、黒煙をはきつつ東方に避退―撃墜戦闘機一二機、三〇機、四機、雷爆撃機五二機、五機」という諸元になる。

この報告に基づいて、次の文案ができ上った。

〇大本営発表（昭和十九年六月二十三日十五時三十分）
我が連合艦隊の一部は六月十九日「マリアナ」諸島西方海面に於て三群よりなる敵機動部隊を捕捉、先制攻撃を行い爾後戦闘は翌二十日に及び其の間敵航空母艦五隻、戦艦一隻以上を撃沈破、敵機一〇〇機以上を撃墜せるも決定的打撃を与うるに至らず
我方航空母艦一隻、附属油槽船二隻及び飛行機五〇機を失えり

撃沈破の内容のはっきりしない発表であったが、問題は「損害」の方であった。例によって、まず海軍の発表関係者の間で、真相を発表する、しないで議論になった。結局の所、国民戦意と前線士気に及ぼす影響を考慮したい、という煮え切らない、もっともらしい意見に

又も軍配があがって、陸軍側に発表案が通告された。従来海軍だけの戦闘はただ発表する内容の通告だけでやって来たのである。

発表文案が海軍側から陸軍側に廻ってきた時、丁度、陸軍側は総長室で首脳が集まって会議中だった。

松村陸軍報道部長の差出す文案に、冨永陸軍次官はすぐ「同意し難い」と述べた。日本側は空母三隻と約四〇〇機の飛行機を失っていたのである。「また、ミッドウェーの時と同じように、こちらの損害を恐ろしく過少に書いてある。アメリカの短波放送は、すぐ拡がって行く。いくらかくして見たところで、かくしおおせるものではない。海軍もつらいことはあろうが、なぜ、真実をそのまま発表しようとはしないのだろうか。こんなことでは到底世論の指導はできない。陸軍側としては、絶対にこの発表案には賛成致しかねる」と言った。

他の連中は、同意とも不同意とも意志表示をせず、しばらく沈黙がつづいた。

東條総長がやがて発言した。

「マリアナ沖の海戦は、陸海軍の協力作戦ではない。連合艦隊だけの作戦だ。こちらから、発表はこうしろと強く主張するわけにもいくまい。海軍はミッドウェー以来の連敗で気の毒だ。まあ、海軍の責任で発表することだから、言う通りにしておいたらどうだ」

誰も反対しなかった。陸軍報道部は発表案に「世論の指導上、真相の発表を切望する」という付箋をつけて海軍に返した。しかし結果的には原案どおり発表された。

（筆者注／前発表文につづく）
我方航空母艦一隻、附属油槽船二隻及び飛行機五〇機を失えり

アメリカ側の記録によれば、六〇〇機に近い日本の攻撃機中、待ち構えていた大戦闘機の警戒を突破して、米艦隊上空に達したものはわずかに一八機、しかもそのうち一二機は高角砲に撃墜されたという。一％の六機でどうして敵に〝決定的打撃を与える〟ことができよう。

発表と実際との比較は次表のとおり。

グアム島大宮島

グアム島は上陸作戦が敢行される前、七月八日から二週間にわたって今迄にない大規模な艦砲射撃をうけた。

五インチから一六インチまでの各種艦砲四万三千発（一六インチだけで千二百発）を打ち込まれ、数名の上級指揮官がそのため戦死し、日本軍は混乱した。

○大本営発表（昭和十九年七月廿二日十六時）
七月二十一日朝二箇師団内外の敵は大宮島西岸明石湾及昭和湾の両地区に上陸を開始せり、所在の我部隊は之を邀撃敢闘中なり

	艦種	兵力	発表損害	実際	艦名
日	空母 正規	3	1	2 （1）	翔鶴、大鳳（沈没）、瑞鶴（大破）
日	空母 補助	6		1 （3）	飛鷹（沈）、隼鷹、瑞鳳、千代田（中破）
日	戦艦	5		（1）	榛名（中破）
日	巡洋艦 甲	11		（3）	
日	巡洋艦 乙	2			
日	駆逐艦	32		（1）	
日	潜水艦	15		9	
日	（飛行機） 艦上機	328	50	293	
日	（飛行機） 陸上機	250		137	
日	油槽船	8	2	2 （1）	玄洋丸、清洋丸（沈）、連吸（小）
米	空母	5	1 （4）	（4）	四隻に軽微な損害
米	戦艦	7	1		
米	巡洋艦	13			
米	駆逐艦	58			
米	潜水艦	15			
米	飛行機				

○大本営発表（昭和十九年八月一日十七時）
「マリアナ」方面守備部隊其の後の奮戦状況左の如し
一、大宮島に於ては敵上陸以来明石街及昭和街を中心として敵に多大の損害を与えつつありしが現在は概ね明石街北方地区に戦線を縮少整理奮闘中なり（筆者注／つづく）

数回の逆襲も一向効果がなく、上陸から約二〇日後にこの島は確保占領された。それまでに日本側に半数の戦死者一万名を出した。残余は以後山岳地常に潜伏して、ゲリラ戦に移行したが、九月中旬以後連絡が絶えた。

十一月中旬までに、全兵力一万八千五百名のうち、八百名の生残りと、四六三名の捕虜の外は、全部戦死したことがあとでわかった。発表は九月二十七日迄に全員戦死と認定された。

テニヤン

○大本営発表（昭和十九年七月二十六日十六時三十分）
一、敵は七月二十三日朝来「テニヤン」島の西北部並に「テニヤン」港に上陸を企図せり、所在の我部隊は之を邀撃し、「テニヤン」港の上陸軍に対しては多大の損害を与えて之を撃退し、西北部の敵上陸軍は再度に亘り之を撃退せしも、同日正午頃敵は遂に

上陸し、爾後引続き増強中にして、我部隊は全力を挙げて之と激戦中なり
二、七月二十五日午前敵艦載機延二十数機「スマトラ」島「サバン」に来襲すると共に数隻の敵巡洋艦、駆逐艦及潜水艦は同港外に近接し陸上を砲撃せり、所在の我部隊は之を邀撃し敵駆逐艦二隻、潜水艦一隻を撃沈、駆逐艦一隻を撃破、敵機の大部を撃墜し此の敵を撃退せり、我方の損害極めて軽微なり

○大本営発表（昭和十九年八月一日十七時）
「マリアナ」方面守備部隊其の後の奮戦状況左の如し（前出）
二、「テニヤン」島に於ては北部地区に敵上陸以来寡兵を以て有力なる敵の南下を阻み多大の損害を与えしも昨三十一日敵は遂に同島南部の我が最後の抵抗線に突入し来り戦線錯綜しあり
三、「ロタ」島に於ては連日敵の激烈なる砲爆撃下に在りて敢闘克く敵の上陸を阻止しあり

アメリカ軍は、この戦闘ではじめてナパーム爆弾を使用した。その物凄い火焔は一面の砂糖黍畑を火の海に変えて、日本軍の偽装は何の効果もなくなった。

八月一日、アメリカ軍は二千名の死傷者を出して、この島を確保、八日にほとんど完全に占領した。日本軍は二五〇名の捕虜の外は、一万名の戦死者を出して全滅した。

○大本営発表（昭和十九年九月三十日十六時三十分）
一、大宮島及「テニヤン」島の我部隊は其の後孰《いず》れも一兵に至る迄、勇戦力闘したる後遂に九月二十七日迄に全員壮烈なる戦死を遂げたるものと認む
同方面の陸軍指揮官は陸軍中将小畑英良にして大宮島の陸軍部隊指揮官は陸軍中将高品彪、海軍部隊指揮官は海軍大佐杉本豊、「テニヤン」島の陸軍部隊指揮官は陸軍大佐緒方敬志、海軍部隊指揮官は海軍大佐大家吾一なり
二　両島の在住同胞亦終始軍の作戦に協力し全員我将兵と運命を共にせるものの如し

かくして、マリアナの水陸両用作戦は終結した。日本軍は五万六千名の将兵を失ったのみならず、打ち続く玉砕の報は、一部の糊塗せる戦果の発表にもかかわらず、日本全体を暗い勝利への絶望で覆わずにいなかった。

ペリリュー、アンガウル

マリアナ群島の次に、アメリカ軍の攻撃の鉾先はパラオ諸島に向けられた。

この作戦の目的は三つあった。マッカーサー元帥の比島奪回を支援するために、その攻撃可能の大型機の基地獲得がその一つ、東京から比島にかけて延びている新月型の列島群の南半分を制圧するのがその二つ。日本領有下にある中部及東部カロリンとトラックを完全に孤

立させるのがその三つ。要するに、ここで中央進攻路と南方進攻路が落ち合うのがその狙いであった。

ペリリュー島の守備隊は陸軍と海軍（航空隊と警備隊）で編成された約一万名で、サイパンの三分の一、グアムの半分の兵力であった。しかし、その万全を尽した決戦配備は〝それまでにアメリカ軍が交戦した他のどんな部隊よりもすぐれていた〟と認められるものだった。それは、上陸した海兵隊が一週間でその六割の兵力を失ったこと、海兵師団の増援部隊として、他の歩兵師団が注ぎ込まれたことで明白であろう。

猫の額のような小島にたてこもって、一歩も退かず、守備隊は七〇日間も頑強に抵抗したのである。この肉弾戦による戦闘は、米軍の破竹の進攻速度を鈍らせ、友軍を奮起させることと甚大なものがあった。

十月二十三日、このペリリュー守備の陸海軍部隊（パラオ地区集団と第三十根拠地隊）に対して、〝武功抜群〟の感状が与えられた。しかし、兵力は次第に減少し、弾薬も尽きはてて、十一月末には、遂に最後の段階に達した。

燐鉱石で有名なアンガウル島は九月二十一日歩兵師団によって進攻され、四日間で占領された。やがて、ここに建設された飛行場からB—29が飛び立つようになった。

○大本営発表（昭和十九年九月十六日十七時）
一、九月六日来西「カロリン」群島の西方海面に出現せる有力なる敵機動部隊は「ニユーギニヤ」方面の基地航空部隊と呼応し、「ヤップ」島、「パラオ」諸島、比島「セレベス」島並に「モルッカ」諸島等を空襲し一部艦艇を以て、「ヤップ」島及「パラオ」諸島を砲撃せしが、九月十五日朝に至り敵は「パラオ」諸島及「モルッカ」諸島に上陸を企図せり

二、パラオ諸島の我が部隊は「ペリリユー」島に上陸を企図せる敵を邀撃し、再度に亙り之を撃退せるも午後に至り敵は遂に上陸し爾後引続き増強中にして我が部隊は全力を挙げて之と激戦中なり

三、「モルッカ」諸島の我が部隊は「モロタイ」島に上陸を企図せる敵を邀撃激戦中なるも敵の一部は同島旧本部地区に上陸せり

○大本営発表（昭和十九年十月六日十五時）

一、「パラオ」諸島方面現在の戦況次の如し

ペリリュー島の我部隊は同島中央高地帯及北部地区並にグァドブス島に於て優勢なる敵の反復攻撃に対し其の都度大損害を与えて之を陣前に撃退すると共に果敢なる挺身斬込みにより敵を震駭せしめつつあり

アンガウル島の我部隊は同島西北部高地附近に於て寡兵克く優勢なる敵に対し勇戦力闘中なり

パラオ諸島の陸軍部隊指揮官は陸軍中将井上貞衛にして海軍部隊指揮官は海軍中将

伊藤賢三なり
二、九月十五日敵上陸以来ペリリュー島及同島周辺に於て之に与えたる損害中現在迄に判明せるもの次の如し
兵員　殺傷一万八千名以上（海上を含まず）
戦車　炎上又は擱坐百九十輛以上
火砲　鹵獲又は破壊十二門
艦船　轟沈　巡洋艦一隻、駆逐艦二隻
潜水艦一隻、掃海艇一隻、艦種不詳一隻
撃沈　潜水艦一隻、掃海艇一隻、艦種不詳二隻、上陸用舟艇六十二隻
炎上　輸送船四隻
撃破　上陸用大型舟艇二隻
飛行機撃墜　二十七機（内不確実五機）
撃破　七機
其の他鹵獲又は破壊兵器弾薬糧秣等多数

ロイター電（一九四四・一〇・一二）による日本軍の損害は、一〇、三五〇ペリリュー島、一、一六五アンガウル島、パラオ諸島合計一二、四七〇名の戦死。捕虜合計四七九名で大部分は非戦闘員となっていた。

第六章　大陸方面の諸作戦

ビルマ方面

第一次アキャブ作戦

ビルマのアキャブ地区は、ベンガル湾に面している。アラカン山系が海岸近く迫っているので、地域は狭小であるが、日本軍が海、陸路併行して、印度に進攻する場合、一番容易な地区と考えられていた。

反対に英印軍としても、ビルマの中枢部に向う進攻拠点として、アキャブを重視したことは当然である。特に同地付近には良好な船舶の泊地と、飛行基地があった。そこで、ビルマ作戦の終始を通じて、このアキャブ地区が彼我の一大争点となった。

○大本営発表（昭和十八年四月八日十六時）

一　帝国陸軍部隊は印緬国境附近「アキャブ」北方地区に占拠し、昨年十二月下旬以来英印軍二箇師団の攻撃を撃砕しつつありしが、三月上旬攻勢に転じ大包囲作戦に依り「マユ」河畔敵主力を捕捉撃滅し目下残敵掃蕩中なり
二　緬甸《ミャンマー》方面陸軍最高指揮官は陸軍中将河辺正三なり

この発表を皮切りに、アキャブ地区単独の大本営発表は六回ある。後述するインパール作戦の発表が、わずか四回であることからみて、比較的重視して扱われたことが知れる（筆者注／作戦兵力、アキャブ一個師団、インパール三個師団）。

発表の陸軍部隊は第三十三師団の一部と第五十五師団、文中の大包囲作戦は、インデンの殲滅戦といわれるもので、英印軍の一個旅団を捕捉し、旅団長を捕虜にするという戦果をあげている。第五十五師団主力は、この作戦の戦果を利用し、敗走する敵を北方に急追して、五月上旬、ブチドン、モンドウの要線を占領する。

○大本営発表（昭和十八年五月十日十七時三十分）
帝国陸軍部隊は五月八日十九時「マユ」河上流「ブチドン」に突入激戦の後之を占領、目下残敵掃蕩中なり

○大本営発表（昭和十八年五月十八日十六時）

一　帝国陸軍部隊は五月十四日十四時印緬国境「ナーフ」河畔の敵拠点「モンドウ」を占領し、爾後の作戦準備中なり
二　昨年十二月下旬「アラカン」方面の作戦開始以来五月十日迄に収めたる綜合戦果次の如し
（1）遺棄死体六千四百十四（我軍にて収容埋葬せるもののみ）
（2）俘虜五百七十四（内英国兵相当数あり）
（3）撃墜せる敵飛行機三百二十七機（内地上火器によるもの百十八機）
撃破、炎上せしめたる敵飛行機二百二十五機
（4）各種火砲　二百七門
（5）重軽機　四百五十九挺
（6）小銃、拳銃　四千八百九十七挺
（7）戦車、装甲車　八十三輛
（8）自動貨車　二百五十五輛
（9）撃沈破せる船舶　三十九隻（内一千噸級十六隻）
その他弾薬糧秣被服器材等多数
三、本作戦における我損害は戦死七百十四名、戦傷一千三百六十四名、飛行機四十八機なり

第二次アキャブ作戦

昭和十九年二月四日、約一カ月後に予定されるインパール進攻作戦の支作戦として、アキャブ地区に日本軍の攻勢が開始された。

○大本営発表（昭和十九年二月七日十六時二十分）
　緬甸方面帝国陸軍部隊は「ブチドン」「アキャブ」正面に於て反攻を企図しありたる英印軍に対しその機先を制し二月四日「ブチドン」正面より果敢なる攻勢を開始せり、印度国民軍も亦各方面の我部隊と協同戦闘中にして戦況順調に進捗しつつあり
○大本営発表（昭和十九年二月二十九日十七時）
一　二月九日以降英印軍第七師団主力を「ブチドン」西北方「シンゼイワ」盆地附近に包囲猛攻中なりし緬甸方面帝国陸軍部隊は二月二十四日までにその大半を殲滅し目下一部を以て残敵を掃蕩しつつ更に爾後の作戦準備中なり
二　印度国民軍亦我と協力大なる戦果を挙げつつあり

この発表のあと、三月四日に「ブチドン正面に於ける結果」として詳細を公表している。ところが真相は少し違っていた。

二月四日に開始された攻勢は、最初は破竹の勢で印度第七師団を打ち破った。そして、シンゼイワ付近で、その印度第七師団の三個旅団と印度第五師団の一個旅団を完全に包囲した。ここまでは発表のとおりである。

だが、二月中旬になると戦況に暗いかげが走り始めていた。敵兵約三千、戦車約百台、自動車約千輛が、わが軍に完全に包囲されているにもかかわらず空中補給を受けるため、日本軍の攻撃が成功しないのである。

英印軍はその豊富な火砲と戦車で全周四囲に対する円形陣地をとっていた。その陣地は無数の自動火器と、火焔放射器で「針ねずみ」のように防禦されていた。これに加えて、絶対優勢な航空機が絶え間なく上空を援護していた。

完全に包囲したから勝てる、と信じた日本軍の「平面戦術」の思想と、空中補給を確保し利害権さえ絶対ならば、負けることはないと考えた英印軍の「立体戦術」との対決である。結果は、わずかの山砲しか持たない日本軍の攻撃は、必死の反復攻撃にもかかわらず、空しく損害が激増するばかりであった。

今度は印度国内から英印軍が攻撃に出る番だった。断絶の三個師団が国境を越えて南下してきた。包囲している日本軍が反対に包囲される立場になった。日本軍の補給は絶対優勢な連合空軍に押えられて、最初から途絶に近いものだった。

このままでは玉砕するより道はない。日本軍は遂に涙をのんで包囲を解き、撤退を開始した。それが二月二十六日のことである。発表のような順調な戦況では全くなかったのである。

インパール作戦

悲劇のインパール作戦はここにはじまった。

○大本営発表（昭和十九年三月二十一日十四時）
緬甸方面の我部隊は印度国民軍と協力して「チン」五陵附近の英印軍に対し三月八日攻勢を開始し目下国境附近に於て殲滅戦展開中なり別に強力なる我部隊は印度国民軍と共に三月十五日「ホマリン」附近に於て、「チンドウイン」河を渡河し緬印国境に向い進撃中なり

インパール作戦開始の第一報である。三月八日攻勢を開始したのは第三十三師団、三月十五日は第三十一師団である。

○大本営発表（昭和十九年三月二十三日二十一時）
一　中部印緬国境附近に作戦中の我軍は「トンザン」周辺地区に於て英印第十七師団に対する殲滅戦を続行すると共に印度国民軍を支援し三月中旬国境を突破し印度国内に進入せり
二　敵は三月五日以来北部緬甸の一部に空輸部隊を侵入せしめたるも我軍は之を各

所に捕捉攻撃中にして既に其の一部を殲滅せり

この大本営発表について、松村陸軍報道部長は次のように回想している。

「ラングーン発の新聞電報は印緬国境越えを伝えて来た。国内新聞も夕刊の遅版には、日印軍のインド進入を大きくあつかっていた。その夜遅く、総理官邸から私の家へ電話がかかって来た。電話口で、『東條だ』と言うことだったが、まさか総理自身が電話をかけてくることは、予想もしなかったし、初めのうちは誰かが、からかっているのじゃないのかと思った。ところがやっぱり本物の東條さんだった。『国境突破は重大ニュースだ、現地にまかしておいてはいけない、すぐ大本営で発表しろ』ということだった。公電は逐次市ケ谷に到着しつつあった。時ならぬ夜半の大本営発表で新聞社はビックリした。ラバウルが捨子となってしまい、太平洋の戦況が思わしくなく非難の声が高まりつつあった頃で、東條さんは、インパールの勝利に大きな期待をかけていたのである」

さて、この大本営発表の第二項にある〝空輸部隊の侵入〟について、日本軍の大誤算があった。

三月五日の降下は事実であるが、この報告は九日になって軍司令部に届いた。しかも、軍司令部はこの実体を判断し得なかった。単なる後方攪乱部隊と即断して、付近の部隊で簡単に掃討し得るものと考えた。が、該地区の日本軍後方部隊は既に恐慌状態に陥っていた。

空輸されたのは、英印軍三個旅団（一個旅団は四個大隊編成）で、戦闘爆撃隊、中型爆撃隊、輸送隊及び連絡機隊を固有の飛行部隊として持つ強大な挺進部隊だったのである。

現地日本軍の首脳部は、自分達の勢力範囲に無謀に降下した敵空挺部隊は、各個に撃破してしまう好目標だと考えた。このような誤判がどんなに悲惨な結果をもたらすか、一月もたたないうちに明瞭になってきた。

○大本営発表（昭和十九年四月八日十七時十分）
一　我新鋭部隊は印度国民軍と共に四月六日早朝インパール＝デイマプール道上の要衝コヒマを攻略せり
二　カーサ附近一帯の敵空輸部隊に対する攻撃は順調に進捗しつつあり

この発表の第二項カーサ付近の敵空輸部隊がそれであるが、決して順調なものではなかった。最初三個師団から一個大隊ずつを抽出して現場に急行させたが、その攻撃はことごとく失敗に帰した。

三月中旬、第二師団と独立混成旅団が、この攻撃のため急拠派遣された。この部隊による三月二十五、二十六日の攻撃も遂に成功しなかった。

事態は極めて重大であった。第十五軍司令部をインパール作戦に専念させるため、中、北部ビルマを指揮し、空挺部隊に対する作戦を指導するため、新しく軍司令部（第三十三軍）が編成された。

一方、主攻撃方面であるインパール正面では、発表の第一項のとおり、北部の要衝コヒマを占領した。

コヒマ攻略の第三十一師団は、三月十五日午後十二時チンドウィン川を渡河、わずか二〇日で、三〇〇〇メートルの高山帯パトカイ山系を横断して、実行程二七〇キロメートルを踏破したのだ。しかも、兵の装備は小銃弾二四〇発、手榴弾六発、米二〇日分、調味料その他で一〇貫目を越えていた。

この方面の英印軍の軍団長は、余りの早さにコヒマ南方の小部落トヘマと誤解して、

「トヘマの間違いではないか」

と、その報告が来た時、何度も聞き返したという。

他の正面でも第十五師団と、第三十三師団がインパール目ざして猛進撃をつづけていた。

しかし、この方面の急を知った連合軍の首脳は、大挙九〇機の輸送機を最高指揮官マウントバッテン大将の指揮下に入れた。延べ七六〇回の空輸で、兵員と軍需品がインパールに運び込まれた。併行して戦闘機隊、爆撃機隊が、山地を越えて前進してくる日本軍の先頭部隊をたたき、後方兵站線を遮断した。

それでも日本軍の第一線部隊は敢闘した。そして四月中旬ころは目標のインパールの包囲態勢が完成した。

しかしながら日がたつにつれて、形勢は逐次逆転して行った。英印軍が空輸によって日夜増援されるのに反して、日本軍は連日の激戦による将兵の死傷と疲労、補給の断絶による飢

餓が戦闘力を急激に低下させていった。

連合軍の歩兵、砲兵、飛行機、戦車が一体になった反撃に、すでに弾薬さえなくなり始めている日本軍は、昼間谷間にかくれるのが精一杯で、戦闘行動の自由を持たなくなった。昼間は炊事はもちろん、肌着を干すことさえ許されなかった。わずかに夜間戦闘だけが日本軍に許された戦法だったが、それすらも夜があけると、連合軍の砲爆撃で何の効果もないものになってしまった。

第一線ハ撃ツニ弾ナク今ヤ豪雨ト泥濘ノ中ニ傷病ト飢餓ノ為ニ戦闘力ヲ失フニ至レリ

こんな電報が第一線から頻繁に軍司令部に入電するようになった。それでも軍司令官、方面軍司令官は攻撃の決心を変えなかった。第一線の三人の師団長を更迭し、攻撃正面を変え、何とかしてインパールを落そうとした。方面軍司令官が正式に撤退命令を下したのは、七月九日のことであった。撤退作戦を含めて七二、四八〇人の将兵がこの作戦で散っていった。

四月八日のコヒマ占領以来の戦況は、八月になって次の一回の大本営発表で片づけられた。

○大本営発表（昭和十九年八月十二日十五時三十分）

緬甸方面目下の戦況次の如し

一　南部印緬国境方面

海岸方面に於てはブチドン東北方よりモンドウ南方に亘る線を、カラダン河谿方面に於ては国境線附近を占領し近く敵と相対峙しあり

二　中部印緬国境方面
コヒマ及インパール平地周辺に於て作戦中なりし我部隊は八月上旬印緬国境線附近に戦線を整理し次期作戦準備中なり
三、北部印緬国境附近
フーコン地区より逐次後退せる我部隊はモガウン西方ビルマ鉄道北側の要線を占領し優勢なる敵と相対峙しありミイトキーナ守備隊は長期に亘り優勢なる敵の攻撃を撃摧しつつありしが八月二、三両日の夜間敵の包囲を突破し後方要点に撤退せり
四、怒江方面
我部隊は怒江西岸の各要衝を確保し優勢なる敵の攻撃に対し其の滇緬公路打通企図を封殺しあり

この発表の第四項の「怒江方面」について触れる必要があろう。

怒江作戦

怒江はビルマ名をサルウィン河といって、初め中国雲南省を流れ東部ビルマに入り印度洋にそそぐ河である。

中国とビルマを結ぶ交通路が中国領に入って、この怒江を横切るところに拉孟《らもう》、龍陵《りゅうりょう》等の町がある。付近は四〇〇〇メートルを越える山々が雪をいただいていた。日本軍は軍事的

重要地区として早くから目をつけていた。そこで、インパール方面の支作戦として攻勢がとられた。

○大本営発表（昭和十八年十月十六日十五時）
緬甸方面帝国陸軍部隊は緬甸奪回を企図して西南支那方面に兵力集結中の重慶軍に対しその機先を制し十月上旬騰越《とうえつ》「ミイトキーナ」方面より攻撃を開始目下随所に敵を撃破進撃中なり

この発表にある作戦は順調に進展し、十月下旬には作戦を完了、第五十六師団が該地を警備することとし、作戦に参加した第十八師団の部隊はミートキーナ方面へ反転した。

ところが翌年（昭和十九）五月上旬、インパール方面の日本軍が苦況に立ち始めた時、この怒江正面の重慶軍が一斉に攻勢を開始した。

そのころ、この正面は依然第五十六師団主力が守備を担任していた。雲南はわが練兵場と豪語する同師団は善戦して、十数倍の敵に対して反撃作戦を展開、七月上旬までに守備地区に侵入した重慶軍を追い払った。この点は発表（昭和十九年八月十二日）のとおりである。

しかしながら、最前線の拠点は終始重慶軍の包囲の中に孤立していた。後方の師団主力は、この拠点の救出に努力したが、雲霞《うんか》のような重慶軍と、険峻な地形がこれを許さなかった。

○大本営発表（昭和十九年九月二十日十六時）
　緬甸方面怒江西岸地区の我部隊は拉孟、騰越、龍陵等の各要衝に拠り五月中旬以降怒江を渡河滇緬公路打通を企図侵攻し来れる約十六箇師の重慶軍を邀撃し勇戦中なり、各方面の戦況戦果次の如し
　一、拉孟及騰越守備部隊は各々我に数十倍する敵に対し之に多大の損害を与え其の撃攻を陣前に撃砕しつつありしが拉孟守備部隊は九月七日、騰越守備部隊は同月十四日遂に全員壮烈なる戦死を遂げたり
　二、龍陵附近に於ては同地守備部隊、我に十数倍する敵の攻撃を撃砕しつつありしが新に戦場に到達せる主力部隊九月三日攻勢を発起し同地周辺の敵を撃砕之を其の東側地区に圧迫中なり
　三、五月中旬以降現在迄に判明せる戦果
　敵に与えたる死傷者数　拉孟周辺約一万五千　騰越周辺約二万　龍陵周辺約三万五千　其の他の地区約三千。合計約七万三千
　我方の損害　戦死約三千九百名

拉孟、騰越守備隊玉砕の公表であるが、その前後の文章に刺激的影響をやわらげるための配慮がうかがえる。

重慶軍の総帥蔣介石《しょうかいせき》大元帥は、この両守備隊の壮絶鬼神も泣く死闘に感動し、拉孟、騰越日本軍守備隊の戦闘振りを見習えと、全軍に布告した。

中国大陸方面

昭和十八年十二月、大本営で次第に悪化してくる戦局の全般情勢の検討が行なわれた。

その結果、連合軍はまずフィリピンを奪回して、日本本土と南方資源地域とを遮断する公算が最も多いと判断された。この場合、日本側として採るべき対策の一つとして、たとえ海上輸送が困難になっても、中国大陸を北から南に一本の輸送路を確保しておけば、戦略的に極めて有利であるという見解の一致を見た。

その規模は誠に雄大で、作戦距離は二千五百キロメートル、蔣介石隷下の全野戦軍の約半数を撃破して、黄河から広東までを日本軍の勢力下におこうというものである。

この中国大陸を打通する作戦は全般的には「一号作戦」と名づけられたが、この一号作戦を構成する細部の作戦別に、主要な大本営発表を挙げることとする。

京漢作戦

○大本営発表（昭和十九年五月三日十五時二十分）

北支那方面の我部隊は重慶直系の湯恩伯軍に対し四月十八日黄河及新黄河を渡河進攻作戦を開始し四月二十日鄭州を、次で五月一日許昌を攻略引続き進撃中なり

京漢作戦に関する第一回の公表である。日本側の使用兵力は、師団三、戦車師団一、独立旅団四、騎兵旅団一合計十四万八千、中国側はほぼその倍であった。なお、中国関係の大本営発表には、敵側の指揮官名を挙げている場合が多いのが特徴である。

○大本営発表（昭和十九年五月十二日十六時四十分）
一　中支那方面の我部隊は五月一日信陽附近より攻撃を開始し北進中の処囊に許昌を攻略、南進中なりし北支那方面の我部隊と五月九日確山に於て相会し提携を了せり
二　京漢鉄道西方地区に作戦中の我部隊は既に洛陽東南方地区に於て湯恩伯軍主力を潰滅せしめ引続き進撃中なり
三　本作戦開始以来五月六日迄に判明せる主要なる戦果次の如し
敵に与えたる損害　我方にて収容せる死体約一万九千五百、俘虜四千三十一名、
鹵獲品　各種火砲八十一門　銃器約七千挺
我方の損害　戦死三百十三名

この発表の第一項が、京漢線打通である。戦況は順調に進展していた。

○大本営発表（昭和十九年五月二十五日十八時三十分）
一　重慶第一戦区軍の本拠洛陽城を包囲監視中なりし我部隊は五月二十四日午後攻撃を開始し本二十五日朝之を完全に占領せり
二　本戦闘に於て収めたる戦果中現在迄に判明せる主要なるもの次の如し
我方にて収容せる死体　二千以上、俘虜四千名以上　鹵獲品火砲十五門、銃器約八百挺

この前日、大本営は「洛陽は一部の兵力を以て監視中」ということを発表した。これは五月十九日から一部の兵団が洛陽を攻撃したが、典型的な城壁都市である洛陽は日本軍の攻撃をはね返した。その時の措置のことを言っているのである。二十五日の発表は、第十二軍主力をあげての攻撃成功について述べている。

湘桂作戦

まず衡陽攻略を目標とする第十一軍の作戦開始は、左翼の第三、第十三師団が五月二十七日払暁、その他の軍主力は二十七日の夜から二十八日にかけてであった。

○大本営発表（昭和十九年六月二十日十五時）

一、湖南方面に作戦中の我部隊は六月十八日夕長沙及醴陵を完全に攻略し引続き該地附近の残敵撃滅中なり
作戦開始以来現在までに潰滅せしめたる敵兵力は約十五箇師なり
二　河南方面の我部隊は六月上旬陝県西方地区に於て重慶第一戦区軍の敗残部隊及第八戦区軍の六個軍を撃破し之を潼関方面に潰走せしめ目下次期作戦準備中なり

河南方面を担当する第十一軍指揮下の兵団は八個師団第三、第十三、第二十七、第三十四、第四十、第五十八、第六十八、第百十六師団を基幹としていた。

○大本営発表（昭和十九年六月二十九日十六時）
一　湖南方面に作戦中の我部隊は六月二十六日在支米空軍の前進拠点たる衡陽飛行場を占領せり　同飛行場は既に我方に於て使用中なり
二　河南方面に於る作戦開始以来の綜合戦果中六月二十日迄に判明せる主要なるもの次の如し
我方にて収容せる死体　六万一千八百六十二名
俘虜　一九万千七百七十七名
鹵獲品　各種火砲四百九門　重軽機一千六百九十七挺　小銃其他約二万四千挺　機関車及鉄道貨車百一輛　自動車二百七十輛　各種弾薬約七百二十八万六千発

撃墜せる飛行機四十七機（内不確実十二機）
我方の損害　戦死二千八名
○大本営発表（昭和十九年八月八日十七時三十分）
衡陽を包囲中なりし我部隊は八月四日夕総攻撃を開始し同市を在支米軍と共に固守せる重慶軍四箇師を撃滅し本八日八時完全に之を攻略せり

前述の衡陽飛行場占領から約四〇日後の発表である。この間、六月二十八日、七月十五日と二回攻撃を開始してみたが、いずれも数日の激戦、死傷続出という状況で日本軍は撃退されてしまった。そこで第三次は軍司令官自ら直接衡陽攻撃の指揮をとった。その成果が、この八月八日の発表となったのである。

第一段の目標である要衝衡陽を攻略した第十一軍は、引続き桂林、柳州を目指して進撃をつづけた。

○大本営発表（昭和十九年九月二十九日十六時）
一　中支那方面の我部隊は全県及道県占領後進撃を続行すると共に湖南方面残存の敵主要拠点宝慶《ほうけい》に対し九月二十七日払暁攻撃を開始し同日夕完全に之を攻略せり
二　南支那方面の我部隊は梧州《ごしゅう》及容県占領後引続き進撃中なりしが九月二十八日夕

在支米空軍基地丹竹《たんちく》飛行場を占領せり

いよいよ中支那と南支那の両軍が、手を結ぶ作戦構想が、この大本営発表でうかがえる。次の発表が、南北両軍が手を結び、世紀の大作戦といわれる大陸打通が完成した時の、公表文である。

○大本営発表（昭和十九年十一月十一日十六時三十分）
一　五月下旬中支那方面より次で六月下旬南支那方面より夫々作戦を開始せる我部隊は十一月十日柳州を、同十二時桂林を完全に攻略し該方面に於る米空軍基地群を覆滅、支那大陸に於る優位なる戦略態勢を獲得せり
二　同方面作戦の陸軍部隊最高指揮官は陸軍大将岡村寧次、海軍部隊最高指揮官は海軍大将近藤信竹、中支那方面の陸軍部隊指揮官は陸軍中将横山勇、南支那方面の陸軍部隊指揮官は陸軍中将田中久一、海軍部隊指揮官は海軍中将副島大助にして陸軍航空部隊の指揮官は陸軍中将下山琢磨なり

○大本営発表（昭和十九年十一月二十七日十八時三十分）
一　桂林柳州附近攻略後引続き敗敵に尾し進撃中なりし我部隊は十一月二十四日広西省に残存せる米空軍最後の拠点南寧を攻略他の部隊は同日貴州省の南門たる黎明関

を突破同省内に突入せり
二　支那方面我部隊の九月上旬桂林柳州地区に対する進攻作戦開始以来十一月中旬同地区附近攻略迄の綜合戦果次の如し
敵に与えたる損害
我方にて収容せる死体約三万九千、俘虜約一万八千二百名、地上火器に依る飛行機撃墜七十七機（内不確実二十三機）、鹵獲品　各種火砲四百十一門、重軽機関銃一千二百四十五挺、小銃約一万七千挺、飛行機十八機、機関車百八輛　鉄道客貨車九百十六輛、自動車及戦車六十二輛　其の他兵器弾薬糧秣飛行機部品等多数
我方の損害
戦死約四千五百名

浙東作戦

○大本営発表（昭和十九年九月十一日十六時）
浙江省《せっこう》金華《きんか》附近より行動を開始せる我部隊は所在の敵を撃破しつつ甌江《おうこう》両側地区を進撃九月九日温州《おんしゅう》を攻略せり

○大本営発表（昭和十九年十月七日十五時）
福州に向い進撃中なりし我部隊は同地周辺の既設陣地に拠り頑強に抗戦せる敵第八十師を撃砕し、十月四日朝完全に同市街を攻略せり

どちらも、東支那海福建省沿岸の要点を攻略して、連合軍側に潜水艦基地使用、あるいは一部の奇襲上陸の企図を未然に封殺し、状況によっては中国沿岸を小船艇で航行して南方地域と連絡するための連綴基地を確保するための作戦である。

粤漢打通作戦

○大本営発表（昭和二十年一月三十一日十五時三十分）
一　支那方面の我部隊は一月中旬より南部粤漢《えつかん》鉄道打通の為中支那及南支那方面より夫々進攻作戦を実施中なりしが、一月二十七日楽昌《らくしょう》、韶州《しょうしゅう》の中間に於て南北の連絡を完了せり
二　別に我有力部隊は右作戦と併行し遂贛《すいかん》地区敵飛行場群に対し進撃中にして其の先遣部隊は一月二十八日夜遂川《すいせん》飛行機に突入之を占領せり

この作戦は敵野戦軍の撃滅を第一義としない奇妙な作戦だった。

それは粤漢線は地形の関係上、一度破壊されたら復旧することが至難だと判断される橋梁、トンネルが多数あった。

そこで、その多数の重要術工物を無疵で占領することを主眼にしたのである。

したがって攻撃部署も、普通の時と違っていた。数組の挺進隊が秘密に作戦部隊主力の出発前に、目標目指して潜行した。

この挺進隊は、敵に遭遇しても戦闘を回避して前進した。

一月十九日から二十二日にかけて、各々の目標を無疵で占領した。主力（第四十師団）は第一目標奪取の日に行動を起こし、全線を打通することに成功したのである。

Ⅲ部　敗戦編

事実上最後の大本営発表と言える「玉音放送」を聞く人々（毎日新聞社提供）

第七章　比島決戦

決戦の背景

一九四四（昭和十九）年夏、連合軍側はサイパン占領後の次の攻略目標について検討が開始されていた。

既定計画どおり、比島―台湾―本土とするか、直接台湾を攻略するか、それとも今迄の計画を白紙にかえして、日本本土攻略を含む新計画を作るか。

マッカーサー大将は比島優先攻略を主張した。「比島には、忠良な米国兵士、市民が日本軍に捕えられている。もし米国が彼らを見捨てるならば、彼らは失望し、心理的な反動を招くことは間違いない。米国は比島解放に道義的責任を負っている。その責任を果たさないとわかれば、極東諸国民に対する米国の威信は失われるだろう」という理由だった。

米統合参謀本部は、この意見を入れて九月十五日、ニミッツ、マッカーサー両大将に「十月二十日レイテ攻略」を指示した。

大本営も比島に次の決戦が起こるであろうと判断した。そして決戦は航空作戦を主として来攻する敵主力を洋上で撃滅すること、地上の決戦はルソン島地区で行なう等の方針を定めた。そして、中部ソロモンの戦闘以来堅持してきた「水際撃滅」の思想を、「後退配備」すなわち水際陣地、主抵抗陣地、予備主抵抗陣地、複郭陣地の四段構えの〝縦深抵抗〟をする思想に改め、全軍に示達した。

指揮組織も、従来のフィリピン第十四軍を第十四方面軍に昇格し、方面軍司令官に山下奉文大将を新任、新たに第三十五軍を編成して、ミンダナオ、レイテ、ネグロス島など中南部比島の防衛を担任させることにした。

大本営が比島決戦の作戦準備を、正式に発令したのは十九年九月二十二日、山下大将がマニラに着任したのは十月六日のことであった。

十月九日、ハルゼー大将は日本側の注意をそらすため、重巡三、駆逐艦七を沖縄近海に派遣した。翌十日、沖縄、奄美大島、南大東島、宮古島に約三四〇機を出撃させた。

つづいて十一日、ルソン島北部アパリ飛行場、十二日台湾南部を空襲した。

豊田連合艦隊司令長官は、「航空部隊作戦発動」を下令した。その日、台湾東方海面は台風に襲われていたが第一次攻撃隊は夕刻南九州の鹿屋基地から、第二次攻撃隊は沖縄基地から勇躍出発した。

台湾沖航空戦
次々に入る大戦果報告は、大本営をはじめ日本国民を狂喜させるに十分だった。攻撃は十月十二日から十五日まで五回、発表もこれに対して五回と総合戦果を入れて六回。次の新聞の見出しに、この発表に対する当時の状況を生々しく表現している。
第一回発表
敵機動部隊に大痛撃、荒鷲台湾東方に捕捉、反覆夜襲。
第二回発表
台湾沖航空戦果拡大、わが荒鷲引き続き猛攻中、必殺の体当り。
第三回発表
敗走の敵機動部隊に痛撃、海上部隊出撃猛追、一億期して待て大戦果。太平洋戦局反転せん、来寇敵艦隊全滅の運命、台湾沖に大殲滅戦。
第四回発表
潰走の敵を猛追中。
第五回発表
新来援の機動部隊を痛撃。
第六回（総合）
赫々、台湾沖航空戦、五日にわたる猛撃。空母一九、戦艦四等、撃沈破四五隻、敵兵力の過半を壊滅、輝く陸海一体の偉業。

報道部長は「今や真の決戦段階、敵は右腕に痛撃を受けても、左腕で比島を狙っている。この曠古《こうこ》の大戦果によって戦勢転換の機至る」と談話を発表した。

久し振りの大戦果に国内は沸き立った。十月二十一日には勅語が下賜されるという有様だった。

ところが、「海底艦隊」にされたはずのアメリカ機動部隊は、依然として健在であった。そして〝敗退する〟どころか、その母艦機は十月十二日、十三日には台湾方面に出現、基地、工場、倉庫、港湾設備、船舶を猛撃して日本機と渡り合った。又十四、十五両日には再び台湾とルソン島北部に来襲して、思う存分あばれまわった。

戦果を途方もなく過大評価していたのである。実際にこの攻撃で敵に与えた損害は、二隻の大型巡洋艦（キャンベラ、ヒューストン）を大破させたに過ぎなかったのである。

この誇大な戦果は国民を有頂天にさせ、報道部の肩身を広くさせたのはまだいいとして、その後の作戦に重大な影響を及ぼした。この点はアメリカの史家も指摘している。

戦果訂正の意見も出たが、勅語も出ていることとなので今更何ともならないことだった。

○大本営発表（昭和十九年十月十九日十八時）

我部隊は十月十二日以降連日連夜台湾及「ルソン」東方海面の敵機動部隊を猛攻し其の過半の兵力を壊滅して之を潰走せしめたり

（一）我方の収めたる綜合戦果次の如し
轟撃沈
航空母艦十一隻、戦艦二隻、巡洋艦三隻、巡洋艦若は駆逐艦一隻
撃破
航空母艦八隻、戦艦二隻、巡洋艦四隻、巡洋艦若は駆逐艦一隻、艦種不詳十三隻、
其の他火焔火柱を認めたるもの十二を下らず
撃墜
百十二機（基地に於ける撃墜を含まず）
（二）我方の損害
飛行機未帰還三百十二機
〔註〕本戦闘を台湾沖航空戦と呼称す

○キング元帥報告書
十月十三日薄暮、機動部隊の一部は巧妙な航空攻撃を受け、わが巡洋艦一隻が撃破された。戦闘能力は喪失していたが、同艦の迅速適切な応急処置で安定性が得られたので曳航《えいこう》された。巡洋艦及び駆逐艦で遮蔽《しゃへい》し母艦からの航空援護によって損傷艦の避退を開始した。当時わが艦隊は台湾から一二〇マイル沖にあって沖縄、ルソン及び台湾からの

敵航空圏内にあった。敵は我方を連続攻撃し、十四日夕刻には更にわが一巡洋艦撃破に成功した。同艦も曳航され、両艦共修理のため安全に基地に帰投した。

	艦種	兵力	発表損害	実際	艦名
日	飛行機	延945	312	174	地上被爆の損害を加えて発表
米	空母		11（8）		
	戦艦		2（2）		
	巡洋艦		3（4）	〔2〕	ヒューストン、キャンベラ
	艦種不詳		（13）		
	巡又は駆		1（1）		
	駆逐艦				
	飛行機		112		

十七日ころ、戦果がどうも怪しいと気がついた大本営海軍部は、連合艦隊、攻撃部隊の関係者を東京に集め戦果を再調査した。

その結論は「どう有利に見ても、航空母艦四隻を撃破した程度、撃沈艦は一隻もなし」であった。ところが如何なる理由によるものか、この結論は陸軍部に通報されなかった。このことが数日後に作戦指導上の大誤算を生むことになる（細部後述）。

レイテ決戦の決定

○大本営発表（昭和十九年十月二十一日十六時）
比島レイテ湾内の敵は十月二十日レイテ島タクロバン附近に上陸を開始せり所在の我部隊は之を邀撃交戦中なり

この大本営発表の前に、次のような経過があった。

十月十七日早朝、レイテ湾口にあるスルアン島の海軍見張所から、「午前七時戦艦二、特空母、駆逐艦六近接中」、つづいて「午前八時、敵の一部は上陸を開始せり」という平文（暗号化されない生文）の入電があった。

この日はレイテ方面は風が強く、降雨が断続していた。関係部隊は直ちに警戒態勢に入った。が、現地部隊の空中偵察の結果は、「レイテ湾内敵艦船なし、湾外密雲にして視察し得ず」という報告だった。

翌十八日は風速三〇メートルに及ぶ暴風雨だった。航空偵察はほとんど不可能だった。

レイテ守備の第十六師団長は、次のように関係部隊に通報した。

「敵軍艦艇多数レイテ湾内に進入しあるも、師団の判断としては敵は進攻のため進入せるものなりや、あるいは暴風雨避難のため入港せるものなりや、あるいは台湾沖の戦闘に於て損傷を受けた一部艦船が遁入したものなりや不明なり」

こうした不十分な情報から、山下大将の第十四方面軍も、東京の大本営も適確な判断を下すことはできなかった。

レイテ島内の重要飛行場は、荒天候にもかかわらず連続する波状攻撃をうけた。午後になると、多数の敵艦艇が湾内深く進入してきて、掃海を実施、海岸要地に艦砲射撃が始まった。

これらの現地からの報告を総合して、十八日中に大本営は、「国軍の決戦方面を比島方面に確定し、陸、海、空の全力を挙げて、米軍主力の進攻に対し決戦を指導する」という大方針を決定した。

十九日早朝から更に猛烈な艦砲射撃が始まった。当時レイテ湾内にあった敵艦船は、空母六、戦艦八〜一〇、輸送船約一〇〇を数えられた。正午ころ、煙幕を展張し、舟艇約五〇隻で、ドラッグ、タクロバン正面に上陸を開始したが、日本軍はこれを撃退した。

翌二十日、舟艇約二〇〇隻で艦砲射撃に支援されて、主力タクロバン、一部ドラッグ地区に上陸してきた。この兵力を、二十六日の大本営発表で、約三個師団と公表したが、実際は六個師団、総計約二〇万という大兵であった。

そこで、陸軍地上部隊の反撃作戦が開始された。これが前掲の大本営発表である。発表自体に間違いはない。

しかしながら、ここに一つ極めて重大な事実が発表のかげに隠されていたことを指摘する必要があろう。それは、前に触れたように「地上決戦はルソン島地区」と決定し、準備していた大方針を、十月二十日に大本営が変更をしている点である。

新方針は、「レイテ湾に来攻した敵主力に対し、空、海のみならず地上軍をも指向し、ここに国軍の総決戦を求める」というものである。

元来、比島方面軍は兵力が少なく、空海の敵の妨害により、わが海上機動が著しく困難であると予想され、比島全域に随時地上兵力を機動し、随所に決戦を指導することは至難である、と考えられ、それ故にこそ地上決戦はルソン島と決定され、中、南部比島に連合軍が来攻しても、地上軍の決戦はしない、と定められていたのである。

それでは何故、大本営はレイテ決戦に変更したのか。それは、誠に運命的なものであった。「台湾沖航空戦で日本の収めた戦果は絶大で、今や敵の機動部隊即ち主力艦隊に大打撃を与えた。したがって、中、南部比島地区への地上軍の移動は可能になった」と判断したのである。陸軍部は前述の台湾沖航空戦の戦果再検討会議の結論を知らされていなかったのだ。

参謀次長、作戦課長、作戦主任参謀がこの重大変更を知らせるために、東京から現地に飛んだ。南方軍総司令官はこの新企図を直ちに承知した。しかし、比島方面軍司令官山下大将は反対意見だった。

「台湾沖航空戦の成果がどうであろうと、敵がいま比島の一角に来攻したのは、今までの敵の堅実なやり方から判断して、兵力と準備に確信あってのこと、こちらは何の準備もしていないレイテに、突如大兵力を差し向けても、予期する戦果は収め得ない」山下大将はこう述べたが、結局、大本営、南方軍側に押し切られた。

いつものような定形で連合軍の上陸を知らせる十月二十一日の大本営発表のかげに、このような日本を急転直下、敗戦に追いやる悲劇的な決定が行なわれていたのである。

海上決戦

当時、連合艦隊は、航空兵力が不足するために、自主的に洋上作戦を遂行することができない。しかしながら無為にして自滅するよりは、むしろ大戦艦武蔵以下の海上部隊主力を、敵の上陸点に突入することが、国軍の総決戦にのぞむ帝国海軍海上部隊に残された唯一の道であると判断した。

豊田連合艦隊司令長官は、ボルネオのブルネイ湾に出撃準備中だった第一遊撃部隊（栗田部隊）のタクロバン突入を、十月二十五日黎明時と定めた。

海上部隊が、航空の援護を離れて、独力敵の上陸地点に突入するという、悲壮な海戦がかくして始まった。

機動部隊本隊（小沢部隊）がオトリになって、比島東方海域に敵機動部隊を牽制、その間に第一遊撃部隊が、第二遊撃部隊（志摩部隊）の支援のもとに、レイテ湾に突入しようというのである。

三度目、そして最後となったZ旗が上がった海戦であった。

戦闘詳報は十月二十四日、二十五日の両日大本営に接受され、発表は二十五、二十六、二十七日の三回にわたって行なわれた。第一回は次のような発表であった。

〇大本営発表（昭和十九年十月二十五日十六時）
我艦隊は昨二十四日朝来比島東方海面の敵機動部隊並に輸送船団に対し海陸相呼応し之を猛攻中にして、現在迄に判明せる戦果次の如し
撃沈　航空母艦四隻（エンタープライズ型を含む）、巡洋艦二隻、駆逐艦一隻、輸送船四隻以上
撃破　航空母艦二隻、戦艦一隻、巡洋艦二隻
我方の損害　巡洋艦二隻、駆逐艦一隻沈没

以下つづいて三回発表されることになるのであるが、まず、戦果発表の基礎になったものを列挙してみよう（括弧内の注は、後日判明した実際の戦果である）。

〇二十四日
（1）空母二隻沈没（内一隻は大型正規空母）、重巡二沈没、駆逐艦数隻撃沈、其他にも損害を与えた。

この空母二隻は後刻、三〜四隻で内一隻はエンタープライズ級と追加訂正された。
（2）空母二隻撃沈（筆者注／護送空母一隻を一本の魚雷で小破）
（3）空母二隻を大破（筆者注／改装空母プリンストン沈没）、駆逐艦四隻大破
（4）空母一隻黒煙に包まれ、他の一隻は白煙に包まれた。
○二十五日
空母一沈没（筆者注／護送空母セント・ロー）、空母一大破、巡洋艦一沈没（筆者注／駆逐艦ホール沈没）、大型空母一隻沈没（筆者注／護送空母ガムビア・ベイ）、駆逐艦一沈没（筆者注／護送駆逐艦サミュエル・B・ロバーツ沈没）、エンタープライズ級空母一隻沈没、一隻大破（沈没確実）、駆逐艦三隻沈没

この報告によって〝赫々、相次ぐ戦果〟が〝空母十五、戦艦一など艦船二十七隻を撃沈破〟として大々的に報道された。

新聞の見出しは、次のようなものである。

比島東方海面に一大艦隊決戦─海上部隊の真価発揮─神算鬼謀敵の意表を衝く─壮烈な肉薄襲撃─隠忍畜積の戦力爆発─全砲門を開き猛撃─我艦隊敗敵を急追……。

この二〇〇隻を越える日米海軍の全力を挙げて戦われた大海戦の、経過は次のようなものであった。

○キング元帥報告書（要旨）

レイテ上陸にあたり、同方面のわが軍を駆逐しようと決意した日本海軍の挑戦をうけた。十月二十三日から二十六日の間、将来の作戦の勝敗のかかる一連の水上、航空主力の交戦があった。

レイテ海戦と命名されたこの交戦は大別すると、スリガオ湾戦、サカール海戦、エンガノ沖海戦という、三つのほとんど同時の海軍戦闘で最高潮に達した。

敵は三部隊であった。その一つは南方部隊と以下呼ぶが、スリガオを通過してレイテに近接したが、十月二十四〜二十五日夜第七戦隊の部隊によってスリガオで撃破された。次の部隊、すなわち中央部隊（筆者注／栗田部隊）は第三艦隊母艦機によって、一度攻撃をうけたにもかかわらず、サン・ベルナルディオを通じて来襲し、二十五日朝サカール沖で第七艦隊護送空母を攻撃した。

最後に北方部隊（筆者注／小沢部隊）は日本の方向からフィリピンに近接したが、攻撃をうけ二十五日朝、第三艦隊快速機動部隊に撃破された。

十月二十三日早暁、米潜水艦ダーターとデースはパラワン及び「危険浅瀬」間の狭い水道で、西方に戦艦五隻、重巡一〇隻、軽巡一又は二隻、駆逐艦約一五隻からなる中央部隊を発見した。この潜水艦は直ちに攻撃、三重巡の各々に魚雷命中を報じた。その中二隻沈没、一隻は大破した。

ダーターは敵陣中に、次の攻撃をかけているうちに海峡中間のリーフに坐礁した。

二十四日、母艦機は中央部隊（シブヤン海）及び南方部隊（スール海進行中）の位置発見を報告した。報告は間に合って、海軍中将ミッチャーの快速母艦から航空機を発進させ、敵に甚大な損害を与えた。

第三の敵部隊、北方部隊の位置発見報告は遅れて二十四日午後になった。そこで攻撃は翌日になった。この索敵攻撃が行なわれている間に、わが快速機動部隊中の最北の諸群は、敵基地航空機の連続攻撃にさらされた。

その部隊付近で約一一〇機を撃墜したが、一敵機は小型航空母艦プリンストン爆撃に成功した。損傷母艦に大火災が起こり、付近の巡洋艦、駆逐艦の努力にもかかわらずプリンストンは潰滅的爆発を起こし、周囲の船舶を破損し死傷を生ぜしめた。

艦救出の努力数時間の後、機動群は新たに敵の脅威を受けること明白となったので（北方部隊を視認したと報告があった）、プリンストンはわが艦艇の魚雷によって撃沈された。

スリガオ海峡の海戦

十月二十五日早朝、敵南方部隊はスリガオ海峡に入った。艦艇七隻（戦艦二、重巡一、駆逐艦四）は粗雑な縦列を作って進み、わが部隊が待受けた狭水道に近づいて来た。日

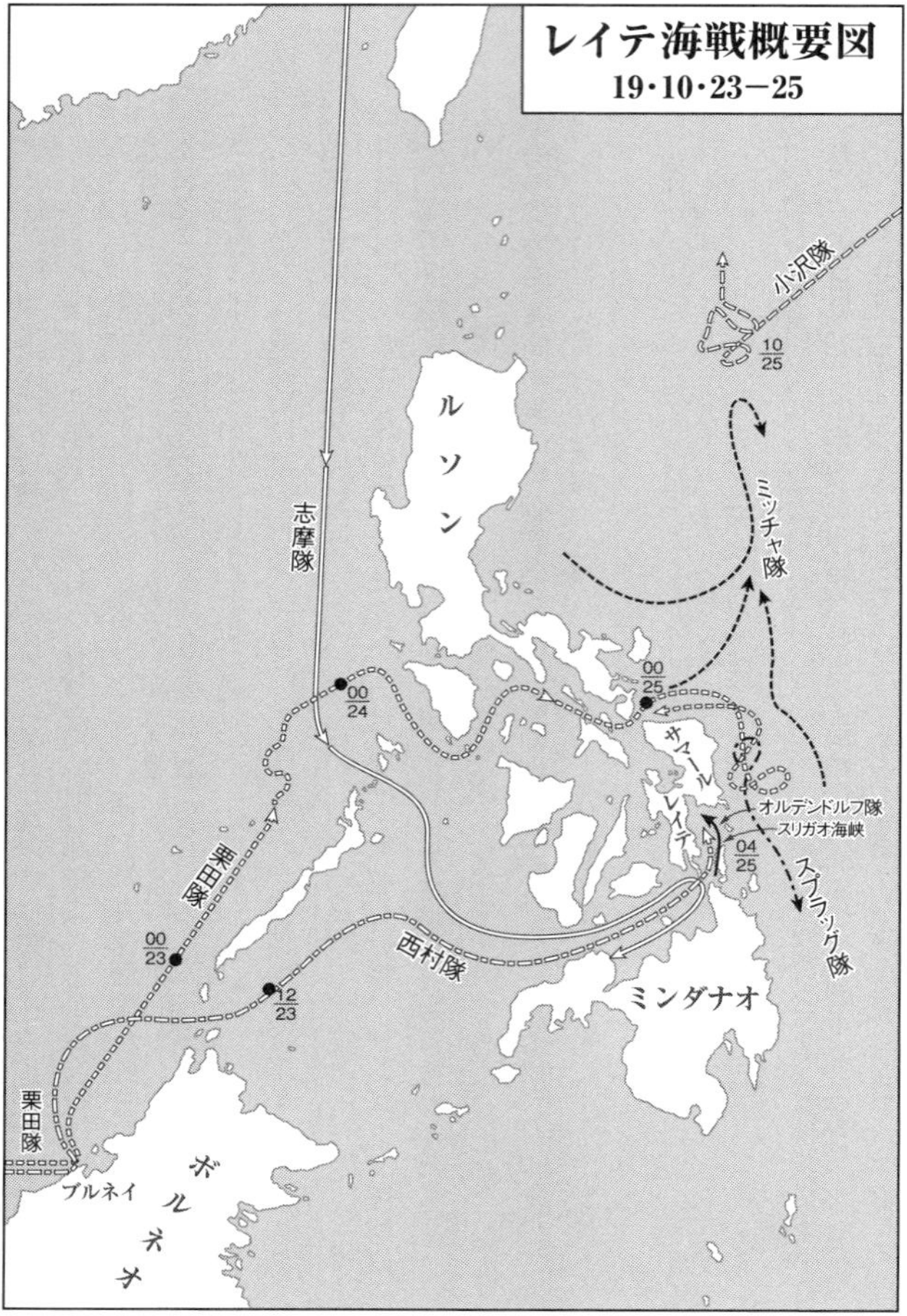
レイテ海戦概要図
19・10・23―25
小沢隊
10/25
ルソン
ミッチャ隊
志摩隊
00/24
00/25
サマール
レイテ
オルデンドルフ隊
スリガオ海峡
04/25
スプラッグ隊
栗田隊
00/23
西村隊
12/23
ミンダナオ
栗田隊
ブルネイ
ボルネオ

本軍はまずわが魚雷艇に遭遇、つづいて互いに連けいしあった駆逐艦の襲撃を三回うけ、最後に海峡北端を横断して布陣したわが巡洋艦、戦艦の潰滅的砲火をうけた。

日本軍は完全に敗北した。この戦闘は古典的海軍戦術「T字形横断」の実例だった。米軍は近接する艦列のそれぞれの側背に軽部隊を展開し、巡洋艦及び戦艦をもって海峡を通過して進出しようとする敵の頭をおさえる隊形をとった。

米軍は日本艦隊が退避する前に、砲火及び魚雷の火力を集中することができた。日本軍は砲門を開く前に戦艦二隻、駆逐艦三隻を喪失した。重巡と駆逐艦一隻が逃避したが、翌日この夜戦に参加しなかった艦艇とともに、わが航空機により撃沈された。

この海戦で、駆逐艦アルバート・ダブリュー・グラントは砲火によって大破したが、他の艦艇に被害はなかった。

サカール沖海戦

二十四日、第三艦隊母艦はサン・ベルナルディオ海峡に向かう中央部隊に対し攻撃を開始した。米艦隊は戦艦五隻、巡洋艦八隻、駆逐艦十三隻からなっていた。日本艦隊がミンドロ海峡を通過して東方に向かうころ、わが飛行機は大挙これを攻撃して、新鋭戦艦武蔵を撃沈し、巡洋艦一、駆逐艦一をも撃沈し、日本の誇る武蔵の姉妹艦大和を含む他部隊を爆撃及び魚雷により大破させた。

敵艦艇中の数隻は後退しなければならないほどの損害をうけ、数隻を喪失したにもかかわらず、中央部隊の一部はサン・ベルナルディオ海峡を通過して発見されずに、サカール東方沖へと遮に無に行動した。

わが護送空母は煙幕を展張して、レイテの地上戦闘支援と哨戒継続任務の為、サカール東方に三群に分散した。二十五日の夜明け間もなく、日本中央部隊は戦艦四、巡洋艦五、駆逐艦十一の編成で、米護送空母群を攻撃した。

わが軽装空母がレイテに避退すると追撃戦が起こった。護送空母六、駆逐艦三、護送用駆逐艦四は、砲、魚雷、飛行機で敢闘した。飛行機と護衛艦が必死の反撃を行ない空母群を援護した。激戦二時間半ののち、日本軍は交戦を放棄して、サン・ベルナルディオ海峡に後退した。

全三群護送空母機は第三艦隊の援助をうけて、二十五日午後の攻撃で敵重巡二隻、駆逐艦一隻を撃沈した。更に二十六日、わが追撃機は駆逐艦一隻を撃沈し、他に敵艦数隻を撃沈又は大破させた。

水上交戦では駆逐艦ヘール、ジョンストン、護衛駆逐艦ロバーツ、護送空母ガムビール・ベイは敵砲火によって沈没した。乱戦にまき込まれた他の空母及び護送艦艇で被弾したものは、スワンネ、サンティー、ホワイト・ブレン、キトクン・ベイであった。二十五日朝、敵急降下機は護衛空母セイント・ローを撃沈した。レイテ湾の海戦では敵の約一〇五機が第七艦隊護衛空母によって撃墜された。

エンガノ岬沖海戦

第三艦隊からの索敵機は十月二十四日朝、敵中央及び南方部隊の位置と、それらは戦艦、巡洋艦、駆逐艦からなり、空母を伴っていないことを確認した。日本海軍が大努力をしていることは明白なので、ハルゼー提督は近隣に敵空母が存在すべきだと推論した。そこで、同提督は北方に対し特殊捜索を命じたところ、果して南方に向かう母艦、戦艦及び駆逐艦を含んだ強力な部隊、即ち敵北方部隊を二十四日午後確認した。

二十四日から二十五日の夜を通じ、わが機動部隊は北方に航行し、未明に敵攻撃のため飛行機を発進した。二十五日の大部分を通じて行なわれたエンガノ岬沖海戦（ルソン島北端に最も近い場所を選んで命名した）は、大型空母一、小型空母三、飛行甲板を有する戦艦二、巡洋艦五、駆逐艦六から成ると確認された敵部隊を、わが母艦機が攻撃した戦闘である。

日本艦隊に加えられた航空攻撃は、午前八時四十分からほとんど午後六時まで継続した。同日遅く、わが巡洋艦及び駆逐艦の一隊は、航空攻撃によって痛手をうけた敵艦艇を片付ける為派遣された。この日の戦闘で、日本軍の空母、軽巡洋艦、駆逐艦はことごとく沈没し、戦艦その他は爆撃と魚雷で大破した。

二十五日早暁、ハルゼー提督は友軍母艦機で攻撃された敵中央部隊が、サン・ベルナルディオ海峡を通過して、サカールの沿岸を南下し、スプレイグ少将指揮下の護送空母を攻撃中との報告を受領した。

そこでハルゼー提督は第七艦隊援助のため快速戦艦及び空母の分遣隊を派遣した。日本中央部隊は米空母の猛烈な防禦に直面、やがてサン・ベルナルディオ海峡を北方に後退し始めた。第三艦隊は航空機を発進させて、この敵を更に攻撃した。二十五日午後中に母艦機は、重巡二隻、軽巡一隻を撃沈し、駆逐艦一隻の艦首を爆破し、戦艦四隻、及び他の巡洋艦、駆逐艦に損害を与えた。

第三艦隊快速水上艦隊は遅れて戦場に到着、二十六日、日本の落伍艦を撃沈した。落伍艦は巡洋艦又は駆逐艦と判定された。第三艦隊母艦機は残存戦艦に対し更に損害を与えた。

この二十六日夕刻までにレイテ湾海戦は終了し、日本側の三部隊は破摧されたか、あるいは米軍の攻撃圏外に退却していた。

かくして、連合軍のフィリピン上陸に対する日本軍の脅威は除かれた。第三艦隊の損失は、プリンストン小型空母と飛行機四〇機である。

連合艦隊参謀長福留繁中将は、その著「海軍の反省」で「実にレイテ沖海戦五日間に、日本海軍は航空母艦四隻、戦艦三隻、重巡洋艦六隻、軽巡洋艦四隻、駆逐艦十一隻、潜水艦五隻計三十三隻を喪失し、他に多くの損傷艦を出した。まことに有史以来世界海戦史上未曽有の損害である。

この結果、日本艦隊はもはや戦略単位たる能力は勿論戦術単位たる能力すら失い、爾後全く敗残艦艇としての余端を保つに過ぎなかったのである」と、回想している。

ところが、当時の発表は例によって、戦果と損害が逆であった。三回の発表を整理すると次表のようになる。

	艦種		兵力	発表損害	実際	艦名
日	空母	正規	1	1〔1〕	1	瑞鶴
		補助	3		3	瑞鳳、千歳、千代田
	戦艦		7	1〔1〕	3	武蔵、山城、扶桑
	巡洋艦	重	13	2	6	愛宕、摩耶、鳥海、最上、鈴谷、筑摩
		軽	6		4	多摩、能代、阿武隈、鬼怒
	潜水艦		13		5	
	駆逐艦		36	2	11	浦波、若葉、満潮、朝雲、山雲、野分、藤波、早霜、秋月、初月
	輸送船				17	
	飛行機		716	126	215	
米	空母		32	8（9）	3（1）	ガムビーア・ベイ、セイント・ロー、プリンストン
	戦艦		13	（1）		
	巡洋艦		12	4（2）	〔1〕	
	駆逐艦		60	4（3）	3	ホール、サミュエル・B・ロバーツ、ジョンソン
	潜水艦		20			
	輸送船		53	4		
	飛行機			500	125	

神風特攻隊

「神風特別攻撃隊敷島隊、十月二十五日一〇四五、スルアン島の北東三〇カイリにて空母四隻を基幹とする敵機動部隊に対し奇襲に成功、空母一に二機命中撃沈確実、空母一に一機命中大火災、巡洋艦一に一機命中轟沈」

この報告を受け取った大本営は深い感動に含まれた。鬼神も泣く神風（部隊ではシンプウと言っていたが一般にはカミカゼ）特攻戦は、こうして開始されたのである。

十月二十八日、この偉勲に対する全軍布告は、海軍省公表として発表され、全国民に異常な感激をまき起こすと同時に、戦局の急迫をしみじみと痛感させた。

新聞は次の見出しを掲げて、この壮烈な行動にこたえた。

唯額かん、この忠烈！　愛機に爆装体当り、敵艦もろ共轟炸、偉勲不滅。

公表文は次のとおり。

〇海軍省公表（昭和十九年十月二十八日十五時）
神風特別攻撃隊敷島隊員に関し連合艦隊司令長官は左の通全軍に布告せり

布　告

戦闘〇〇〇飛行隊分隊長　海　軍　大　尉　関　　行男
戦闘〇〇〇飛行隊附　　　海軍一等飛行兵曹　中野　盤夫

戦闘○○○飛行隊附　同　　谷　暢夫
同　海軍飛行兵長　永峰　肇
戦闘○○○飛行隊附　海軍上等飛行兵　大黒　繁男
神風特別攻撃隊敷島隊員として昭和十九年十月二十五日○○時「スルアン」島の○○度○○浬に於いて中型航空母艦四隻を基幹とする敵艦隊の一群を捕捉するや必死必中の体当り攻撃を以て航空母艦一隻撃沈同一隻炎上撃破巡洋艦一隻轟沈の戦果を収め悠久の大義に殉ず忠烈万世に燦たり仍て茲に其の殊勲を認め全軍に布告す
昭和十九年十月二十八日
連合艦隊司令長官　豊田　副武

こうして、いわゆる神風特攻は、比島方面、台湾硫黄島方面、沖縄方面にわたって反覆回を重ねて、昭和二十年八月十五日まで二九〇回に及んだ。使用機数は二、三六七機、参加隊員は二、五三〇余名に達している。

神風特攻は沖縄戦では、「菊水」の名称と番号をつけ、一号―十号菊水作戦と呼ばれている。別に昭和十九年十一月七日から、陸軍特別攻撃隊（旭光、鉄心、石腸等）も特攻を開始した。

発表は戦果の確認されたものは、ほとんど大本営発表又は基地特電の形式で公表され、回数は七一回（発表五四回、特電一七回）であった（戦果なし又は不明のものは一三八回）。発表文中、神風特攻隊と明記されたものは、全体を通じ四〇回程度である。

発表、特電については、真実と認められるものだけが現地からの戦闘詳報に基づいて採用された。しかしながら、艦型の識別を誤ったもの、同一の戦果を二重、三重に報告したもの、自爆機の火焔や黒煙を、敵艦の沈没と誤認したものが少なくなかったのは、止むを得ないことである。前述の関大尉の指揮する敷島隊の戦果も、巡洋艦以上の沈没は確認されていない。

全期間を通じて、空母五以下、駆逐艦以上計五一隻を撃沈、空母三二隻以下、計一一二隻を撃破した判定戦果に対して、実際沈没したものは、護送空母四隻以下四五隻、大破三七隻（大型空母一六隻を含む）、損傷をうけたものは三七〇隻以上と記録されている。

艦種	判定		実際
	沈没	撃破	
空母	6	33	大破9（イントレピッド、バンカーヒル、エンタープライズ、サラトガ、フランクリン、ワスプ、レキシントン、ベローウッド、ランドルフ）
戦艦	8	6	損傷2（カリフォルニア、ニューメキシコ）
重巡	2	2	大破1（ナッシュビル）
巡洋艦	9	16	
駆逐艦	8	15	沈没2
艦型不詳	11	47	
輸送船	7	3	
計	51	112	沈没45、大破37、損傷371（合計453）

比島沖海戦後の要地爆撃

比島沖海戦後、日本海軍の生残りの艦艇は、マニラ港やオルモック港にその敗残の身を横たえていた。戦勝の余勢と次期作戦に備えた〝無敵の機動部隊〟が、どうしてこの好餌を見逃しておこう。十一月になると、その攻撃は日本側のあらゆる戦力の上に、無慈悲な爆弾の雨を降らせ続けた。

キング元帥報告書による空襲の状況は、左のとおりである。

第二艦隊は十一月五日、六日、マニラ及び付近飛行場を母艦機で攻撃し、敵機四三九機を破壊し、巡洋艦、駆逐艦、護送駆逐艦、駆潜艇、油槽船各一隻を撃沈し、四四艦艇に損害を与えた。地上施設には命中弾多数を与え、鉄道施設を破壊した。

十一月十一日、快速母艦機はレイテ島南岸オルモックに入港中の日本船団を攻撃し潰滅させた。即ち、輸送船四、駆逐艦五、護送駆逐艦一を撃沈し、敵機一三機を撃墜した。レイテ守備隊を増強しようとした日本軍の主要企図はこれで終わった。

十一月十三、十四日の二日間、快速母艦機に依るルソン、マニラ攻撃が行なわれた。目標上空に於ける対空砲火は、初日は軽微であったが、二日目は強化されていた。

母艦機は輸送船三、貨物船三、駆逐艦三を撃沈し、四三艦船を撃破した。二日間で敵八四機を破摧した（筆者注／台湾沖航空戦と同日）。

十九日、ルソンの諸目標に対し更に空襲を施行した。航空抵抗はほとんどなく、目標上空で一六機を撃墜、地上で一〇〇機を破摧し、わが空母付近で撃墜されたものとあわせ、当日は敵機一四二機を除去した。船舶中、攻撃目標として位置の発見されたものはすくなく、この種合計は貨物船一隻、小舟艇二隻の撃沈、一三隻の破壊である。

十一月二十五日、レイテ作戦支援の最後の攻撃がルソン島で開始された。今回は軽巡一、機雷敷設艦一、護衛駆逐艦一、貨物船六、油槽船一を撃沈、他に二九隻を撃破した。目標上空で二五機、地上で三二機を屠った。空母に対する日本軍の攻撃は、いつもより激しく、母艦付近で敵機三一機を撃墜した。

十一月諸攻撃中、快速機動部隊の空中戦に於ける損失は九七機であった。

比島沖海戦の惨敗後であり、攻撃されるばかりで反撃もできず、気の滅入る報告しか来ないせいもあってこれらの米軍の活潑な要地攻撃は、一度も大本営発表で取り上げられなかった。

レイテ陸上決戦

十月

十月二十日、連合軍のレイテ上陸以降の戦況は、概ね次のように推移した。

二十一日、所在部隊の応戦。

二十二日、山下大将第三十五軍に成し得る限りの兵力を集結して当面の敵を撃滅と命ずる。軍司令官増援下令。

二十三日、マッカーサー大将タクロバン上陸。

二十九日、第十六師団ブラウェンダーガミの線で敵の進出阻止。

十一月
一日、北部地区カリガラ西方に後退。増援の第一師団、第二十六師団の一部オルモック（後方基地）到着。

三日、敵予想外に早期に後方まで進出、第一師団と遭遇戦。地上決戦開始さる。

六日、第十六師団正面連日猛攻をうけ山地脚まで後退。

十一日、後続第二十六師団主力の輸送船五隻全部海没。

十五日ころ、第一師団の一部敵を分断す。

十七日、第百二師団司令部オルモック到着。

二十三日、戦勢混沌。

二十四日、陸海軍航空部隊総攻撃。

二十六日、薫空挺隊ドラッグ飛行場に強行着陸。

十二月
六日、第一師団の一部、第二挺進団（落下傘部隊・高千穂降下部隊）ブラウエン飛行場へ突入、降下。

七日、第二十六師団の一部ブラウエン南飛行場突入。米軍の一部オルモック南方に上陸を開始、このため第三十五軍はブラウエン作戦を中止。

十一日、米軍にオルモック占領さる。

十六日、オルモック付近の米軍、東方及び北方に攻勢に出る。

十七日、比島方面軍、レイテに増援措置。

十九日、比島方面軍、レイテ作戦を全部中止し、第三十五軍に「永久抗戦」を命ず。

以上がレイテ陸上決戦の大要である。

大本営発表はこの間、十月二十六日から十二月十五日まで前後二四回にわたって、レイテ決戦の状況を発表しているが、航空（特攻）関係が主で、地上戦闘については、十一月四日のドラッグ、タクロバン西方高地で激戦中、十二月二日薫空挺隊、同七日高千穂降下部隊、同九日ブラウエン飛行場突入交戦中、の四件を簡単に発表しているに過ぎない。

十二月十九日、比島（第十四）方面軍がレイテ作戦の中止を命じた理由は、左記事態が生起して、本拠であるルソン島の存在が危くなってきたからである。

○大本営発表（昭和十九年十二月十六日十六時）
一　有力なる艦隊護衛の輸送船団に依る約一箇師団の敵は比島スール海に侵入し十二月十五日朝来ミンドロ島西南端サンホセ附近に上陸を開始せり我航空部隊は連日右

輸送船団を攻撃中にして敵上陸地点附近の我地上部隊亦之を邀撃激戦中なり
二　右攻撃に於て我航空部隊の十二月十三日より十五日に至る三日間に収めたる戦果中現在迄に判明せるもの次の如し
撃沈　輸送船四隻、大破炎上　輸送船八隻、戦艦二隻、巡洋艦三隻、巡洋艦又は駆逐艦二隻、撃破　艦種不詳六隻

発表にあるサンホセからマニラまでの距離は、わずか一五〇マイル。明らかにルソン島攻略のための最後の布石と見て間違いないところである。

国軍総決戦といわれたレイテ島作戦間の、日本軍戦死者は五六、二六三名、捕虜三八九名。米軍の戦死者は二、八八八名、負傷者八、四二二名、行方不明一六一名である。

ルソン島作戦

リンガエン上陸

○大本営発表（昭和二十年一月七日十七時十分）
一　機動部隊援護の下にルソン島西方海面に現出せる敵艦船は一月六日朝リンガエン湾に進入し同湾沿岸に対し艦砲射撃を実施中なり

二　別に同日午後ミンドロ島南方及ミンダナオ海を有力なる敵輸送船団西進中なり
三　我航空部隊は一月三日以降右の艦船を連続攻撃中にして同六日夕迄に判明せる戦果次の如し（既発表のものを含む）
轟沈　航空母艦三隻　戦艦一隻　戦艦若くは巡洋艦二隻　巡洋艦一隻
撃沈　輸送船一六隻
撃破　航空母艦三隻　戦艦若くは巡洋艦二隻　艦種不詳大型艦一隻　駆逐艦一隻
輸送船二隻

いよいよ連合軍のルソン島上陸近きを知らせる発表である。思えばリンガエン湾は、昭和十六年十二月二十二日、マニラを目指す日本軍が奇襲上陸した海岸であった。

連合軍は発表にある艦砲射撃と爆撃を三日間連続して、二十年一月九日怒濤のように海岸に殺到した。日没までに長さ二四キロメートル、幅五〜六キロメートルの橋頭堡を確保し、六万八千人が上陸した。

一月十日、十二日の大本営発表は、上陸と直後の戦況を伝えている。

○大本営発表（昭和二十年一月十二日十五時三十分）
一　リンガエン湾沿岸に上陸せる敵は歩兵二個師団戦車一個師団内外にしてサンフアビアン正面に於て若干進出せる外海岸附近に於て態勢を整えつつ、更に兵力の増強を

企図しあり
我地上部隊は之を邀撃敢闘中なり
二　我航空部隊亦引続きリンガエン湾附近の敵艦船を猛攻中にして一月九、十日両日収めたる戦果中確認し得たるもの次の如し
轟沈　輸送船一隻　巡洋艦二隻
撃沈　輸送船二隻　航空母艦一隻　巡洋艦一隻　巡洋艦若くは駆逐艦二隻
大破炎上　輸送船七隻航空母艦一隻　航空母艦若くは戦艦二隻戦艦一隻　巡洋艦一隻

○大本営発表（昭和二十年一月十五日十六時三十分）
リンガエン湾方面其の後の戦況次の如し
一　敵は海岸附近より逐次パンガシナン平地両側山地帯の我陣地前に近接中なり
二　別に一部の敵は一月十一日サンファビアン北方ダモルテス附近に上陸せり、我地上部隊は之を邀撃中にして十一、十二の両日中に同地附近に於て敵に与えたる損害次の如し
上陸用舟艇撃沈破十四隻以上　人員殺傷約一千名
三　我航空部隊は引続き敵艦船を攻撃中にして特に一月十二日の攻撃戦果中確認し得たるもの次の如し
輸送船　撃沈七隻、大破炎上四隻

駆逐艦　撃破一隻
我方の損害　特別攻撃飛行隊十七機他に未帰還二機
四　我潜水艦亦一月十二日ルソン島西方海面に於て戦艦一隻を撃沈せり

このような大本営発表が、その後、何回となく繰返されるのである。いつもわが部隊は侵攻してくる敵を、邀撃敢闘中であり、多大の戦果を収めるのであるが、発表のたびごとに、連合軍の第一線は次第に拡大し、マニラを目指して南へ、南へと戦場が移動している事実は隠しようもなかった。

一月十九日の発表で、南下中の米軍に対して「有力なる挺進部隊の突入」を報じている。これは従来、中部ルソン平原に降下を予想する米空挺部隊の攻撃のため準備していた戦車第二師団の重見戦車旅団を基幹とし、歩兵二個大隊が支援して敢行した挺進攻撃のことである。この挺進攻撃は、突進部隊の勇戦により、相当の戦果を収めたが、もとより戦局を支配するものではなかった。

マニラ周辺の戦闘

○大本営発表（昭和二十年二月二日十七時二十分）
ルソン島における其後の戦況次のごとし

一、リンガエン湾方面に上陸せる七、八箇師団の敵は其の主力を以て依然パンガシナン平地東方山地帯の我陣地を攻撃すると共に約二箇師団を以て逐次マニラ湾方面に南下し其の一部は一月下旬クラーク地区の前面及サンフェルナンド附近に進出せり、別に一部の敵は一月三十日スビック湾附近に上陸せり

二、パンガシナン平地東方地区の我部隊は敵に大なる損害を与えたる後一月下旬サンファビアン附近よりカバラン山に亘る陣地を撤し爾後ダモルテス附近よりロザリオ東方を経てサンマネル附近に亘る戦線に於て敵の攻撃を撃摧しつつあり、亦一月十六日以来カバラン山東北方地区に侵入し来れる敵機甲部隊を邀撃激戦中なり

我戦車部隊の一部は一月二十七日夜サンマネル附近の敵部隊に対し果敢なる夜襲を決行之に大なる損害を与えたり

三、リンガエン湾方面に上陸せる敵に対し与えたる損害中現在迄に判明せる主なるもの次の如し

人員殺傷約一万一千二百名、破壊又は鹵獲せる兵器　戦車百十四輛　各種火砲七十一門

リンガエン湾に上陸した連合軍は、主力で日本軍の北方拠点に強圧を加える一方、約二個師団で、この発表のように、マニラ方向に南下した。そしてその先遣隊は、一月三十日カルンピット、ガパン地区に達し、二月三日マニラに進入した。

発表第二項の日本軍の戦車部隊は、戦車第二師団主力で、方面軍主力が北方山地帯に転移するための時間を稼ぐのが真の目的だった。発表どおり「果敢なる夜襲」であった。が、例によって絶対優勢な敵（射撃して命中しても、米軍戦車は装甲が厚く日本軍戦車の弾丸では貫徹しない）と、圧倒的な飛行機の攻撃をうけて、戦車師団自体大部分の戦車を喪失した。

○大本営発表（昭和二十年二月六日十六時）
敵の一部は二月三日夕北方よりマニラ市の一角に侵入せり、所在の我部隊は同市内外の要点に占拠し之を邀撃奮戦中なり

当時、マニラ周辺の部隊を、第三十一海軍特別根拠地隊司令官岩淵三次少将が指揮していた。

連合軍はマニラを完全に包囲し、多数のゲリラ部隊と砲撃で攻撃した。

マニラ守備隊の主力は、幾度かこの包囲網を突破しようとしたが、各所に分断包囲されて、逐次戦力を消耗していった。二月二十六日、指揮官岩淵少将は自刃した。

そして約三週間、連日連夜つづけられたマニラ市街戦は終結した。

第八章　本土決戦

硫黄島の作戦

東京から七五〇マイル（サイパンまでの半分）の硫黄島の攻略は、アメリカの日本空襲に対する仕上げの役割を持っていた。

すなわち、マリアナ基地から発進するB—29を援護する戦闘機の基地、日本の重要な航空見張の消滅、マリアナ基地への攻撃の脅威の減少、中型爆撃機による日本攻撃の可能性の獲得——これだけの条件が、一挙に満足されるのである。

アメリカが二万に近い犠牲を意とせず、攻略を強行した理由がここにあったわけである。

二月十七日、敵の上陸企図から、三月十日総攻撃敢行までの一カ月間に、発表は六回に及んだ。

第一回　上陸企図撃退

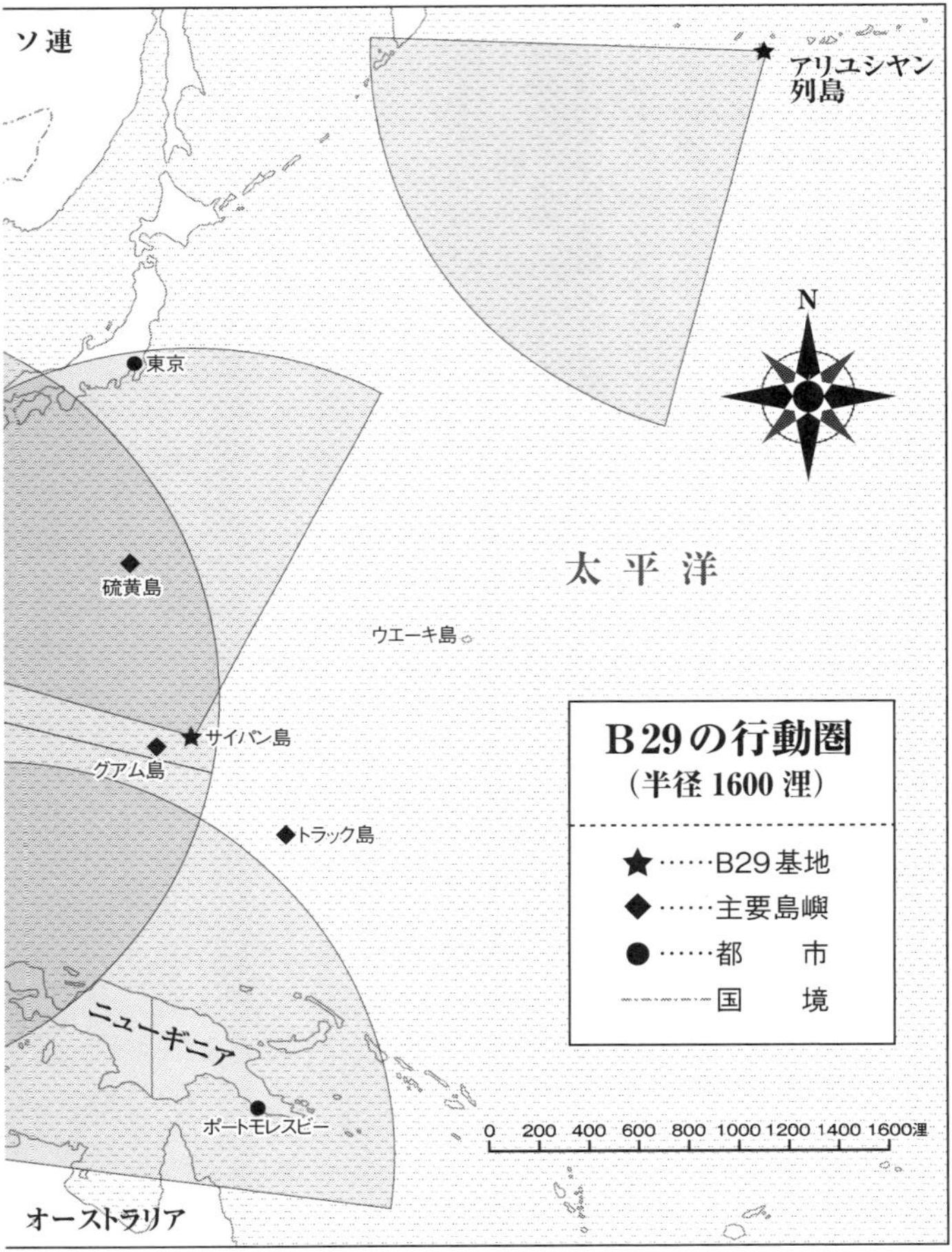
ソ連
アリユシヤン
列島
N
東京
太平洋
硫黄島
ウエーキ島
サイパン島
グアム島
トラック島
B29の行動圏
(半径 1600 浬)
★……B29基地
◆……主要島嶼
●……都　市
……国　境
ニューギニア
ポートモレスビー
0 200 400 600 800 1000 1200 1400 1600浬
オーストラリア

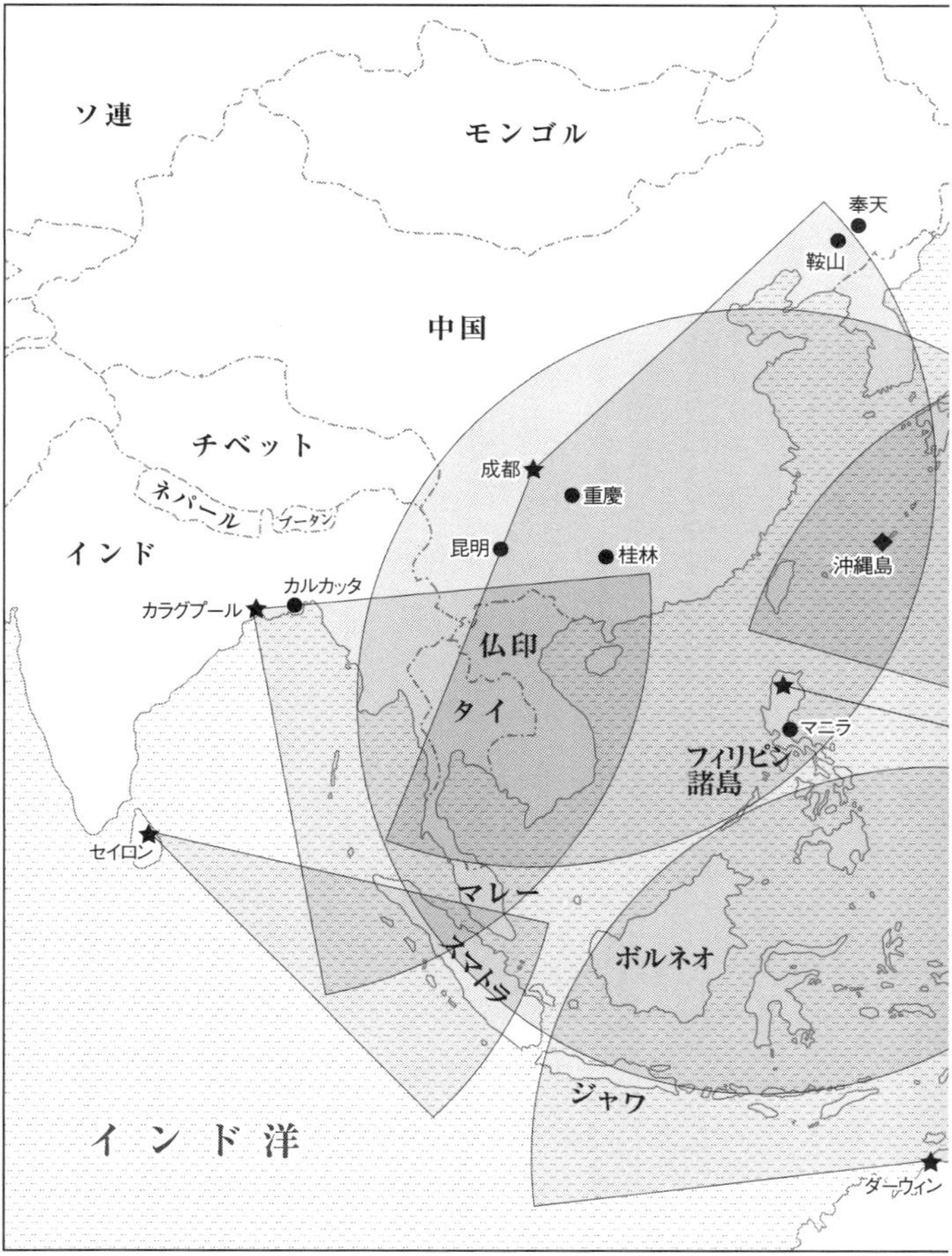
ソ連
モンゴル
奉天
鞍山
中国
チベット
成都
重慶
ネパール
ブータン
昆明
桂林
インド
沖縄島
カルカッタ
カラグプール
仏印
タイ
マニラ
フィリピン
諸島
セイロン
マレー
ボルネオ
スマトラ
ジャワ
インド洋
ダーウィン

第二回　硫黄島に敵上陸、戦車二百輛を伴う一万内外我が守備隊邀撃激戦中
第三回　敵一部玉名山、田原坂に進出、皇軍中央線で勇敢、硫黄島戦局今や急迫す
第四回　既に敵二万を殺傷、皇軍寡兵よく奮戦、各拠点を堅守
第五回　硫黄島危局、玉名山部隊敵中突進、大部は壮烈な戦死、北部落東山引続き敢闘中、敵の損害二万五千八百
第六回　硫黄島遂に敵手に落つ、最高指揮官陣頭に壮烈なる全員総攻撃、敵損害実に三万三千

以上の要旨の六回の大本営発表の外に、基地特電が六回、周辺の航空部隊による戦果が三回発表された。

発表本文は次のとおりである。

○大本営発表（昭和二十年二月十七日十八時二十分）
一、敵は本二月十七日十時頃熾烈なる砲爆撃掩護の下に硫黄島に対し上陸を企図せるも我守備部隊は直ちに之を撃退せり
二、昨二月十六日来我航空部隊及守備部隊の同島周辺敵艦船に対し収めたる戦果中現在迄に確認せるもの次の如し
　轟沈　戦艦一隻
　撃沈　巡洋艦二隻、艦種不詳二隻

撃破　上陸用輸送船三隻
飛行機撃墜十機

○大本営発表（昭和二十年二月二十日十五時）
敵は二月十九日朝硫黄島に対し上陸を開始せり　同島守備の我部隊は之を邀撃激戦中なり

○大本営発表（昭和二十年三月一日十六時）
一、硫黄島守備の我部隊は引続き熾烈なる敵の砲爆撃下優勢なる敵に対し概ね南波止場、元山飛行場中央、城山の線に於て勇戦敢闘中にして二月二十七日午後敵の一部は玉名山及田原坂附近に進出せり敵の同島上陸以来二月末迄に我方の収めたる戦果中確認せる主なるもの次の如し
人員殺傷　約一万三千五百名（海上の戦果を含まず）
戦車炎上又は擱坐二百二十六輛
艦船　撃沈　航空母艦二隻、戦艦一隻、戦艦若くは巡洋艦一隻、巡洋艦四隻、艦種不詳七隻、上陸用輸送船六隻、撃破　艦種不詳五隻、上陸用輸送船二十五隻、掃海艇一隻
外に陸上より認められたる大火柱七十四
二、同方面の最高指揮官は陸軍中将栗林忠道にして硫黄島にありて直接戦闘指揮に任

じつつあり、同方面の海軍航空部隊指揮官は海軍少将市丸利之助、硫黄島の海軍部隊指揮官は海軍大佐井上左馬二なり

○大本営発表（昭和二十年三月六日十五時）

硫黄島の我部隊は其の後逐次我陣地の間隙より侵入せる優勢なる敵に対し三月四日頃より玉名山、大阪山、東山、標流木、北部落附近の各拠点に拠り寡兵克く勇戦敢闘中なり　我同島守備部隊の敵上陸以来陸上において之に与えたる損害中現在迄に判明せる主なるもの次の如し

人員殺傷　約二万名

戦車擱坐炎上　約二百五十輛

○大本営発表（昭和二十年三月十六日十七時）

一、硫黄島の我部隊は其の後北部落及東山附近の拠点に拠り熾烈なる敵の攻撃に対し引続き勇戦敢闘中なり、玉名山地区の我部隊は三月八日夜敢然敵中に突進し、敵に大なる損害を与えつつありしが、其の大部は十三日頃迄に壮烈なる戦死を遂げたるものの如し

二、我同島守備部隊の敵上陸以来陸上に於て敵兵に与えたる損害中現在迄に判明せるもの約二万五千八百名なり

○大本営発表（昭和二十年三月廿一日十二時）

一、硫黄島の我部隊は敵上陸以来約一箇月に亘り敢闘を継続し殊に三月十三日頃以降北部落及東山附近の複廓陣地に拠り凄絶なる奮戦を続行中なりしが戦局遂に最後の関頭に直面し「十七日夜半を期し最高指揮官を陣頭に皇国の必勝と安泰とを祈念しつつ全員壮烈なる総攻撃を敢行す」との打電あり、爾後通信絶ゆ

二、敵兵同島上陸以来三月十六日迄に陸上に於て之に与えたる損害約三万三千名なり

発表と実際との比較は次表のとおりである。

	艦種	兵力	発表損害	実際	艦名
日	飛行機	45			神風特攻隊第二御盾隊戦死一
	死傷		玉砕		六、三〇〇（全員）捕虜一、二二五
米	空母		2	1（1）	護送空母ビスマークシー、サラトガ（大破）
	戦艦		2		
	巡洋艦		4		
	艦型不詳		7（5）		
	掃海艇		（1）		
	小艦艇		6（25）		
	死傷		三三、〇〇〇	一九、二二四	内戦死五、五一七

沖縄作戦

昭和二十年三月二十五日、連合軍の沖縄攻略戦が開始された。

前年十月下旬の比島沖海戦で、空母四隻以下三〇隻以上海軍兵力を失ったあと、日本海軍は傍若無人にあばれ廻る、アメリカ艦隊をどうすることもできなかった。ただ為すがまま、ご随意にとばかり指をくわえて見守るだけであった。

制空権も制海権も完全にアメリカ側のものである。果然、千三百隻を越える海軍艦艇と四百隻以上の輸送船がウルシー環礁の前進基地から沖縄沖に出現、集結した。太平洋方面のほとんど全兵力が、二二隻の英艦艇を加えて参加したのである。

大本営発表の内訳は、神風特攻が七回、陸軍空挺隊が一回、残り一〇回が陸戦関係である。神風機及び四月七日の水上特攻については、項を改めることとし、それ以外について発表の要旨を書き抜くと次の通りである。これは沖縄戦を日本側から見た戦闘経過の概要でもある。

三月二十七日　暴敵遂に本土南関を侵す、慶良間《けらま》列島上陸、一五四機撃墜破、大型十艦を轟沈破

三月二十九日　敵沖縄作戦に全力傾注、わが荒鷲水上部隊周辺の艦船猛攻中、三日間に

三艦屠る
三月三十一日　沖縄本島攻防本格化、二空母等撃沈卅隻、撃破更に廿隻を加う
四月一日　敵沖縄本島に上陸開始、一部神山島前島へ、南部地区に主力、猛攻十五艦船を屠る
四月二日　沖縄本島敵兵力増強、西南北谷《ちゃたん》、磯波岬間に上陸、わが軍邀撃激戦中、更に四十一艦船撃沈破
四月三日　沖縄の空陸に敵を猛攻、上陸地点で激闘、荒鷲卅一艦撃沈破
四月四日　敵沖縄本島を横断、北谷南方、島袋《しまぶくろ》、泡瀬へ、一部の敵強行進出、皇軍邀撃敢闘を続く、更に十三艦船を撃沈破
四月七日　敵戦車の支援下に新垣《あらかき》南側の線に侵出、荒鷲水上部隊実に廿一艦船撃沈破
四月九日　津覇《つは》、大山《おおやま》南側の線へ、増強の敵反復来攻、邀撃三千六百を殺傷（七日夕迄）艦艇三十隻撃沈、十八隻撃破
四月十三日　十九艦船を撃沈破、陸上六千三百人殺傷
四月十四日　南部、陣前に大反撃、北部、敵一個師団と激闘、荒鷲北、中飛行場爆砕、特攻隊更に十二艦船撃沈破
四月十六日　我反撃に敵大打撃、敵の再攻準備破砕、三日間に屠る敵一千七百、本部半島でも激闘
六月十一日　本島南部の戦線整理、優勢恃《たの》む敵と敢闘中

六月二十五日　沖縄の敵遂に主陣地に滲透《しんとう》、皇軍全戦力を挙げ二十日最後の攻勢、大田部隊は十三日に玉砕

沖縄戦の発表はこれで終わりをつげた。そして、沖縄戦そのものも終結したのである。いつでも「全員戦死」で結びつけねばならない玉砕戦の最後でもあった。玉砕戦はアッツから沖縄まで、十二回あったが、五回目のグリーン島と六回目のエニウェトクの全滅は発表されなかったので、前後十回、今回も、今回もと涙をのんで二年間、発表を続けなければならなかったのである。悲痛の思い出に満ちた二年間であった。

沖縄の山野に屍山血河を現出して、日米両軍二十六万（日本十二万、アメリカ十四万）の大兵が相搏つこと三カ月、前者は一割近い投降者以外は全滅し、後者は三万七千の死傷者を生じ、海軍だけでも特攻機の道づれになって一万近い死傷を出したのであった。

艦船の損害は撃沈破六百隻に対して、実際は二百七十九隻であった。ただし駆逐艦以上一八十隻撃沈に対して実際は駆逐艦外二十五隻が撃沈されたに過ぎなかった。

主要な発表文をあげれば次のとおり。

○大本営発表（昭和二十年三月二十七日十六時三十分）

一、敵の機動部隊はその後南西諸島近海に現出し三月二十三日以来主として沖縄本島に対し砲爆撃を実施中にして二十五日一部の兵力は慶良間列島に上陸せり

	艦種	発表 沈	発表 沈(破)	発表 破	発表 計	実際 沈	実際 損傷	内訳
日	戦艦	1				1		大和
日	巡洋艦	1				1		矢矧
日	駆逐艦	3				5		
日	飛行機					一、五三六		特攻機だけを示す
米	空母	12	4	(7)	23	25	254（内体当り157、その他97）	フランクリン、ワスプ、バンカーヒル、エンタープライズ以上空母四、と戦艦一、巡一駆四が（大破）
米	戦艦	12	5	(10)	27			
米	巡洋艦	48	3	(19)	70			
米	駆逐艦	41	4	(22)	67			
米	艦種不詳	69	11	(46)	124			
米	掃海艇	4		(4)	8			
米	大型艦	6	5	(12)	23			
米	輸送船	29	6	(30)	65			
米	小艦艇	16			16			
米	人員	七三、五〇〇			七三、五〇〇	三六、八五九		

二、所在の我部隊は之を邀撃するとともに我航空部隊は右機動部隊に対し果敢なる攻撃を続行中にして現在迄に確認せる戦果次の如し

艦船　轟沈大型艦五隻　轟沈又は大破　大型艦五隻

飛行機　撃墜四十四機　撃破約百十機

○大本営発表（昭和二十年六月二十五日十四時三十分）

一、六月中旬以降に於る沖縄本島南部地区の戦況次の如し

（イ）我部隊は小禄及南部島尻地区に戦線を整理したる後優勢なる航空及海上兵力支援下の敵七箇師団以上に対し大なる損害を与えつつ善戦敢闘しありしが六月十六日頃より逐次敵の我主陣地内滲透を許すの止むなきに至れり

（ロ）大田実少将の指揮する小禄地区海軍部隊は我主力の南部島尻地区転進掩護に任じたる後六月十三日全員最後の斬込を敢行せり

（ハ）沖縄方面最高指揮官牛島満中将は六月二十日敵主力に対し全戦力を挙げて最後の攻勢を実施せり

（ニ）爾後我将兵の一部は南部島尻地区内の拠点を死守敢闘しあるも六月二十二日以降細部の状況詳かならず

二、我航空部隊は引続き好機を捕捉し同島周辺の敵艦船及航空基地を攻撃すると共に地上戦闘に協力しあり

三、作戦開始以来敵に与えたる損害は地上に於る人員殺傷約八万、列島線周辺に於る敵艦船撃沈破約六百隻なり
四、沖縄方面戦場の我官民は敵上陸以来島田叡知事を中核とし挙げて軍と一体となり皇国護持の為終始敢闘せり

坊岬沖海戦

○大本営発表（昭和二十年四月八日十七時）
一、我航空部隊並に水上部隊は四月五日夜来反覆沖縄本島周辺の敵艦船並に機動部隊を攻撃せり　本攻撃に於て
（一）我方の収めたる戦果
撃沈　特設航空母艦二隻、戦艦一隻、艦種不詳六隻、駆逐艦一隻、輸送船五隻
撃破　戦艦三隻、巡洋艦三隻、艦種不詳六隻、輸送船七隻
（二）我方の損害
沈没戦艦一隻、巡洋艦一隻、駆逐艦三隻
二、右攻撃に参加せる航空部隊並に水上部隊は孰れも特別攻撃隊にして右戦果以外その戦果の確認せられざるもの尠なからず

四月六日を期して行なわれた二〇〇機の航空肉弾戦――菊水一号作戦と呼応して、第二艦隊の海上特攻隊としての、沖縄突入に対する公式発表である。

米軍の上陸正面に乗り上げて「大和」の一八インチ砲を打ちまくろうというのである。海軍水上部隊の死所が与えられたのである。

大和以下十隻の部隊は片道の燃料を積み込んで（徳山の海軍燃料廠タンクには、もはや一滴の重油も残らなかった）、伊藤中将指揮の下に内地をあとにした。

七日午前十一時頃までは、戦闘機二〇機の上空直衛があったが、その後は距離の関係で一機残らず引揚げた。

六日夕刻すでにこの部隊は、米潜にその行動を探知されていた。

七日昼すぎから、この丸裸にひとしい哀れな艦隊は二時間にわたって、延千機以上の高遠空母群の雷爆撃機の波状攻撃をうけ四隻の駆逐艦を残して全部撃沈された。

「大和」は二〇本以上の魚雷と、数十発の直撃弾を受けて、その六万八千トンの巨体を海底に没した。あとには蕭条たる細雨が無数の小さな波紋を、油の浮いた海面につくっているばかりであった。時に午後二時二十分。

こうして坊岬の南一〇〇マイル付近が、日本海軍最後の墓場となった。

発表にはもちろん海戦名はない。「大和」以下六隻は神風特攻隊の攻撃発表の最後に、淋しくわが方の損害、沈没戦艦一隻、……として述べられているに過ぎない。

「大和」の悲運はそのまま、日本海軍の運命を象徴するものであった。

	艦種	兵力	発表損害	実際	艦名
日	戦艦	1	1	1	大和
	巡洋艦	1	1	1	矢矧
	駆逐艦	8	3	4〔1〕	磯風、霞、浜風、朝霜
米	飛行機	386		10	

本土防空作戦

中国基地からの空襲

ドゥリットルの東京空襲後、日本本土が大型機の攻撃を最初にうけたのは、昭和十九年六月十六日だった。米軍がサイパンの一角に上陸した翌日のことである。

松村報道部長は次のように回想している。

「午前四時、八幡爆撃の第一報が市ケ谷に飛び込んだ。『やったナ！』懸念しつつあった大陸基地からのB—29の初空襲である。

北九州の西部軍、飛行隊、憲兵隊、県庁、警察、新聞社、放送局等々からいろいろな情報がはいってくる。八幡が全滅、小倉も燃えている。いや熔鉱炉二基だけだ。撃墜何機、いや落ちたのは味方機だ、といった調子のもので、矛盾だらけで、どれが、ほんとうやら見当のつけようがない。

サイパンがやられた上の、しかも初空撃であわてたセイもあったろうが、全く虚報の洪水で手のつけようがない。これが戦場の真実かも知れない。いつも東京にいて前線から来る情報に間違いが多い、と叱言をいっていたのだが、あながち責めるわけには行かないような気もする。

東條参謀総長からは、『すぐ発表するように』とのことだったし、侍従武官からも、『御上のお思召だ、早く発表するように』と電話がかかって来た。一刻も早く発表しようと思うのだが、ウソは言えないし、このジレンマが余計いらいらさせる。

こんな時には、クソ落着きに落着いてやらないと、とんでもないシクジリを仕出かすゾと思ったので、まず報道部の情報室に、北九州の地図をひろげて、出所ごとに情報を整理していく。陸軍省の防衛課、参謀本部の作戦課、防衛総司令部には部員をやって手落ちがないように連絡をとらせる。

こうして、一時間たち、二時間たつうちに、やっと落着いてきた。遅くとも七時のラジオ・ニュースには、と思っていたのが間に合わず、やっと八時に第一回の発表をやった」

○大本営発表（昭和十九年六月十六日八時）

本十六日二時頃支那方面よりB29及B24二十機内外北九州地方に来襲せり、我制空部

隊は直ちに邀撃し其の数機を撃墜之を撃退せり、我方の損害極めて軽微なり
○大本営発表（昭和十九年六月十六日十四時）
本十六日早朝北九州地方に於る戦況現在迄に判明せる主要事項次の如し
一、敵機に与えたる損害
撃墜七機、撃破三機
二、我地上部隊に数名の戦死傷者ありたる外制空部隊及地上軍事施設に殆ど損害なし
三、被爆に依り数箇所に生じたる火災は十六日朝五時迄に悉く鎮火せり

マリアナ基地からの空襲

サイパンが占領されてから四カ月後、一〇〇機のB―29がマリアナの三つの島の航空基地に進出した。

太平洋戦を決定的なものにするために、アメリカの指導者たちの最大の願望――東京空襲の計画がいよいよ実現されることになった。アメリカ側の発表によれば、この本土空襲は実に二七〇回に達している（日本側で発表した回数は一〇二回で、半数が大本営発表）。

B―29の喪失は、アメリカ側の発表では七月六日までに一二一機、七月末までに一四九機となっている。これに対して大本営発表は四五五機撃墜、四九五機撃破となっている。なお、

B—29のマリアナ基地における保有機数は十九年末には三四五機、終戦直前には千機に及んだという。

日本側の損害については、米側では撃墜七五二機、地上撃破一五九機と発表しているのに対して、日本側の発表はわずかに二四機に過ぎない。

日本側では十九年の後期ころから、自分の損害はほとんど発表しないようになり、恒例の十二月八日の総合戦果被害発表にも、尨大な戦果だけを誇示して損害には一切触れなかった。B—29による本土空襲記録は発表文だけでも、大変な枚数になるので、主要なものを列記する。

○大本営発表（昭和十九年十一月二十四日十七時）

本十一月二十四日十二時過ぎより約二時間に亘りマリアナ諸島より敵機七十機内外数梯団となり高々度を以て帝都附近に侵入せり　我方の損害は軽微にして戦果中現在迄に確認せるもの撃墜三機なり

○大本営発表（昭和二十年五月二十九日十七時）

一、本五月二十九日九時三十分頃より約一時間半に互り敵B29約五百機はP51約百機を随伴主力を以て横浜市一部を以て川崎市及帝都の一部に来襲　主として焼夷弾により市街地を無差別爆撃せり右により横浜市に相当の被害あり

二、我制空部隊の収めたる戦果中現在迄に判明せるもの撃墜約三十機撃破約四十機なり

スプルアンス艦隊の東京空襲

ドゥリットル空襲以来はじめて、今度は機動部隊が艦載機群で東京を攻撃した。ニミッツ元帥は「本作戦は長期間計画されたもので、これを遂行することは、太平洋艦隊全将兵の胸奥の慾望を満すものなり」と声明した。

これに対する日本側の発表は、例によってきまり文句の、次のようなものであった。

○大本営発表（昭和二十年二月十六日十八時二十分）
一、有力なる敵機動部隊は我近海に現出し其の艦載機を以て本二月十六日七時頃より十六時過迄の間主として関東地方及静岡県下の我飛行場に対し波状攻撃を実施せり
我制空部隊は之を各地に邀撃し相当の戦果を収めたり
二、戦艦及航空母艦を含む三十数隻より成る敵艦隊は本二月十六日早朝より硫黄島に対し艦砲射撃を実施中なり（筆者注／この項前出）

○大本営発表（昭和二十年二月十七日十五時三十分）

一、敵艦載機は本二月十七日七時より昨十六日に引続き関東地方及静岡県下に来襲せり
二、本土来襲の敵機動部隊に対する昨十六日の邀撃戦果中現在迄に確認せるもの次の如し
飛行機撃墜百四十七機、損害を与えたるもの五十機以上、艦船大破炎上大型艦一隻、
我方自爆未帰還計六十一機地上における損害は僅少なり

この戦況についての、キング元帥報告書は次のとおり。

わが部隊は完全な戦略的奇襲に成功した。わが攻撃は二日間に亘り活発に敵を圧迫した。わが艦艇を破壊しようとした敵の全ての努力は不成功に終った。わが四九機の喪失に比して、日本側は空中で三二二機を撃墜され、地上で一七七機を撃破された。横浜にあった敵護送空母は爆撃によって発火し、艦首を没して横倒しになった。

敵沿岸艇九隻、駆逐艦一隻、護送駆逐艦二隻、貨物船一隻は沈没した。諸飛行場の格納庫、作業場及び施設を撃破し、太田航空機場を破壊し、武蔵野、多摩及び立川飛行場、発動機工場を猛烈に爆撃した。

ハルゼー艦隊の呉空襲

比島沖海戦で不具になった日本海軍が、この空襲で完全に無力化した。呉軍港は日本海軍の墓地となった。残存していた海軍水上兵力は、ほとんど文字どおり全滅してしまった。昭和二十年七月二十四日のことである。

この発表は呉鎮守府発表の形式に従った。この管内のことであったからである。内容も大したことはなかったように〝艦船に軽微な被害あり〟で片付けてしまった。片付けざるを得なかったと解する外はない。

せめて、目下調査中とでも付け加えればよかった。実際は軽微どころか、甚大を通り越して、〝在泊艦船中無傷、わずかに駆逐艦外数隻〟というひどい損害だった。

呉鎮守府発表（二十年七月四日十三時）の全文は次のとおりである。

> 七月三日六時敵B29、P51各約廿機及び艦上機約百五十機は少数機編隊に分れ、内海海内及呉地区に来襲主として航空基地及び小型飛行船舶を銃撃の後八時南方に脱去せり、九時三十分敵艦上機の第二波は戦爆連合約二百機を以て呉地区に侵入、主として碇泊艦船を攻撃の後十時三十分脱去せり
>
> 現在までの戦果
>
> （イ）対空砲火による撃墜　約三〇機

（ロ）艦船に軽微な被害あり

この日本側の発表に対して、アメリカ側の発表は感服の外はないほど、控え目な正確さであり、しかも千字を越える長文のものだった。


〇ニミッツ司令部公表（一九四五・七・二六）

本日ニミッツ提督はハルゼー提督の率いる千二百機の大編隊が、火曜日、日本国内海軍基地を攻撃して日本艦隊に与えた損害を更に詳細に発表した。

即ち戦艦三隻、空母六隻、巡洋艦五隻を含む計二〇隻の日本艦艇に損害を与えた。その中、改装空母一隻は英国機によって沈められたと思われる。又、旧式駆逐艦一隻にも損害を与えた。

アメリカ航空機は呉軍港において軍艦一八隻に損害を与えた。

アメリカ及びイギリス機は、日本機一七〇機を撃墜又は損害を与え、昨朝発表の総数二〇九機に更に三九機を加えた。敵側飛行機一九機は撃墜せられ、残りは地上で撃破された。

味方飛行機は日本商船三二隻を撃沈又は損害を与え小型機五三機に損害を与えた。

昨日撃墜した日本飛行機三九機の他に、ニミッツ提督の艦隊は火曜日の攻撃による日本南部の掃討戦で、三二五哩にわたって破壊と損害を与え、国内海軍基地に集中攻撃を加えた。

ひどい嵐が国内の海軍基地の打撃から立直ることを困難にするように、この攻撃は日本艦隊に大打撃を与えたのであった。その攻撃の事前の声明、ニミッツ提督の最近のコミュニケの通りであった。

日本沿岸にある旗艦からのハルゼー提督の無電報告は、軍艦の損害を「大破」「中破」「小破」と注意深く記入してある。

小破の部に戦艦榛名があるが、同艦は開戦当初フィリピン人の故コーリン・ケリー大佐によって打撃を受けたと報告され、昨年十月レイテ湾の海戦の時、撃沈をまぬがれていたものである。

改装戦艦日向及び伊勢——敵にはこの型の戦艦はこれだけしか残っていない——一つは大破一つは中破された。昨日のニミッツの報告に洩れている被害艦艇の中には、二隻の大空母天城、葛城、空母鳳翔、空母海鷹がある。前に損害を受けたと報告される大空母は阿蘇とわかった。

これらの新しい報告の、算定の基礎になった戦闘報告は、もはや日本艦隊は太平洋戦争において重要な役割を果し得るとは、考えられないと言っている。正確な報告によれば、敵は今や損害を受けない軍艦が、ごくわずかしか残って居らず、しかも、これらの大部分は巡洋艦である。

船舶の大多数は呉軍港の付近で攻撃された。

UP特派員の報告によれば、昨日の朝の第一回の攻撃後、深い霧が日本上空を掩い、カムフラージュして錨地につながれている日本の軍艦の位置を見定めることは、飛行機にとって困難であったと言っている。その結果、適宜の目標を攻撃することが必要であった。特派員達は昨日の攻撃から、これ以上の報告を待っていたが、まだ艦隊が日本付近の水域から引返したという報告は受け取っていない。

ニミッツ提督はアメリカの方の損害の報告はないといっている。しかしイギリスは航空機八機、操縦者十人及び東部四国、岡山、福島地区空襲に参加した航空兵を失った。ニミッツ提督はアメリカ飛行士によって敵艦隊に与えられた次の報告をのせている。

大破　改装された三〇、〇〇〇トン戦艦日向、一四、〇〇〇トン重巡利根、球磨級五、〇〇〇トン軽巡、未完成大型戦艦から大型空母に改装されたと信ぜられる空母天城、駆逐艦一

中破　三〇、〇〇〇トン戦艦伊勢、九、〇〇〇トン重巡青葉、六、〇〇〇トン軽巡大淀、空母葛城、海軍の記録簿には無いが、明らかに新造艦と思われるもの一、砲艦一

小破　三〇、〇〇〇トン戦艦榛名、旧式重巡一、当初重巡として建造されのち空母に改装された空母阿蘇、空母鳳翔、護送空母海鷹、駆逐艦二、小型潜水艦一

従軍記者はすべて損傷した軍艦は投錨のまま攻撃されたと報じている。

というのは連合軍飛行士は、装甲非装甲の区別なく爆弾を貫徹させるため、二、〇〇〇フィート以下の低空まで降下し、敵の甲板に一、〇〇〇ポンド爆弾をたたきつけたのであった。日本軍は猛烈な高角砲火をあびせかけ、捕捉するのに骨の折れる敵空軍は結局ふらふらと舞上がって、続々と挑戦にやって来た。

アメリカもまた中型貨物船一、中型油槽船一、小型荷物船一、曳船一、小型輸送船五を失い、中型荷物船三、小型荷物船七、小型輸送船多数が損傷をうけたのである。

味方飛行士は日本機一八機を撃墜、地上の二一機を爆破、五七機に損害を与えた。

火曜日の戦闘は悪天候を冒して、未明から夕暮に至るまで継続され、アメリカおよびイギリス軍は敵機一機を撃墜、地上一八機を爆破、二〇機に損害を与え、なお、砲撃していた数隻の小型艦船にも損害を与えた。

艦隊従軍UP特派員の言によれば、攻撃中の連合軍艦隊は日本の海岸一、〇〇〇ヤードの近距離にあるけれども、まだ攻撃をうけていない、ということなのである。

なお、特派員は、すでに加えられた損害は、敵海軍をほとんど潰滅させたので、吾々の仕事ももう終わりとなったとつけ加えている。

第九章　終　戦

原子爆弾

○大本営発表（昭和二十年八月七日十五時三十分）
一、昨八月六日広島市は敵B29少数機の攻撃により相当の被害を生じたり
二、敵は右攻撃に新型爆弾を使用せるものの如きも詳細目下調査中なり

長崎への原爆投下は、大本営発表でなく、西部軍管区司令部発表として、八月九日十時四十五分、左のとおり公表された。
一、八月九日午前十一時頃敵大型機二機は長崎市に侵入し、新型爆弾らしきものを使用せり

二、詳細目下調査中なるも被害は比較的僅少なる見込

当時の新聞は次のような解説記事を一斉に掲載した。

「六日の広島空襲において敵は新型爆弾を使用しそしてその効力は侮れないものがある。各関係当局は係官を現地に派遣し、その威力及び対策について研究を遂げている。敵は口に正義人道を唱えつつ無辜の民衆を爆殺する暴挙に出ている事は調査の結果愈々明白であり、敵はこの新型爆弾を使用することによって戦争の短期終結を急ぐ焦慮ぶりを、いよいよあらわしているものと見るべきである。

新型爆弾の炸烈状況は落下傘をつけて地上約五、六百米に降下した際強力なる閃光を発して炸烈、これと共に大爆音を発し強烈な爆風と高熱を伴うもののようである。敵がこのような新型爆弾を使用し始めた事については十分な警戒と対策を要する事はもちろんであるが戦争遂行中において新型攻撃兵器が出現すると、多くの場合においてその威力が非常に過大に感ぜられることを例とする。例えばドイツのＶ一号の出現の際のごとき、英国においてはその対策が完成するまで相当な混乱と動揺を見せたがその対策が完成すると共に冷静に帰した如きもその一例で、今回の新型爆弾に対しても着々として対策が講ぜられるであろう。とにかく敵のこのような非人道的な行為に対しては我方の断乎たる報復を覚悟せねばなるまい。

敵はこれと同時にトルーマンの声明をはじめ、頻りに誇大な宣伝を開始しているがその恫喝に屈することなく対策宜しきを得れば被害を最少限度に食いとめ得るであろう。敵はこの挙により一般民衆をも無差別に殺傷する残忍性を遺憾なく発揮している」

次に、歴史上始めて投下された原子爆弾に関するトルーマン大統領の声明を掲げる。
「今から十六時間前に、アメリカ空軍は日本陸軍の重要基地広島に一つの爆弾を投じた。それは二万トンのTNT以上の力と、かつて歴史上用いられた最大の爆弾、イギリスの『でっかいドンピシャリ（グランド・スラム）』の二百万倍以上の力をもっている。この爆風をもって、益々強大になりつつある我軍に更に新しい画期的な一威力を加える生産をなしたのであって、それは歴史上初めての偉大な功績である。（中略）
我々は今、日本がどの都市にももっているあらゆる生産施設を今までよりも更に速かに、更に完全に抹殺する用意がある。我々は敵のドックと工場を交通機関を破壊しよう。これは名目だけではない。我々は余す所なく日本の戦力を破壊しよう。
七月二十六日に出されたポツダム宣言の最後通牒は、日本の国民を最後の破滅から助けることである。その指導者達は、たちまちこれを拒否した。もし彼等が今我々の言葉を受け入れないならば、彼等はこの地上にかつて見なかった滅亡の雨の降るのを予期しなければなるまい。しかも、この空の攻撃のあとに、もう先刻御承知の海陸の精鋭のすばらしい戦力が続くであろう」（一九四五年八月六日）

ソ連軍侵入

○大本営発表（昭和二十年八月九日十七時）
一、八月九日零時頃より「ソ」連軍の一部は東部及西部満「ソ」国境を越え攻撃を開始し又其の航空部隊の各少数機は同時頃より北満及朝鮮北部の一部に分散来襲せり
二、所在の日満両軍は自衛の為之を邀え目下交戦中なり

○大本営発表（昭和二十年八月十日十五時二十分）
昨八月九日各方面の主なる戦況次の如し
一　我航空部隊の一部は同日午後宮城県東方洋上の敵機動部隊を攻撃し大型艦一隻の撃破炎上を確認せる外相当の戦果を収めたり
二　東部及西部満「ソ」国境方面の「ソ」軍は其の後逐次勢力を増強中にして更に同日午後各一部の兵力は北部満「ソ」国境奇克附近、外蒙方面索倫西方地区及北鮮慶興附近に侵入し来り所在の我部隊は之を邀撃交戦中なり
三　北鮮東方海面を航行中の我船団部隊は同日午前「ソ」軍機約八十機と交戦し其の十四機を撃墜せり我方損害なし

四　樺太国境方面の「ソ」軍の一部は同日午後我に対し攻撃を開始せり

極東ソ連軍が全面的に攻勢を開始したことの公式発表である。ソ連軍侵入に関する大本営発表は以上の二回と十二日に満州における八月十一日の第一線の位置を概略したものだけである。

しかしながら、当該軍管区司令部等の名で、ある程度細部を発表しているので参考のため掲記する。

○北部軍管区司令部発表（八・九・一九〇〇）

ソ連軍少数兵力は八月九日十四時頃より国境線を越え邦領樺太武意加付近に侵入せるとともに同西南側及半田右側地区に軽少の砲撃を加えたり

○関東軍発表（八・九・二三〇〇）

ソ軍はその後満ソ国境全正面にわたり不法侵略を強行し、特にこの一部は琿春、綏芬河、虎頭、三河、満洲里正面において逐次満洲国内に滲透しつつありこれに対し所在の日満両軍は一体となり敢闘中なり

○朝鮮軍管区司令部発表（八・一〇・一八〇〇）

北鮮国境を侵犯せるソ軍は微弱にしてその飛行機の来襲少数且つ概ね清津以北に限定せられあり、我軍は自衛の為空地の敵を邀撃戦闘中なり

○大本営報道部提供（筆者注／十一日ごろと推定）

ソ連軍は九日零時過東部、西部より国境を突破満洲国内に侵入、同日午後更らに北正面の黒河、外蒙正面の索倫及樺太の中央地区にても攻勢を開始し戦火は全国境に波及せり現在迄の戦況左の如し

東部正面

一　図們江下流を渡河せるソ軍は十日雄基附近に侵出激戦展開中

二　琿春地区のソ軍は九日夕刻琿春地区に達し同地附近に戦闘行われつつあり

三　東寧附近に大なる変化なし

四　綏芬河地区のソ連軍は紛陽を包囲すると共にその北方地区より鉄道線に沿い西北に進み十日夕刻穆稜（ムーリン）河の線に達せり

五　虎頭地区のソ軍は虎頭を包囲したる後同九日夕虎林に侵出せり

北部正面

ソ軍の一部は黒河の北及南より渡河来攻せるもその後大した進展なし

西部正面

一　ソ軍主力は三河地区よりハイラル方面へ前進し十日同地附近にて交戦中同時頃

満洲里へもソ軍侵入せり
二　索倫地区にてもソ軍の兵力逐次増加しつつあり
樺太方面
九日午後国境中央の武意加附近より小部隊来攻せるも爾後大なる変化なし
尚ソ軍空軍は引続き少数兵力を以て散発的に満洲国内及北鮮方面に来襲せり
○朝鮮軍管区司令部発表（八・一二・一七〇〇）
慶興附近より北鮮に侵入せるソ軍の小部隊は十日夕刻迄に阿吾地附近に侵出せるもその後前進の模様なく又その小部隊は逐次雄基前面に侵出しつつあり、十一日以降敵機の北鮮来襲極めて緩慢なり
我が国境所在部隊は勇戦敢闘中にして間島附近住民は軍官の指導下これに協力して老幼婦女子は整々として後方地区に避退中にして一般民心平静なり
○関東軍発表（八・一三・〇八〇〇）
一、我航空部隊は八月十二日外蒙方面より南下中の敵機械化部隊を攻撃し左の戦果を収めたり
牽引重砲　破壊六、擱坐二五、牽引自動車　撃破二、戦車装甲自動車自動貨車擱坐炎上四〇、人員殺傷五百以上

二、右攻撃において我方の損害自爆　二機

○北部軍管区司令部発表（八・一三・一五三〇）
その後樺太国境における我軍は侵入ソ軍を邀撃しつつありて現在までに判明せる状況左の如し
一、半田方面より侵入せるやや有力なる敵は十二日午後逐次古屯北方地区に進出し来れるも我方はこれに相当の損害を与えて撃退せり
二、敵の一部は少数艦艇援護下に十二日午前安別に、更に他の一部は十三日午前恵須取附近に上陸を開始せるも我所在部隊は目下これと交戦中なり

このような戦況下に八月十五日をむかえ、停戦、武装解除、シベリア抑留と苦難の運命をむかえるのであるがもちろん大本営発表の範囲外である。

最後の大本営発表

○大本営発表（昭和二十年八月十四日十時三十分）
我航空部隊は八月十三日午後鹿島灘東方二十五浬に於て航空母艦四隻を基幹とする

敵機動部隊の一群を捕捉攻撃し航空母艦及巡洋艦各一隻を大破炎上せしめたり

この発表を最後に、「大本営発表」はついに終わりを告げた。

思えば、昭和十六年十二月八日午前六時に発表された第一号から、この発表まで、実に八四六回の大本営発表が行なわれた。そして、それはそのまま太平洋戦争の縮図でもあった。あの「帝国陸海軍は今八日未明西太平洋において米英軍と戦闘状態に入れり」という第一号に対して、この八月十四日の最後の発表が、単なる「戦闘状況」の公表に止まり、内容的にも均合いのとれない感があるが、それは終戦時の大本営の混乱振りからみて、むしろ諦めるべきことかも知れない。

八月十五日以降の大本営は、終戦処理のための大本営となった。したがって、その後八月二十六日までの間に発表を行なってはいるが、大本営「及帝国政府」発表という形式がとられた。内容は連合軍の進駐に関することが主である。

なお、大本営は昭和二十年九月十三日午後十二時限りで廃止された。

つぎの頁は終戦の詔書である。

この詔書は上掲の「最後の大本営発表」と同日の八月十四日の朝に発表され、一般国民には翌十五日の正午にいわゆる「玉音放送」として、全国的に放送された。その意味でこの「終戦の詔書」は、五年間続いた大本営発表の事実上のフィナーレといっていい。

終戦の詔書

朕深く世界の大勢と帝国の現状とに鑑《かんが》み、非常の措置を以て時局を収拾せんと欲し、茲《ここ》に忠良なる爾臣民に告ぐ。

朕は帝国政府をして米英支蘇四国に対し、其の共同宣言を受諾する旨通告せしめたり。

抑々《そもそも》帝国臣民の康寧《こうねい》を図り、万邦共栄の楽を偕《とも》にするは、皇祖皇宗の遺範にして、朕の拳々《けんけん》措《お》かざる所、曩《さき》に米英二国に宣戦せる所以も亦《また》、実に帝国の自存と東亜の安定とを庶幾《しょき》するに出《い》で、他国の主権を排し領土を侵《おか》すが如きは固《もと》より朕が志《こころざし》にあらず、然《しか》るに交戦已《すで》に四歳を閲《けみ》し、朕が陸海将兵の勇戦、朕が百僚有司の励精、朕が一億衆庶の奉公、各々《おのおの》最善を尽せるに拘らず、戦局必ずしも好転せず、世界の大勢亦我に利あらず、加之《しかのみならず》敵は新《あらた》に残虐なる爆弾を使用して頻《しきり》に無辜《むこ》を殺傷し、惨害の及ぶ所、真《まこと》に測るべからざるに至る、而《しか》も尚《なお》交戦を継続せんか、終《つい》に我が民族の滅亡を招来するのみならず、延《ひい》て人類の文明をも破却すべし、斯《かく》の如くんば朕何を以てか億兆の赤子《せきし》を保《ほ》し、皇祖皇宗の神霊に謝せんや、是れ朕が帝国政府をして共同宣言に応ぜしむるに至れる所以なり。

朕は帝国と共に終始東亜の解放に協力せる諸盟邦に対し、遺憾の意を表せざるを得ず、帝国臣民にして戦陣に死し職域に殉じ非命に斃《たお》れたる者及《および》其《そ》の遺族に想《おもい》を致せば五内為《ごだいため》に裂く、且《かつ》戦傷を負い災禍を蒙《こうむ》り家業を失いたる者の厚生に至りては、朕の深く軫念《しんねん》する所なり、惟《おも》うに今後帝国の受くべき苦難は固《もと》より尋常にあらず、爾《なんじ》臣民の衷情も朕善《よ》く之を知る、然れども朕は時運の趨《おもむ》く所、堪え難きを堪え、忍び難きを忍び、以て万世の為に太平を開かんと欲す。

朕は茲に国体を護持し得て、忠良なる爾臣民の赤誠に信倚《しんい》し、常に爾臣民と共に在り、若《も》し夫《そ》れ情の激する所、濫《みだり》に事端《じたん》を滋《しげ》くし、或《あるい》は同胞排《はい》擠《せい》互に時局を乱《みだ》り、為に大道を誤り信義を世界に失うが如きは、朕最も之を戒《いまし》む、宜《よろ》しく挙国一家子孫相伝《あいつた》え、確《かた》く神州の不滅を信じ、任重くして道遠きを念《おも》い、総力を将来の建設に傾け、道義を篤くし、志操を鞏《かた》くし、誓《ちかっ》て国体の精華《せいか》を発揚し、世界の進運に後《おく》れざらんことを期すべし、爾臣民其れ克《よ》く朕が意を体《たい》せよ。

解　説

辻田真佐憲

大本営発表は、一九三七年十一月から一九四五年八月まで、日本軍の最高司令部、大本営によって行われた戦況の発表である。

大本営発表の名称は、はじめ「大本営陸軍部発表」と「大本営海軍部発表」だったが（共同の場合は「大本営陸海軍部発表」）、一九四二年一月八日より「大本営発表」に統一された。一九四五年八月二十一日以降には「大本営及帝国政府発表」という名称も用いられた。一般に大本営発表は、以上のものを総称する。

この名称からもわかるとおり、大本営発表は、一部の例外を除いて陸海軍でバラバラに行われた。すなわち、陸軍の戦況は大本営陸軍報道部から陸軍省記者倶楽部に対して、海軍の戦況は大本営海軍報道部から黒潮会（海軍省の記者クラブ）に対して、それぞれ別個に発表されたのである。この体制は、一九四五年五月十二日に両報道部が統合され、大本営報道部が発足するまで続いた。

大本営発表の内容は、太平洋戦争の最初期まで比較的正確だった。ところが、開戦半年が経過し、戦局が悪化するにつれ、徐々に戦果は過大に、損害は過小に発表されるようになった。いつしか連戦連敗は連戦連勝にすり替わり、発表と現実との乖離《かいり》はまるで鰐口《わにぐち》のようにとめどなく広がっていった。

当時の主力艦である戦艦と空母にしぼってみると、最終的に、戦艦の撃沈数は四隻から四十三隻に、空母の撃沈数は十一隻から八十四隻に水増しされた。これに対し、日本軍の損害は、戦艦八隻が三隻に、空母十九隻が四隻に圧縮された。

まさに驚くべき情報の歪曲である。こうした大本営発表の実態は、戦後広く知られるところとなり、大本営発表という言葉は、公的な機関によるデタラメな発表の代名詞として定着した。

なぜ大本営発表は、ここまで徹底的に破綻してしまったのだろうか。

大本営発表に携わった陸海軍の軍人たちは、戦後少なからぬ回想録を残し、その謎に挑んだ。そのなかでもっとも重要なもののひとつが、この冨永謙吾《とみながけんご》の『大本営発表の真相史』である。

著者の冨永謙吾は、一九四〇年十月十四日から一九四四年二月二十五日まで、約三年四ヶ月にわたって海軍中枢で宣伝報道業務に携わった海軍軍人である。

その経歴を少したどってみたい。

冨永は、一九〇五年八月十四日、士族・医師の冨永吉太郎とチヨの子として、長崎県南松浦郡福江町（現・五島市）に生まれた。兄に、陸軍次官、第四航空軍司令官などを歴任した冨永恭次《きょうじ》陸軍中将や、南西方面民政府総務局長、呉《くれ》人事部長などを歴任した冨永昌三《しょうぞう》海軍少将がいる。

一九二三年四月七日、海軍兵学校入学。一九二六年三月二十七日、同卒業（五十四期）。海兵の五十三・五十四期は、ワシントン軍縮条約の影響で生徒募集が激減した、いわゆる「軍縮クラス」にあたる。

一九二七年十月一日、少尉。一九二九年十一月三十日、中尉。一九三二年十二月一日、大尉。翌年十一月一日、海軍水雷学校高等科学生。その後はおもに水雷畑を歩み、「弥生」「夕立」「望月」などの駆逐艦で水雷長兼分隊長を務めた。そして一九三八年十月十日、横須賀鎮守府副官兼参謀に補せられ、翌月十五日、少佐に進んだ。

冨永が大本営海軍報道部に関わるのはこれ以降である。

ちょうどこのころ、政府や軍部で宣伝報道機関の統廃合が進められており、冨永の所属も目まぐるしく変化した。大きくいえば、冨永は、一九四〇年十月十日に霞が関の海軍省・軍令部に出仕し、同月十四日より宣伝報道を担当する部署に配属された。そして十二月六日、情報局が発足すると、大本営海軍報道部員兼情報局情報官となり、ついで同月十六日、大本営海軍参謀にも補職された。

冨永は、この地位で太平洋戦争の開戦を迎え、一九四四年二月まで霞が関に勤務した。つまり太平洋戦争の過半を大本営海軍報道部から見続けたのである。大本営発表の証言者として、これほどふさわしい人物はない。

当時の冨永の様子については、黒潮会の記者たちの証言がある。「毎日新聞」の後藤基治《もとはる》は、「長身の青年士官であった彼は赤坂あたりでもなかなかモテていた」（『海軍報道戦記』）と回想し、同じく「中外商業新報」（のち「日本産業経済」）の岡田聰は、「眉目秀麗、平出［英夫］大佐とは趣きを異にしたスマートな海軍士官」（『戦中・戦後』）と回想している。冨永は、宣伝報道担当らしく、見栄えのする軍人だったようだ。

一九四三年十一月一日、中佐に昇進。一九四四年二月二十五日、パラオの第三十特別根拠地隊附となり、東京を離れた。三月一日、第三十根拠地隊参謀。その後終戦までこの地で大本営発表を聞く側となった。一九四六年三月二十一日、予備役。

冨永は戦後、戦史研究家として太平洋戦争の研究に取り組んだ。一九五五年から一九七二年までは、防衛庁研修所戦史編纂官も務めた。戦後の仕事は幅広く、資料集や一般啓蒙書の執筆・監修のほか、ニミッツ、グローブス、ウェーンライト、マクニールなど英書の翻訳（いずれも共訳）なども手がけた。一九九六年十二月三日死去。九十一歳。

冨永は、大本営海軍報道部員時代にも数多くの書籍を執筆・監修した。ただ、これは宣伝報道業務の一貫であり、純粋な個人の著作とはいいがたい。そのため、本格的な著作活動は、戦後からとしなければならない。そのなかでも、特筆すべきはやはり大本営発表に関する研究である。

冨永は、一九五二年六月青潮社より『大本営発表　海軍篇』を刊行した。一九五〇年代、戦争の全体像を知る旧軍のエリート幕僚将校たちが盛んに「戦記もの」を刊行し、一種の出版ブームが起きていた。冨永も、海軍中枢にいた元幕僚将校として、その知識や人脈を活かし、大本営発表の歴史をまとめたのである。

海軍側の大本営発表関係の資料は、当時すでに散逸もしくは焼失していた。そこで冨永は、生存する大本営海軍報道部や黒潮会の元関係者を訪ね歩き、史実にもとづく記述を心がけた。同書の巻頭には「現在までに私にできたことは、埋もれ、消滅しかかつた史実の一部を発掘しそれを書留めることに着手しその完成への途上にささやかな礎石を置き道標を建てた程度に過ぎない」との記述がある。たしかに、整理が不十分で読みにくく、データとして不完全なところがないではない。ただその分、紹介されたエピソードや証言はどれも生々しく、胸に迫るものがある。

そして冨永は、防衛庁研修所戦史編纂官時代の一九七〇年七月、自由国民社より『大本営発表の真相史』をあらためて刊行した。同書は、既刊の『大本営発表　海軍篇』を再整理し、最新の情報にアップデートしたものである。その過程で惜しくも落ちてしまったエピソードも少なくないが、その分簡潔でたいへん読みやすくなった。冨永の大本営発表研究の集大成といって過言ではない。

したがって、『大本営発表の真相史』は紛う方なき冨永の主著である。

それでは、冨永の大本営発表の研究を詳しくみてみたい。

大本営報道部員の回想録はけっして少なくない。海軍では、田代格《いたる》の『海軍大佐田代格回想録』(一九八四年)、高戸顕隆《たかどあきたか》の『海軍主計大尉の太平洋戦争』(一九九四年)、陸軍では、松村秀逸《しゅういつ》の『大本営発表』(一九五二年)、恒石重嗣《つねいししげつぐ》の『大東亜戦争秘録』(一九七八年)、平《ひら》櫛孝《ぐしたかし》の『大本営報道部』(一九八〇年)、冨永亀太郎の『猪突八十年』(一九八七年)などが存在する。また、松島慶三の『海軍』(一九五三年)は小説仕立てながら、大本営海軍報道部の仕事ぶりが参考になる。

そのなかでも、冨永の著作はいくつかの点で特筆に値する。

由来、元軍人の回想録は自己弁解的な内容に陥りやすい。また、自身が所属していた時代の話に終始し、全体像が摑《つか》みづらいことも多い。これに対し冨永の著作は、きわめて客観的かつ俯瞰的である。

さきに述べたとおり、海軍側の大本営発表に関する資料は、終戦前後に散逸・焼失したようで、残っていない。そのため冨永は、生存者から広く証言を集めるとともに、「朝日新聞」の縮刷版から大本営発表をひとつひとつ抜き出し、番号を付し、整理を行った。

このおかげで、海軍の隠蔽《いんぺい》体質や陸海軍の相克《そうこく》などに関する証言が十分に収められ、陸軍の発表や、冨永が大本営海軍報道部にいない時代の話も補われた。主要な海戦について付されている「発表」と「実際」の比較表は、こうした地道な作業の成果である。

これに加え、さらに三つの点も指摘しておかなければならない。

研究の先駆性と継続性は、すでに述べた。冨永は、一九五二年六月に『大本営発表　海軍篇』を先駆的に刊行した。その前月に、松村秀逸が『大本営発表』を刊行したが、それについで早い。これに加え、冨永は、その後も大本営発表の研究を継続し、一九七〇年七月『大本営発表の真相史』を刊行した。大本営報道部員でこのような取り組みの例はほかにない。

そして、最後にその国際性も強調しておきたい。冨永は、その英語力を活かし、海外の文献を渉猟《しょうりょう》して、戦況発表の国際比較を試みた。その分量はけっして十分ではないが、これは関連書にはない視点である。

大本営発表に関する回想録で、これほどの条件が揃ったものはない。

もっとも、冨永の研究にも問題はある。

第一に、データの古さや間違いである。たとえば、冨永は、一九四一年十二月八日以降の大本営発表の数を八百四十六回としている。これは、その後の研究でかならず引用される数字となっている。

しかし、これは先述のとおり冨永が「朝日新聞」の縮刷版で数え上げた数字であり、見落としやダブルカウントが存在する。わたしが同じく「朝日新聞」の縮刷版で数え直したところ、同じ時期の大本営発表は八百四十七回存在した。また、冨永は日中戦争下の大本営発表を完全に無視しているが、これも加えると、大本営発表の総数は約千回におよぶものと思われる。

もっとも、この数字も他紙などと比較されるべきであり、今後さらなる検証が待たれる。

第二に、冨永自身に関する記述の薄さである。冨永が客観性を重んじた結果、自らの言動については見えにくくなっている。

兄の冨永恭次についても「冨永陸軍次官」とあるのみで（Ⅱ部三章）、まるで他人のようにそっけない。「毎日新聞」記者の新名丈夫《しんみょうたけお》によると、陸海軍の資源配分をめぐる対立から、冨永はこの兄について「もはや兄弟ではない」と言い放ったという（『政治』）。だが、本書ではそういう記述はない。

冨永自身は、大本営海軍報道部で具体的にどのような役割りを果したのか。『大本営発表　海軍篇』には報道班員の制度づくりに関わったとあるが、これを含め、今後解明されなければならない。

そして第三に、これは第二の点と矛盾するようだが、客観性に徹しきれていない部分である。冨永にも、元軍人としての限界がないではない。神風特別攻撃隊について「唯額かん、この忠烈！　愛機に爆装体当り、敵艦もろ共爆炸、偉勲不滅」などと、感情的な記述に終始しているのがその最たる例だ（Ⅲ部一章）。

大本営海軍報道部は、神風特別攻撃隊の行動をも戦意高揚の手段として盛んに利用していた。たんにその活躍を讃えて済む話ではない。冨永がパラオにいた時代のことながら、こうした箇所には注意を要する。

このような問題もあるとはいえ、『大本営発表の真相史』は、よく整理され、独自のエピソードをふんだんに含み、大本営報道部員の回想録としてはもっとも読みやすい。今後も大本営発表に関する第一級の文献として読み継がれていくだろう。

つづいて、本書をもとに、大本営発表が破綻した原因について考えてみたい。

それは、内的な原因ふたつと、外的な原因ふたつの合計四つに整理できる。

まず、内的な原因は、組織間の不和対立と、情報の軽視に求められる。

組織間の不和対立は、損害の隠蔽となって現れた。大本営発表を行うにあたっては、軍令部第一部（作戦部）や海軍省軍務局など関係部署の承認や同意を得なければならなかった。ところが、日本軍の組織は、相互の連携が不十分で、つねに不和対立を抱えていた。

これは、損害や敗北など不都合な発表を行うに際して大きな障害になった。国民の士気が下がるなどと称して、各部署の責任者がハンコを押すのを渋り、文面の修正を求めてきたからである。とくに作戦部は、みずからの失敗を隠そうとしがちだった。その結果として、妥協が繰り返され、たびたび損害が過小発表された。

一九四二年六月のミッドウェー海戦では、「発表原案として、我方の損害、空母二隻喪失、一隻大破、一隻小破、巡洋艦一隻沈没という案が出たが、すぐに作戦部の強硬な反対をうけた」（Ⅱ部一章）という。最終的に、日本側の損害は「航空母艦一隻喪失、同一隻大破、巡洋艦一隻大破」などと発表された。

また、一九四四年二月のトラック島空襲では、「最初起案した『甚大』な被害が、『相当』

になり『若干』にきまり、輸送船や飛行機の被害が半分になるまでに、発表文は例の如く真赤に消されて原形を留めなかった」（Ⅱ部二章）という。

一方、情報の軽視は、戦果の水増しとなって現れた。日本軍は情報を軽視し、味方の報告を鵜呑みにする悪癖があった。

一九四二年五月の珊瑚海海戦では、つぎのようなやり取りがあったという。「報告戦果について甲巡〔甲巡洋艦、重巡洋艦とも〕くさいという意見も皆無ではなかったが、善意に解釈するのが、日本の軍令部や報道部の寛大なる方針であったし、現地からの報告を無視するわけにも行かないと発表を強行した」（Ⅱ部一章）

作戦部が情報担当の第二部（情報部）の意見を無視しがちだったことも、こうした問題に拍車をかけた。

つぎに、外的な要因は、戦局の悪化と、軍部と報道機関の一体化に求められる。

以上の内的な原因は、日本軍が勝利しているうちは、さほど問題にならなかった。ところが、急速に劣勢になるなかで、その弊害があらわになった。

一九四二年十月の南太平洋海戦についてはこうある。「推定（報告）戦果が事実と大きく開いたのは、攻撃部隊指揮官六人のうち、五人までが戦死未帰還であったため、未熟な判定を基礎としなければならなかったからである」（Ⅱ部一章）

また、一九四三年十一月の第一次ブーゲンビル島沖航空戦にはこうある。

「あまりにも戦果が過大すぎはしないか、と現地の指揮官も作戦部もこのときもっと慎重冷静に検討すべきであった。しかし、戦果への期待と現状への焦燥とが、報告戦果を例え増しても、減らすことを作戦部が絶対に承認しなかった。そして、いつも神技に近いような戦果が、一億待望の軍艦マーチの旋律に続くことが繰り返された」（Ⅱ部二章）

戦局の悪化のなかで、熟練パイロットが消耗し、前線からの報告が不正確になった。しかし、功を焦る作戦部は、希望的な観測で慎重に報告を査定しなかった。この結果、ありえないような戦果が次々に発表されたというのである。

こうした事態も、報道機関（当時は新聞）がしっかりと軍部に対するチェック機能を果たしていれば止められただろう。軍部の側も、報道機関のチェックや国民の反発を恐れて、あらかじめ正確な情報を出そうとしたかもしれない。ところが、このとき軍部と報道機関は完全に一体化していた。

大本営海軍報道部員と黒潮会のメンバーの間では、大本営発表のことを「朝刊」「夕刊」と呼び、「今日は夕刊は出ますか」「出してもいいが、締切りに間に合いそうにもないからやめよう。その代り明日の朝刊は三本だよ」といった会話が交わされていたという（Ⅰ部一章）。新聞記者が大本営発表を「朝刊」「夕刊」と呼び、報道部員が新聞の締切りを気にする。これほど両者の一体化を示すものはない。

もとより新聞も、はじめから報道部のいいなりだったわけではない。むしろ昭和初期まで、軍縮ムードなどを背景に、新聞は軍部に対して厳しい論陣を張っており、報道部はその対処に悩まされていた。

ところが、満洲事変や日中戦争でその関係は大きく変化した。新聞は戦果を速報して、売り上げを伸ばしたい。報道部は記事のネタを提供して、新聞報道をうまくコントロールしたい。両者の利害はここで一致した。新聞は報道部が提供したネタを垂れ流し、やがて報道部に頭が上がらなくなった。

そうこうするうちに、新聞の用紙や人員を抑える仕組みが着々と整備された。一九三八年八月発令の「新聞用紙供給制限令」や、一九三九年七月施行の「国民徴用令」などがそうだ。こうして軍部と報道機関の関係は、対立から、協調・癒着をへて、支配・従属へと変化していった。

こうなれば、大本営海軍報道部にとって恐れるものはなにもない。大本営発表は、とめどなくデタラメな戦況報告を繰り返すようになり、ついに完全に破綻してしまったのである。

大本営発表の悲劇からなにを学ぶか。それは、本書を読み、個々人が考えるべきことだが、ひとつだけ付け加えておきたい。

冨永は、軍部と報道機関の一体化について、かならずしも多くを語っていない。宣伝報道の担当者として、新聞記者と親睦を深め、ときに資料やレクチャーなどを通じて、記事の内容を誘導・指導するのは当然と考えていたのかもしれない。

とはいえ、この一体化はけっして看過できるものではない。なぜなら、政治権力と報道機関の一体化は、今日でも大いに起こりうる話だからである。

そこで、いくつか別の証言を引いてみよう。

主計将校で大本営海軍報道部に勤務した高戸顕隆はいう。「赴任してしばらくすると、部内の空気がダラケ切っているように私は感じた。そと目にはまだ、戦局が追いつめられているようには見えなかったので、海軍はまだまだモテモテの時代であった。ある部員は、夕方になると、ソワソワして、あるいは新聞社の、あるいは雑誌社の誘いに乗って料亭に繰り込み、ときにはこちらから誘いをかけているようにも見えた。新聞社の車を、自分のもののように乗り回したりしていた」（高戸、前掲書）

あるいは、前出の岡田記者はいう。「海軍の場合は新聞社が逆に報道部を招待していた。わが社でも私の在任中、春秋二回、報道部長以下を柳橋の亀清楼だの、茅場町の其角だの、築地の錦水だのへ招待した。これを在京の各社が全部やるので報道部は宴会疲れをしていたようだ」（岡田、前掲書）

ちなみに冨永は、一九四一年五月二十九日から一九四三年六月十七日まで、新聞雑誌用紙統制委員会幹事を依嘱されていた。つまり、用紙の配分権などを握っていたわけで、新聞記者がその意向をまったく「忖度《そんたく》」しなかったとは考えにくい。

大本営陸軍報道部で、雑誌の検閲担当だった平櫛孝は戦後こう述べている。「各社のベテランは、軍の考えていること、軍の望むところ、はては報道部の嗜好まで先刻承知していて、その献立に異議をさしはさむ余地はなかった。〔中略〕今にして思うと、こういうのを自己検閲、あるいは御用新聞、御用雑誌というのであろう。報道部としては、発行されたものを読んで、意見や希望を述べるくらいのものであった。どうしてこうも円滑に、ことが運ぶのかと考えたが、それは、雑誌担当の私が、内閣用紙統制委員という宝刀を持っていたためであったのではなかろうか。当時の出版社にとって、用紙の割当ては、何ものにもかえがたい糧道である」（平櫛、前掲書）

これまで縷々《るる》述べてきたとおり、冨永は、戦中、軍人として大本営発表の実務を担い、戦後、戦史研究家として大本営発表をだれより深く長く研究した。このような人物はほかに例がない。だからこそ、その主著である本書は、様々な文献と対照させながら、行間や語っていないところなどを含めて、読み解かれなければならない。報道機関との関係はその一例だが、ほかにも新しい論点が今後いくつも見いだされるだろう。

われわれは戦後絶えず大本営発表という比喩を使いつづけ、その悲劇を述べ伝えてきた。これからもその営みは続けられるにちがいない。そのために、本書は大いに役立つはずだ。というのも、本書こそ、なんども読み直され、そのたびに新しい論点が見いだされる、まさに大本営発表研究の古典だからである。

（作家・近現代史研究者）

＊大本営発表に関する最新の数字は、拙著『大本営発表　改竄・隠蔽・捏造の太平洋戦争』（幻冬舎新書、二〇一六年）によった。冨永謙吾の軍歴については、ご子息の冨永忠《ただ》嗣《し》氏に照会していただいた。末筆ながら、ここに記してお礼申し上げる。なお底本では

「冨永」の表記は、うかんむりの「富永」となっているが、軍歴や冨永忠嗣氏のご指摘にしたがい、わかんむりの「冨永」に改めた。

本書は、『大本営発表の真相史』(一九七〇年、自由国民社)を底本としています。同書の「大本営発表総集」および「追篇・日米謀略ビラの戦い」は割愛し、本文中の詔書ならびに大本営発表は新字新仮名遣いに改め、適宜、ルビや句読点を振りました。

本文中、今日の人権意識に照らして不適切と思われる語句や表現がありますが、テーマや著者が物故していることに鑑み、原文のままとしました。

中公文庫

大本営発表《だいほんえいはっぴょう》の真相史《しんそうし》
——元報道部員《もとほうどうぶいん》の証言《しょうげん》

2017年5月25日　初版発行

著　者　冨《とみ》永《なが》 謙《けん》吾《ご》

発行者　大橋 善光

発行所　中央公論新社
〒100-8152　東京都千代田区大手町1-7-1
電話　販売 03-5299-1730　編集 03-5299-1890
URL http://www.chuko.co.jp/

ＤＴＰ　柳田麻里
印　刷　三晃印刷
製　本　小泉製本

Published by CHUOKORON-SHINSHA, INC.
Printed in Japan　ISBN978-4-12-206410-2 C1121